Ciência da
linguagem
e ética da
comunicação

Rocco Pititto

Ciência da linguagem e ética da comunicação

Editora
IDEIAS & LETRAS

Direção Editorial: Marcelo C. Araújo	Revisão: Thiago Figueiredo Tacconi
Comissão Editorial: Avelino Grassi Edvaldo Araújo Márcio Fabri dos Anjos	Diagramação: Érico Leon Amorina Capa: Alfredo Castillo
Tradução: Jaime A. Clasen	Crédito das Ilustrações: Feito por Freepik.com
Copidesque: Ana Rosa Barbosa	

Título original: *Dentro il Linguaggio - Pratiche Linguistiche ed Etica della Comunicazione*
© Utet Libreria, 2003
Via Ormea, 75 - 10125, Turim
ISBN - 978-88-7750-816-7

Todos os direitos em língua portuguesa, para o Brasil,
reservados à Editora Ideias & Letras, 2014.

EDITORA IDEIAS & LETRAS
Rua Tanabi, 56
Água Branca
05002-010 - São Paulo-SP
(11) 3675-1319 (11) 3862-4831
vendas@ideiaseletras.com.br
Televendas: 0800 777 6004
www.ideiaseletras.com.br

Dados Internacionais de Catalogação na Publicação (CIP)
(Câmara Brasileira do Livro, SP, Brasil)

Pititto, Rocco
Ciência da linguagem e ética da comunicação/
São Paulo: Ideias & Letras, 2014.
ISBN 978-85-65893-61-9
1. Comunicação - Aspectos sociológicos 2. Ética
3. Linguística 4. Linguística - Filosofia
I. Título.

14-04917   CDD-410.1

Índice para catálogo sistemático:
1. Linguística: Filosofia 410.1

Índice

**O destino do
homem no mundo - 9**

1. O homem na morada da linguagem - 15

1.1. A linguagem e o início da humanidade - 19
1.2. A origem da linguagem - 26
1.3. O debate sobre a linguagem na Europa entre o fim do século XVIII e a primeira metade do século XIX - 32
1.4. O aparecimento da linguagem no homem - 36
1.5. A reflexão sobre a linguagem e a pesquisa sobre o homem - 41

2. O espaço da linguagem - 47

2.1. O signo linguístico com e além de Saussure - 49
2.2. As regras da linguagem: uma teoria dos atos linguísticos - 62
2.3. Produção linguística e sistema social - 76
2.4. O relativismo linguístico e a hipótese Sapir-Whorf - 89
2.5. As funções da linguagem - 101

3. Gênese e desenvolvimento da linguagem - 115

3.1. A linguagem e o início da cultura - 117
3.2. O desenvolvimento da linguagem infantil: a contribuição de Piaget e de Vygostky - 121
3.3. Desenvolvimento efetivo e desenvolvimento potencial da criança: o papel da linguagem - 136
3.4. A atividade da mente e a função da linguagem - 149
3.5. Desempenhos linguísticos, comportamentos individuais e estilos familiares - 158

4. Educação linguística e educação semântica - 169

4.1. O problema da educação linguística - 172
4.2. Da língua à palavra: os objetivos da educação semântica - 181
4.3. Os distúrbios da linguagem e o atraso mental - 190
4.4. A educação linguística na sociedade "transparente": uma resposta do sistema educativo - 204
4.5. "Ler" e "escrever" o mundo: uma tarefa e um desafio - 210

**5. O desafio da nova "oralidade",
a ética da comunicação e a tradução - 221**

    5.1. A ética na aldeia global e a "nova oralidade" - 223
    5.2. A tradução: encontro de culturas e troca de memórias - 233
    5.3. A tradução entre ética e hermenêutica - 236
    5.4. Modelos de tradução - 241
    5.5. Tradução e comunidade linguística - 246
    5.6. O dom da tradução - 249

    Referências bilbiográficas - 253

O destino do homem no mundo

Com a espécie humana a evolução biológica superou a si mesma e levou a uma espécie de paradoxo. No nosso caso, o patrimônio genético, senhor quase absoluto do homem, do comportamento dos animais inferiores, abdicou por assim dizer voluntariamente, deixando amplos espaços para a ação do ambiente circunstante, para a aprendizagem e para a educação. Podemos considerar-nos desvinculados da nossa biologia, mas não devemos esquecer que a liberdade de gozá-los é uma conquista e um gracioso presente dos nossos genes, presente que não receberam, para resumir numa palavra, nem as lulas, nem as rãs.

(BONCINELLI, E. *À caça de genes*)

Por que afirmar hoje que o homem é um ser "especial", posto no vértice do mundo animal e não um ser "qualquer", embora mais evoluído, um entre tantos outros seres animais que povoam o mundo, como alguns supõem com mais frequência e com maior convicção? E quais as implicações e as conclusões mais importantes que podem derivar daí para a ideia de homem e de sociedade, caso prevaleça uma ou outra das duas afirmações? Quais os argumentos e quais as provas irrefutáveis, se houver, poderão garantir uma das duas possíveis conclusões e qual sua credibilidade científica e, sobretudo, seu valor antropológico? Quais as orientações menos controvertidas e mais difundidas, a propósito dos novos estudos sobre a origem da vida animal no mundo, com particular referência àqueles seres animais bastante mais próximos biologicamente do homem? Pode significar algo para o homem saber que é "especial"? Em que direção poderá se desenvolver o debate? Quando se deverá ter presente que no homem, apesar de tudo, atuam forças destrutivas, que, contra toda lógica de desenvolvimento das condições de vida dos indivíduos, tendem a levar a humanidade para formas de vida pré-humanas?

As perguntas a esse respeito são inúmeras e, muitas vezes, faltam as respostas e, quando existem, são parciais e provisórias. A complexidade das questões em jogo torna difícil qualquer resposta que possa ser considerada exaustiva e definitiva.

Ao contrário do que poderia parecer, a afirmação sobre a "especialidade" do ser humano não é tão pacífica que possa ser aceita por todos. Ela se presta a críticas e a contestações, também no âmbito científico e por parte de quem faz referência a teorias de matriz darwinista e neodarwinista e por parte de quem, a partir de uma hipótese de tipo criacionista, embora orientada em sentido evolucionista, se opõe a toda hipótese contrária à sua.[1] As mesmas aberturas por parte de filósofos mais propensos a se reconhecerem em visões da realidade, vizinha das novas concepções científicas, não são, porém, tais que possam justificar uma renúncia das argumentações mais tradicionais, construídas sobre a afirmação da "especialidade" do ser humano. Dos resultados desse debate pareceria que a ideia tradicional do homem, própria da tradição judeu-cristã, que encontrou sua expressão máxima na época do humanismo italiano, não tenha mais uma ressonância particular na cultura contemporânea, mais inclinada à dúvida e à incerteza, sobretudo depois da crise das certezas e da morte dos absolutos, experimentadas nas enormes tragédias do século XX.

A descoberta das funções do DNA permite, por outro lado, afirmar com certeza que a vida dos seres humanos, bem como a dos outros seres vivos, está baseada em processos comuns das mesmas substâncias químicas. São quatro as substâncias do DNA que podem ser sintetizadas pelo homem em laboratório e que, colocadas em uma determinada sequência, dão as

---

[1] Aqui se está longe de querer propor de novo a oposição entre criacionismo e evolucionismo, que ambientes protestantes norte-americanos ultraconservadores fizeram. Na realidade, não se trata tanto de um *aut aut* como de um *et et*, sempre que o evolucionismo não for uma simples teoria, mas for corroborado por provas irrefutáveis.

instruções necessárias para a síntese, oportunamente regulada no espaço e no tempo, das proteínas, das moléculas cujas funções são fundamentais em todos os processos de todo organismo vivo. O homem, depois de toda dúvida racional e perplexidade, é realmente um ser "especial"? Como responder a essa pergunta, que hoje se tornou inevitável, como se fosse um desafio? Em que bases documentais e com quais observações e argumentos? Enfim, a qual conclusão sobre o homem se poderá chegar se a resposta à pergunta for positiva ou, se, ao contrário, for negativa? Finalmente, muda algo sobre o modo de conceber o homem e seu destino no mundo se prevalecer a resposta que nega a "especialidade" do homem, a favor de uma concepção indiferenciada do mundo animal, onde as distâncias entre os seres animais são tão fracas que se tornam, afinal de contas, inconsistentes?

A mesma interrogação, já formulada, pode ser posta em termos diferentes, mas a questão e o quadro conceitual permanecem substancialmente invariáveis.

> *Por que os seres humanos – Pergunta Steven Pinker – devem ser considerados mais singulares do que os elefantes, os pinguins, os castores, os camelos, as cascavéis, os pássaros falantes, as moreias que dão choque elétrico, os insetos que se camuflam nas folhas das sequoias gigantes, dos louva-a-deus, dos morcegos ou dos peixes das profundezas, que têm uma lanterna fluorescente na cabeça?.*[2]

Sem absolutamente considerar como certas a argumentação de Pinker e a conclusão subjacente, há uma razão em particular que justifica a linha de diferenciação entre o ser humano e todos os outros seres animais não humanos? Ou se trata de uma forma de autopromoção que o homem se dá sem qualquer fundamento, como que para afirmar sua superioridade sobre um mundo de seres pensado em uma medida excessivamente humana, que, na realidade, foge ao controle do seu domínio, porque está sujeito a forças casuais, se não obscuras?

A pergunta, assim como é levantada nas suas diversas variantes, é inevitável e exige uma resposta, qualquer que seja, porque é essa resposta que

---

[2] PINKER, S. *L'Istinto del Linguaggio. Come la Mente Crea il Linguaggio.* Tradução italiana de G. Origgi. Milão: Mondadori, 1998, p. 362.

determinará em um sentido ou no outro, o destino do homem no mundo. Não há outra escolha possível: ou o homem é o ser colocado acima de todos os seres animais ou é, mais simplesmente, um entre eles e, certamente, não o mais "forte", nem o mais "dotado" em sentido biológico. Somente se o homem puder ser considerado como um ser "especial", será legítimo estabelecer uma hierarquia na escala dos seres animais e pôr o homem no seu vértice, como ponto terminal e mais alto do mundo dos seres vivos não humanos. Sobretudo, somente se for "especial", em relação a todos os outros seres vivos animais, o homem se tornará um sujeito ético, ou seja, um ser que é titular de direitos e de deveres, responsável por si mesmo, pelos outros e pelo mundo inteiro, suscetível tanto de julgamento e de condenação, como de castigo ou de prêmio. A "especialidade" do ser humano está na liberdade que o caracteriza como tal.

A virada, que tornou possível a passagem desse ser da animalidade para a humanidade é o resultado de acontecimentos que atravessaram o espaço físico e biológico do ser humano, caracterizando-o como ser "especial". No curso da evolução, o homem sofreu uma série de transformações, que incidiram sobre o desenvolvimento das suas capacidades mentais, que se especializaram no tempo de um ponto de vista funcional. Foi através do uso dessas capacidades que ele conseguiu chegar àquela identidade especificamente humana e pôde transformar o mundo em mundo humano, adaptando-se a ele e modificando-o continuamente de acordo com suas necessidades. O suporte material, o espaço físico necessário ao crescimento de todos os outros seres animais, se transformou desse modo em mundo dos homens e das mulheres sob o impulso da ação consciente dos homens.[3] A invenção da linguagem, mediante a qual os homens começaram a dar um nome às coisas, objeto da sua experiência, foi fundamental

---

3 FREIRE, P. *Pedagogia dell'Autonomia. Saperi Necessari per la Pratica Educativa*, tradução italiana de G. Colleoni. Turim: EGA, 2004, pp. 41-43. "O *suporte* é o espaço, restrito ou alongado, a que o animal se prende 'afetivamente' tanto quanto para resistir, é o espaço necessário ao seu crescimento e que delimita seu domínio. É o espaço em que, treinado, adestrado, "aprende" a sobreviver, a caçar, a atacar, a defender-se em um tempo de dependência dos adultos imensamente menos do que é necessário ao ser humano para as mesmas coisas". No homem: "O *suporte* veio fazendo-se *mundo* e a *vida, existência*, na proporção que o corpo humano vira corpo consciente, captador, apreendedor, transformador, criador de beleza e não 'espaço' vazio a ser enchido por conteúdos". (A citação em português foi tirada da cópia de *Pedagogia da autonomia*, digitalizada pelo Coletivo Sabotagem em 2002 e disponível na internet, no *e-book*, p. 29. O itálico é da tradução italiana).

para a criação do mundo como mundo humano. Pelos nomes dados às coisas, os homens começaram a aprender "a compreender o mundo e, por consequência, deram vida à necessária comunicabilidade daquilo que iam compreendendo".[4] Não pode acontecer o mesmo para os seres vivos não humanos, pois "faltam ao 'movimento' dos outros animais no suporte a linguagem conceitual, a inteligibilidade do próprio suporte de que resultaria inevitavelmente a comunicabilidade do inteligido, o espanto diante da vida, do que há nela de mistério".[5]

A pergunta de Steven Pinker sobre a "singularidade" do homem, com respeito aos outros seres animais, é legítima e encontra uma resposta, talvez a única possível, na evolução do cérebro, que concerne diretamente ao ser humano. O cérebro "criou" a atividade mental.[6] Foi essa evolução do cérebro que esteve na origem da atividade mental e do desenvolvimento da linguagem e que determinou a "especialidade" do ser do homem. No indivíduo, o desenvolvimento mental e o desenvolvimento linguístico andam no mesmo passo. Não há, nem se dá, de fato, um desenvolvimento mental que não esteja em relação com o desenvolvimento linguístico e vice-versa. Por outro lado, não se pode sustentar que um dos dois desenvolvimentos possa prescindir do outro. Os dois desenvolvimentos se mantêm juntos porque são correlatos. Ou antes, poder-se-ia até pensar em uma espécie de determinação, ou influência recíproca, de um sobre o outro, e vice-versa, para não se chegar a por entre os dois tipos de desenvolvimento do ser humano uma relação de causa e efeito.

Mente e linguagem assinalam o perímetro da humanidade. Todos os seres, animados ou inanimados, são parte do mundo, mas apenas o homem, dotado da mente e da linguagem, faz parte do mundo e o possui. O fato de ser parte do mundo não significa possuí-lo em si.[7] Porque é através do dom da linguagem, o recurso que o caracteriza de maneira exclusiva como ser humano, que o homem possui o mundo, como sua morada mais original, criando-o e recriando-o, mudando-o e transformando-o, fazendo perguntas

---

4   *Ibid.*, p. 43.
5   *Ibid.*, p. 42.
6   FRITH, C. *Inventare la Mente. Come il Cervello Crea la Nostra Vita Mentale*, tradução italiana de M. Berlingieri e de L. Guzzardi. Milão: Raffaello Cortina, 2009.
7   CRANE, T. *Elements of Mind: an Introduction to the Philosophy of Mind*. Oxford: University Press, 2001, p. 5.

e pedindo respostas. Nenhum outro ser pode reivindicar fazer parte do mundo, possuí-lo, ainda que apenas simbolicamente, recriá-lo e transformá-lo, adaptando-o continuamente às suas "necessidades" e aos seus objetivos. Responder à pergunta sobre o porquê e sobre como é possível para o homem, por intermédio da atividade da mente e da linguagem, habitar o mundo, possuí-lo e recriá-lo, é o fio condutor deste livro e a razão última de uma pesquisa "apaixonada" sobre o homem e sobre seu destino.

1
O homem na morada da linguagem

Nem a linguagem nem o pensamento podem ser completamente explicados um com base no outro e nenhum dos dois é conceitualmente prioritário. É verdade que estão ligados, no sentido de que cada um dos dois exige o outro para poder ser entendido, mas a ligação não é tão completa que baste um dos dois – ainda que racionalmente reforçado – para explicar o outro.

(DAVIDSON, D. *Pensar e falar*)

A linguagem verbal é um recurso "único" do ser humano. Entre todos os seres animais apenas esse ser é dotado de linguagem articulada, um dom que, ao se tornar palavra, dá ao homem, como por um milagre, um tipo de existência diversa e mais plena, a existência humana propriamente dita. O homem – escreve Ebner – é "criado pelo milagre da palavra, compreendido pelo milagre da palavra".[8] Esse recurso foi decisivo para o desenvolvimento das capacidades cognitivas e linguísticas daquele ser animal, destinado

---

8   EBNER, F. *Notizen, Tagebücher, Lebeserinnerunggen*. Em: *Ibid., Schriften*, organizado por E. Seyr. Munique: Kösel, 1962, II, p. 1000.

a se tornar, no curso da evolução, um homem, exatamente mediante a faculdade da linguagem. Essa passou a fazer parte da sua bagagem biológica não imediatamente, mas no decorrer de um processo evolutivo, que durou milhões de anos. A diferenciação do homem em relação aos outros seres animais se coloca, sobretudo, no plano da produção, da compreensão e da troca da linguagem verbal, um plano estreitamente ligado ao plano mental, cuja expressão mais preeminente é a linguagem. Por isso, ela representa o coroamento de um processo de desenvolvimento do ser humano, que encontrou sua manifestação e realização na fase mais recente da evolução humana quando apareceu no mundo habitado o *Homo sapiens*, herdeiro mais recente do *Homo afarensis*, do *Homo erectus* e do *Homo habilis*. Foi a linguagem – entendida como unidade de pensamento e de linguagem – que conduziu o homínida para o estágio mais evoluído do *Homo sapiens* e criou as condições para sua plena afirmação no mundo como ser humano.[9]

O aparecimento do fenômeno da linguagem favoreceu o nascimento do homem e acompanhou sua consolidação e seu desenvolvimento, modelando seu ser e determinando sua especificidade. A linha de diferenciação entre o ser do homem e os outros animais vivos não humanos passa pelo "domínio" da linguagem, que se manifesta, no homem, na sua dupla articulação, como destacou Martinet.[10] Sem a linguagem verbal não há homem de espécie alguma. Porque – como afirma Heidegger – "onde não há linguagem de espécie alguma, como no ser da pedra, da planta ou do animal, também não há nenhum começo do ente e, portanto, nenhum surgimento do não existente e do vazio. A linguagem, ao nomear o ente, pela primeira

---

9 "Poderemos – afirma Einstein – estar propensos a atribuir ao ato do pensar uma completa independência da linguagem se o indivíduo formasse ou fosse capaz de formar seus conceitos sem a guia verbal dos seus semelhantes. Contudo, muito provavelmente as estruturas mentais de um indivíduo que crescesse em tais condições seriam muito primitivas. [...] o desenvolvimento mental do indivíduo e sua maneira de formar os conceitos dependem em grande medida da linguagem" (EINSTEIN, A. *Pensieri Degli anni Difficili*. Tradução italiana de L. Bianchi. Turim: Boringhieri, 1965, p. 132).
10 MARTINET, A. *Elementi di Linguistica Generale*, edição italiana organizada por G. C. Lepschy. Roma-Bari: Laterza 1974, pp. 21-23. A dupla articulação é uma característica da linguagem verbal e consiste no fato de que o significante de um signo linguístico é articulado em dois níveis nitidamente diferentes: os morfemas e os fonemas. Os primeiros são decomponíveis em unidades mínimas e são portadores de significado; os segundos são decomponíveis ulteriormente, mas não são portadores de significado, sendo apenas quando, ao se associarem entre eles, se transformam em morfemas.

vez o faz entrar na palavra e na aparição".[11] Criado pela linguagem e na linguagem, o homem realiza a si mesmo no "espaço" da linguagem, constituído pela língua materna, na qual encontra sua morada mais original.

No fenômeno da linguagem há, todavia, algo de "misterioso", que escapa e que limita sua compreensão plena. Por um lado, a língua – como afirma Jacob Grimm – se mostra como um bem comum elementar, que nasce e desabrocha por toda parte, mas que apenas segundo a necessidade ou a ocasião pode ser arrancada com maior ou menor força do terreno misterioso no qual ela se esconde. Um dom tão íntimo e significativo nos foi concedido, em relação com sua natureza, mais em usufruto do que como nossa propriedade exclusiva; por outro lado, sua completude nunca é absoluta, porque "depende [...] continuamente, nos seus detalhes, do desenvolvimento dos povos individuais e dos homens individuais; sua compreensibilidade prospera apenas na superfície, e está bem longe de exaurir seu âmbito ou de penetrá-la em profundidade".[12]

Nascendo para a existência humana, o homem é predisposto ao aprendizado da linguagem como a um correlato seu natural, ligado ao seu próprio devir humano. A lição de Noam Chomsky, embora se oriente em sentido inatista, confirma essas afirmações iniciais e, por isso, não pode ser nem ignorada nem subestimada. No decorrer da evolução, a linguagem se revelou tão importante para os fins do desenvolvimento do ser do homem que se tornou elemento constitutivo na gênese da própria humanidade.[13] No início, o homem chega apenas em potência ao plano da linguagem como a uma capacidade única e exclusiva, recebida em herança da natureza. Ao falar, ele começa a fazer parte de uma comunidade linguística, em razão da sua língua materna. Se é por causa do seu nascimento que o homem herda a capacidade de falar, é em razão de sua inserção em uma dada comunidade linguística

---

11 HEIDEGGER, M. *Sentieri Interrotti*, tradução italiana de P. Chiodi. Florença: La Nuova Italia, 1968, p. 57.
12 GRIMM, J. *Ueber Etimologie und Sprachvergleichung*. Em: *Kleinere Schriften*, I, F. Berlim: Duemmler, 1864, p. 299 e seg; tradução italiana de F. Campanile: *Sull'Etimologia e la Comparazione delle Lingue*. Em: BOLELLI, T. *Per una Storia della Ricerca Linguistica*. Nápoles: Morano, 1965, pp. 91-92.
13 J. Grimm escreve: "A predisposição imediata dos seus órgãos, seu ouvido agudo, a página imaculada da sua memória se adaptam a todas as peculiaridades dos sons percebidos e, alcançada por rápidos graus, é adquirida nele a capacidade de exprimir sensações e pensamentos e de fazer uso dos vocábulos comuns no sentido que eles têm e na forma que o discurso requer" (*ibid.*).

que ele aprende a falar de maneira efetiva uma língua determinada. As duas condições não podem estar separadas, porque juntas determinam o sujeito humano na sua realidade, como um ser que pensa e que fala.

Todo indivíduo humano é dotado, por isso, desde o seu nascimento, da capacidade de pensar e de falar, como resultado da herança biológica, da sua espécie. Mas apenas no *commerce* com os outros seres humanos ele realiza e desenvolve suas capacidades cognitivas e linguísticas. Herança biológica e aprendizado social constituem os dois elementos sobre os quais se funda a capacidade de falar – do ser do – homem e sua efetiva realização. Chomsky fala a esse respeito sobre competência (*competence*) e execução (*performance*) como dois elementos que constituem o homem como tal, e o separam de todo outro ser animal.[14]

Só em um processo de aprendizado social o homem pode, mediante o acesso ao plano da linguagem, diferenciar-se dos outros seres vivos não humanos, alcançar a consciência das suas capacidades mentais e dos seus meios expressivos, conhecer suas necessidades e exigências, traduzi-las em pensamentos e palavras, comunicá-las nas relações intersubjetivas e, sobretudo, construir seu mundo, dando um nome às coisas e atribuindo significados a elas. Nos processos de desenvolvimento dessas capacidades, o ser humano se apodera da forma da língua falada – a língua materna – dominante naquele lugar determinado, "onde (o falante) nasceu e vive, (ao passo que o aprendizado da linguagem em sentido estrito ocorre) espontaneamente e sem saber como".[15]

Com o aprendizado da linguagem se manifesta e se desenvolve no homem uma *forma mentis* particular, um *habitus* mental constitutivo do ser do homem, um esquema de comportamento. Essa *forma mentis* distintiva, ou *habitus*, ou esquema, é caracterizada por uma série de comportamentos

---

14 "Para considerar a execução linguística efetiva – afirma Chomsky – devemos considerar a interação de vários fatores, e a competência subjacente do falante-ouvinte é apenas um deles. [...] Introduzimos, assim, uma distinção fundamental entre *competência* (o conhecimento que o falante-ouvinte tem da sua linguagem) e *execução* (o uso atual da linguagem em situações concretas)" (CHOMSKY, N. *La Grammatica Generativa Trasformazionale. Saggi Linguistici*, II, tradução italiana de A. Di Palma, C. Ingrao e A. Wolff De Benedetti. Turim: Boringhieri, 1970, p. 5).

15 *Ibid.*, p. 91: "Que o aprendizado da linguagem acontece 'espontaneamente e sem saber como' é, pelo menos, discutível, considerando que ele ocorre sempre no interior da comunidade linguística do sujeito via imitativo-interativa, nas relações com os componentes adultos da comunidade".

de tipo linguístico e cognitivo. São comportamentos que se realizam e se explicitam, por parte do homem, na percepção de si como ser pensante e ser falante, na capacidade de simbolização e de comunicação da experiência humana. São, sobretudo, esses comportamentos, que não se encontram nos outros seres animais não humanos, que fazem desse ser animal um ser humano tão "especial" com respeito aos outros seres animais.

1.1. A linguagem e o início da humanidade

A linguagem verbal é um "dom" original do ser do homem, "um bem e uma herança comum"[16] a todos os seres humanos. "A faculdade de falar – afirma Heidegger – não é no homem apenas *uma* capacidade que se coloca ao lado das outras, no mesmo plano das outras. Pelo contrário, é a faculdade que faz do homem um homem. Esse traço é o próprio perfil do seu ser".[17] Repetindo um texto de Herder, Heidegger afirma que a linguagem é como um "sopro divino" do qual "depende tudo o que na terra os homens pensaram, quiseram e fizeram, e o que farão de humano" e sem o qual "ainda andaríamos nas florestas",[18] vagando em volta sem ter nenhuma meta a seguir.

A capacidade linguística é uma prerrogativa humana e constitui um dos recursos do homem, talvez o mais importante. A dimensão linguística é o recurso mais decisivo entre todos os outros, que, uma vez adquiridos, entraram na disponibilidade do homem, chegando a caracterizá-lo como um ser linguístico. A linguística não se manifestou no homem por uma

---

16 GRIMM, J. Ueber den Ursprung der Sprache. Gelesen in der Akademie am 9.de janeiro de 1851, Druckerei der Königlichen Akademie der Wissenschaften, Berlim, 1851; tradução italiana, em: GRIMM, J.; SCHELLING, F. W. J. *Sull'Origine del Linguaggio*, tradução italiana de T. Weddigen. Milão: Marinotti Edizioni, 2004, p. 114. O fragmento B113 de Heráclito faz referência ao logos como algo que "aproxima os homens" quando diz que o *logos* "é comum a todos (os homens)". Sobre os fragmentos de *Heráclito* ver a interpretação de M. Heidegger. *Eraclito*, tradução italiana de F. Camera, Mursia, Milano, 1994; do mesmo Heidegger ver também *Saggi e Discorsi*, tradução italiana de G. Vattimo. Milão: Mursia, 1976, pp. 141-157.
17 HEIDEGGER, M. *Cammino Verso il Linguaggio*. Tradução italiana de A. Caracciolo, M. Perotti Caracciolo. Milão: Mursia, 1973, p. 189.
18 HEIDEGGER, M. *Sentieri Interrotti*, tradução italiana de P. Chiodi. Florença: La Nuova Italia, 1968, p. 294.

intervenção externa ou de repente, mas progressivamente e no interior de mudanças, determinadas por uma aceleração dos processos de evolução biológica e cultural, aproximadamente em uma época entre 20 e 30 mil anos atrás. A linha discriminante da humanidade com respeito à animalidade passa através da manifestação no espaço de um ser animal, que ainda não se tornou homem, do fenômeno da linguagem, um acontecimento decisivo que determinou a evolução do homem e o nascimento da cultura. A verbalização representa o vértice do ser do homem.

Por trás do fenômeno da linguagem verbal, porém, há a evolução do cérebro humano, programado geneticamente para o desenvolvimento do pensamento e da linguagem e, sobretudo, "para nos fazer sobreviver melhor em um certo tipo de mundo".[19] Sem essa evolução, o ser humano nunca poderia ter se distanciado do plano da animalidade e chegado ao plano da humanidade. A "singularidade" ou a "especialidade" do homem está no fato de ser dotado de um cérebro "diferente" no plano qualitativo, além de quantitativo, com respeito a todos os outros seres vivos animais não humanos. Do funcionamento dos diversos componentes do cérebro desenvolveu-se, no homem, uma série de processos do tipo cognitivo e do tipo linguístico, ligados à atividade da mente, que caracterizam o homem como tal. "Também poderia ser – afirma Boncinelli – que tudo o que é pré-verbal não nos diferencia demasiado dos animais, pelo menos não daqueles mais próximos de nós, ao passo que a verdadeira diferença é a verbalização".[20]

Como recurso do ser humano, tão enraizado que parece inato, a linguagem verbal é uma capacidade exclusiva do *Homo sapiens*, do qual o homem de Cro-Magnon é uma das variantes, que apareceu entre 50.000 e 40.000 anos atrás, adquirida no curso da evolução. O ser humano, separando-se e distanciando-se de formas de vida animais inferiores, às quais estava anteriormente ligado, através dos percursos evolutivos tão complexos e, por outro lado, tão misteriosos, chegou, finalmente, a níveis de existência diferentes e únicos, qualitativamente superiores. Foram esses percursos, que ocorreram no espaço de milhões de anos, seguindo a linha evolutiva dos seres vivos animais, que levaram o homem a se diferenciar de todos os outros seres animais, inclusive daqueles que são mais

---

19 BONCINELLI, E. *Come Nascono le Idee*. Roma-Bari: Laterza, 2008, p. 30.
20 *Ibid.*, p. 90.

próximos dele na escala biológica, e a se especializar nas suas funções dentro da sua espécie.

Desses percursos, tão distantes no tempo, escapam o porquê da direção seguida e o sentido mesmo dos processos evolutivos que foram determinados, por sua vez, pelas transformações ocorridas no *habitat* humano.[21] Sobretudo, a linguagem verbal está na origem daquelas transformações que tornaram possível o nascimento do homem como ser falante e como ser pensante. O sistema linguístico de uma comunidade incide certamente sobre a organização da sociedade e vice-versa. As pesquisas de Jost Trier sobre o "campo semântico" permitem afirmar como o próprio sistema da língua está na origem das transformações da sociedade, enquanto as transformações da sociedade influem, ao mesmo tempo, sobre o sistema da língua, produzindo no tempo uma série de mudanças dentro do mesmo campo semântico de referência.[22]

A partir de quando, no "espaço" de vida de alguns primatas, que ainda não alcançaram o plano da humanidade, apareceram formas de comunicação gestual, que se transformaram, depois, sob o impulso de fatores diversos, nas primeiras formas rudimentares de linguagem verbal, se manifestaram ao mesmo tempo mudanças significativas também no plano mental. Exatamente essas mudanças estiveram na origem de um novo modo de ser e de agir por parte desse vivente, tendo elas mesmas determinado o nascimento de um novo ser, o ser humano. Foram essas mudanças que imprimiram uma direção diferente ao desenvolvimento daquele ser vivo que, mediante a linguagem se tornaria um ser humano.

A linguagem no seu desenvolvimento constituiu-se como momento decisivo de um processo de diferenciação animal e de especialização intraespécie, manifestando-se em formas diversas e seguindo uma cronologia da qual se ignora a ordem das passagens no caminho do homem para chegar

---

21 Discutir se o que determinou as transformações anatômico-funcionais que marcaram a passagem do *homo afarensis* para o *homo sapiens sapiens* foi o aparecimento do fenômeno da linguagem ou, ao contrário, se o que determinou a linguagem foram as transformações, não leva muito longe. O dado incontestável é representado pela presença de um ser "especial" que se tornou tal porque estava provido da linguagem, enquanto outros seres animais não atingiram o plano da humanidade porque estavam desprovidos da linguagem.
22 TRIER, J. *Der deutsche Wortschatz im Sinnbezirk des Verstandes, die Geschichte eines sprachlichen Feldes*. Heidelberg: Winter, 1931. As pesquisas de Trier fazem referência ao léxico alemão relativo ao âmbito do conhecimento em uso no início do século XIII em terra alemã.

à forma da linguagem (sons indistintos e desarticulados iniciais? Simples chamados sonoros? Indicações gestuais ligadas a sons? Primeiros sons articulados? Expressões linguísticas sempre mais elaboradas? Linguagem simbólica?) e, enfim, consolidando-se no tempo em atos e comportamentos linguísticos em sentido estrito. A linguagem representa o fator mais importante na constituição do ser humano, sua dimensão mais geral e mais compreensiva, que favoreceu e acompanhou o nascimento e a presença do homem no mundo e o desenvolvimento da cultura. Segundo hipóteses, não privadas de cor, mas igualmente indicativas do papel da linguagem imposto pelo imaginário coletivo, a própria sobrevivência do ser humano estaria assegurada pela presença e pela afirmação no homem de formas linguísticas sempre mais evoluídas, na falta das quais a própria humanidade não teria podido, talvez, nem sequer sobreviver por muito tempo.[23]

A multiplicidade de línguas presentes no mundo leva a pensar que a língua como um organismo vivo seja essencialmente uma convenção interna a uma determinada comunidade de falantes, um sistema de comunicação e de troca, aprendido pelos indivíduos em um processo de inter-relação com os membros adultos da comunidade de pertença e sujeitos a contínuas modificações e a transformações, sob o impulso de fatores diversos, dos climático-ambientais aos materiais e culturais. A língua se torna um sinal de identidade e de reconhecimento entre os falantes. Uma comunidade nasce no "espaço" da língua que seus componentes falam. A existência de cada indivíduo é contada na linguagem da

---

23 Esse é o sentido do curioso experimento atribuído a Frederico II da Suábia e contado por Fra Salimbene de Parma, de criar crianças de leite, com as quais foi proibido usar qualquer linguagem. O experimento, se tivesse sido bem-sucedido, segundo a expectativa dos seus promotores, deveria evidenciar qual língua, entre hebraico, grego e latim, as crianças teriam aprendido e falado primeira e espontaneamente, sem que tivesse havido qualquer tipo de ensino dessas línguas. Do êxito do experimento se poderia estabelecer, desse modo, qual das três línguas, exatamente por ter sido aprendida primeiro e de modo espontâneo, seria a mais original e perfeita. O experimento fracassou, como afirma Fra Salimbene: foi "esforço vão, porque as crianças morreram todas". Ver: WATZLAWICK, P. *Il Linguaggio del Cambiamento. Elementi di Comunicazione Terapeutica*, tradução italiana de L. Cornalba. Milão: Feltrinelli, 2004, p. 13. Hagège não pensa outra coisa quando afirma que "se circunstâncias extraordinárias impediram que a faculdade da linguagem se transformasse em língua, então a possibilidade de viver fica gravemente comprometida". HAGÈGE, C. *Morte e Rinascita delle Lingue. Diversità Linguistica Come Patrimonio dell'Umanità*, tradução italiana de L. Cortese. Milão: Feltrinelli, 2002, p. 12.

comunidade e através do relato se torna memória e projeto da própria comunidade de falantes.

No plano biológico, a linguagem é determinada por emissões sonoras produzidas na laringe que, segundo sua sonoridade particular, se tornam vogais, consoantes e sílabas. É diferente o caso da palavra, que acrescenta à sonoridade também o significado, para a qual a forma sonora da palavra se torna veículo do significado da própria palavra. Mais sílabas constituem uma palavra e sua especificidade não é dada simplesmente pela forma sonora ou pelo significado que assume na comunidade de falantes, mas pela forma sonora segundo uma relação entre as duas entidades, o que é absolutamente arbitrário. A determinação saussuriana de *signifié* e de *signifiant* assumida na unidade do sinal linguístico indica a arbitrariedade da relação que se constitui entre forma sonora e significado.

Detendo-se, enfim, em considerar as vogais e as consoantes no seu modo de ser, as unidades mínimas das palavras, pode-se chegar a uma compreensão maior da linguagem:

> *Trata-se de um zumbido mais grave nos homens e um pouco mais alto nas mulheres e nas crianças, que ao falar é modulado em altura e em intensidade. A modulação mais frequente é uma passagem do grave para o agudo seguido da volta à altura inicial, que se repete em episódios de um ou poucos segundos, correspondentes aproximadamente ao que se chama de* frase. *Esse zumbido se torna a voz humana adquirindo timbres diversos que dependem da forma das cavidades através das quais se propaga para fora. Os diversos timbres correspondem aos sons que, nos textos escolares, são chamados* vogais.[24]

As consoantes, pelo contrário, "correspondem a oclusões breves, completas ou parciais, do canal pelo qual sai o ar ao falar. Essas oclusões ocorrem em pontos diversos entre a laringe e os lábios e cada uma determina um efeito sonoro diferente".[25] A sílaba, por sua vez, é uma vogal precedida e seguida de sons de oclusão, que pode também faltar no caso de sílabas abertas. Vogais e consoantes formam um alfabeto de fonemas que não é o

---

24 BRAITENBERG, V. *L'Immagine del Mondo nella Testa*, tradução italiana de T. Codignola. Milão: Adelphi, 2008, p. 138.
25 *Ibid.*

mesmo para as diversas línguas faladas no mundo, embora muitos fonemas sejam comuns a todas as línguas.

A presentificação dos objetos do mundo ao pensamento, sejam eles mentais ou não mentais, é possível apenas na forma de uma linguagem determinada, de modo que o próprio ser, à medida que pode ser compreendido, é linguagem, como afirma Gadamer.[26] A natureza linguística de toda a nossa experiência comporta duas caracterizações estreitamente interligadas: a intersubjetividade e a historicidade da própria experiência humana. Por um lado, a linguisticidade da experiência humana torna esta última radicalmente intersubjetiva, como a linguagem está radicada no contexto social dos sujeitos que se encontram e entram em comunicação entre eles; por outro lado, ela é também histórica, porque a linguagem em todas as suas formas é o resultado de uma tradição da comunidade linguística de pertença, que fixa seus léxicos, regras, modalidades e formas expressivas. A linguagem é, sobretudo, o "lugar" privilegiado no qual se dá o encontro dos seres humanos, seres que, ao se encontrar e falar entre eles, se reconhecem membros de uma mesma comunidade linguística e na troca linguística criam relações intersubjetivas e constroem juntos seu mundo.

Retomando uma afirmação de Heidegger, a linguagem verbal está no próprio início da humanidade do homem, porque "já no início nós (enquanto seres humanos) estamos na linguagem e com a linguagem".[27] Mais particularmente, "a linguagem é dada com o homem, e isso é tão certo que se pode até dizer, vice-versa, que só com a linguagem se faz o homem. Linguagem e homem determinam-se reciprocamente".[28] Com ela, o homem se destaca de maneira irreversível dos outros seres vivos não humanos, destinados a não alcançar o plano da humanidade. É por isso que a linguagem – como afirma Steiner – "é o mistério que define o homem, (visto) que nele a identidade e a presença histórica do homem se explicam de maneira única. É a linguagem que separa o homem pelos códigos sinaléticos determinísticos, pelas desarticulações, pelos

---

26 GADAMER, H. G. *L'Essere, Che può Essere Compreso, è Linguaggio. Omaggio a Hans-Georg Gadamer,* edição italiana de D. Di Cesare. Gênova: il Melangolo, 2001.
27 HEIDEGGER, M. *In Cammino verso il Linguaggio,* cit. p. 189. A esse respeito ver as belas páginas de ZAMBRANO, M. *Chiari del Bosco,* tradução italiana de C. Ferrucci. Milão: Bruno Mondadori, 2004, p. 87.
28 HEIDEGGER, M. *Contributi alla Filosofia,* tradução italiana de F. Volpi e A. Iadicicco. Milão: Adelphi, 2007, p. 479. Segundo Heidegger, é em razão da pertença comum ao Ser que homem e linguagem são, sob certo aspecto, a mesma coisa.

silêncios que habitam a maior parte do ser".²⁹ O homem existe como ser humano porque fala e é, através da linguagem, que ele compreende a si mesmo e aos outros, dá nome às coisas e conhece os objetos do mundo, tem memória de si e dos outros, projeta o futuro e constrói o mundo, interno e externo, que se torna, por isso, mundo humano. O aparecimento do acontecimento-fenômeno da linguagem no homem e sua consolidação criam outro ser, único no seu gênero – o ser humano na sua especificidade – qualitativamente diverso com respeito a todo outro ser animal mais próximo dele na escala biológica.

Não só a identidade do homem e o reconhecimento da alteridade passam na e através da linguagem, mas também a própria capacidade do homem de sair fora de si, de estranhar-se e de se aproximar das coisas, redescobrindo a estrutura comunitária da existência humana. "A linguagem – afirma Thévenaz – nos lança para fora de nós, para as coisas; nos entrega ao real, nos joga na batalha das palavras, onde é preciso pagar pessoalmente, se não quisermos contentar-nos com as palavras. [...] Se a linguagem nos estranha, talvez se torne necessário consentir em se perder, em se lançar no oceano das palavras, onde não se vê uma margem, para tomar consciência da nossa real situação humana e do significado real da linguagem".

Thévenaz (1956):

> *Tomar consciência de si não é encontrar um porto seguro onde cultivar em paz o seu eu, é expor-se e entregar-se à contestação perpétua dos homens. Mas, ao aceitar sem ilusões e na plena lucidez jogar a nossa vida de homens na e através da linguagem, aceitamos que a cultura seja comunitária e que seja por isso mesmo exposta à possibilidade de ser sempre questionada. Mas é exatamente porque a linguagem remete à nossa consciência e à nossa responsabilidade que será aquilo que nós a fizermos se tornar, e nós seremos aquilo que dissermos.*

Daí o convite de Thévenaz a guardar "dentro de nós, com o cuidado que se reserva às coisas mais preciosas, o ensinamento de Platão: 'as nossas palavras são os caminhos da esperança' ".³⁰

---

29 STEINER, G. *Linguaggio e Silenzio*, tradução italiana de R. Bianchi. Milão: Garzanti, 2001, p. 11. Por isso, "se o silêncio – continua Steiner – devia voltar de novo em uma civilização em ruína, seria um silêncio dúplice, forte e desesperado pela lembrança da Palavra".
30 THÉVENAZ, P. *L'Homme et sa Raison*, Neuchâtel: La Baconnière, 1956, vol. II, p. 72.

Apenas porque é ser falante, "o homem pode ser silencioso, ao passo que o animal é apenas mudo. O homem chega à autoconsciência graças à palavra, mas o homem pode abusar do dom da palavra e assim se perder na banalidade opaca da tagarelice".[31] O homem constrói sua identidade suspenso entre o silêncio original do ser que se dá a ele e a palavra criadora, mediante a qual chama à existência as coisas, dando a elas um nome e criando um mundo de significados, aquele "lugar" no qual todos podem se reconhecer e se compreender como em sua casa.

1.2. A origem da linguagem

Por que nasceu e como se desenvolveu a linguagem verbal no homem são perguntas ainda incertas e difíceis de decifrar, quase beirando o mistério, como se afirma também no âmbito estritamente científico, além de filosófico.[32] A evolução, que interessou esse ser animal, tornado homem, foi determinada e acompanhada, pelo menos na parte temporal mais recente da hominização, pelo desenvolvimento de uma forma de linguagem verbal mais elaborada, uma linguagem inicialmente apenas indicativa das necessidades do homem primitivo, ligada mais tarde a um pensamento simbólico mais avançado, do qual a linguagem é a expressão máxima e mais importante, além de ser seu veículo privilegiado, senão exclusivo. A presença no ser do homem de uma forma de linguagem, que se torna simbólica, expressão, por sua vez, de um pensamento igualmente simbólico, representa o sinal distintivo dos primeiros traços de humanidade deixados no mundo do homem. O uso da linguagem entre os seres humanos é o fator decisivo que está no início da constituição de um "espaço humano"

---

31 BALDINI, M. *Elogio del Silenzio e della Parola. I Filosofi, i Mistici e i Poeti*. Soveria Mannelli: Rubbettino, 2005, p. 79.
32 A origem da linguagem sintática permanece um mistério, enquanto os novos conhecimentos sobre os mecanismos da linguagem não tornam menos misteriosa a própria linguagem. Apesar de tudo, porém, "a origem da linguagem permanece um dos mistérios mais elusivos do cérebro". FINCHER, J. *The Brain: Mystery of Matter and Mind*. Nova Iorque--Toronto: Torstar Book, 1984, p. 53. Ver HERSLUND, M. L'Origine du Langage – qu'en Savons-Nous? Em: CASTAGNA, M. (org.) *Interdit. Essays on the Origin of Language(s)*, número monográfico de Sistemi Linguistici 1. Cluj-Napoca: Éditions du CIRRMI, Paris/Press: Universitară Clujeană, Cluj-Napoca, 2012, pp. 19-32.

no mundo, que mediante a linguagem se tornou mundo cultural, o lugar de reconhecimento e do encontro dos homens e da troca simbólica entre os falantes. Da linguagem nasce a identidade do homem e, ao mesmo tempo, a alteridade. O Eu, o Tu e o Nós nascem com e na linguagem verbal.

Fator decisivo para o nascimento do ser do homem, mas demasiado complexo para ser o resultado de um acontecimento extraordinário externo ou de uma transformação repentina do seu ser, a linguagem não se encontra no ser humano desde o início do seu aparecimento no mundo dos seres vivos, aparece só no momento zero do nascimento do homem. A linguagem, em certo sentido, ao constituir o homem, cria-o na sua realidade de ser humano, acompanhando-o desde o limiar da humanidade e mantendo-o na sua identidade específica. Somente mais tarde se encontra a linguagem no homem, e isso acontece como resultado do encontro de dois momentos de um único processo de desenvolvimento, acontecido no mundo do homem, que o levou, afinal, ao plano da linguagem. É um processo que durou milhões de anos, determinado no seu constituir-se pela herança biológica e pelo aprendizado social, os dois momentos do processo de desenvolvimento do qual todo ser vivo humano é, respectivamente, portador e destinatário, em razão do seu constituir-se como homem. Foi através do acontecimento fundador da linguagem que o homem se tornou um ser humano e iniciou-se sua aventura no mundo. Como prerrogativa do homem, a linguagem entrou na sua disponibilidade a seguir a transformações de ordem anatômico-morfológica, funcional, climática e cultural, das quais o homem se beneficiou no seu processo de diferenciação, relativamente aos outros animais, privados da capacidade de falar. Essa capacidade foi adquirida pelo homem, junto com a atividade mental, no curso da evolução que acompanhou e interessou seu mundo originário de proveniência.[33] A diferenciação última entre o homem e os outros seres animais é determinada pelo aparecimento do acontecimento-fenômeno da linguagem no mundo do homem e pelo seu desenvolvimento em sentido articulatório. Entre os seres animais, apenas o ser do homem possui o dom da linguagem.[34]

---

33 A esse respeito, ver DEACON, T. W. *The Symbolic Species: the Co-evolution of Language and the Brain*, W.W. Nova Iorque: Norton, 1997. Ver também o meu Language and Schizophrenia: a Common Origin? Em: CASTAGNA, M. (org.), *Interdit. Essays on the Origin of Language* (s), cit. pp. 125-144.
34 HURFORD, J. R.; STUDDERT-KENNEDY, M. C.; KIGHT, C. (eds.) *Approaches to the Evolution of Language: Social and Cognitive Bases*. Cambridge: Cambridge University Press, 1998.

A linguagem nasceu com o homem? Quando? Foi seguido de quais transformações de tipo anatômico e mudanças de tipo ambiental e cultural? Por que entre os seres animais, mais próximos biologicamente dos humanos, apenas o ser do homem chegou ao plano da linguagem? São perguntas destinadas a ficar sem resposta. Apesar de tanto conhecimento sobre o homem e sobre sua origem de que hoje dispomos, a grande distância temporal que há entre os primeiros homínidas, privados de linguagem, e os seres humanos, dotados de linguagem, não permite conhecer de maneira certa os inícios do aparecimento da linguagem no mundo do homem.[35] Eles estão envoltos no mistério, incertos e obscuros, e assim estão destinados a permanecer até quando for possível alcançar uma compreensão maior do homem e das origens das suas faculdades, das quais a primeira é a linguagem. A solução desejada, porém, não parece imediata. Uma série de indícios sobre a origem da linguagem, dos quais dispomos, não poderá constituir nunca uma prova absoluta. Segundo Corballis, a linguagem verbal no homem seria o ponto de chegada de um processo por muito tempo dominado pela gestualidade. Na história das ideias linguísticas, a hipótese não é totalmente nova, porque não é estranha, aliás, às próprias concepções de Condillac.[36]

---

35 Sobre esses aspectos da questão, ligados à origem da linguagem, ver: RUHLEN, M. *L'Origine delle Lingue,* tradução italiana de S. Ravaioli. Milão: Adelphi, 2001. PENNISI, A.; FALZONE, A. Le 'Sterminate Antichità'. Evoluzionismo Linguistico e Scienze Cognitive, em: JERVOLINO, D.; PITITTO, R. (org.) *Linguaggio, Fenomenologia, Ricerche Cognitive.* Número monográfico di *Semiotiche* 3/04, pp. 21-58. Ver também: LIMBER, J. What Can Chimps Tell us About the Origin of Language, em: KUCZAJ, S. (ed.). *Language Development,* II, Hillsdale: ERLBAUM, L. 1982, pp. 429-446; MÜLLER, M. M. *Sprache und Evolution: Grundlagen der Evolution und Ansätze einer Evolutionstheoretischen Sprachwissenschaft.* Berlim: de Gruyter, 1990. (ANOLLI, L. *La Mente Multiculturale.* Laterza: Roma-Bari, 2006, pp. 37-45) examina as principais hipóteses – a teoria da descontinuidade, a hipótese da protolinguagem, o instinto da linguagem, a teoria da continuidade, a origem social da linguagem, a teoria motória – formuladas pelos estudiosos para explicar as origens da linguagem na espécie humana e conclui afirmando que "no momento atual nenhuma das hipóteses supracitadas resulta satisfatória". Sobre as diversas concepções entre os séculos XVIII e XIX, ver as contribuições publicadas em MILANI, C. (org.) *Origini del Linguaggio: Frammenti di Pensiero.* Colognola ai Colli: Demetra, 1999.
36 CORBALLIS, M. C. *Dalla Mano alla Bocca: Le Origini del Linguaggio,* tradução italiana de S. Romano. Milão: Raffaello Cortina, 2008. Sobre as concepções linguísticas de Condillac ver: *La Ragione Linguistica. Origine del Linguaggio e Pluralità delle Lingue,* cit., pp. 41-96. Sobre a origem gestual da linguagem ver: Dal Gesto al Linguaggio Verbale. Attività Motoria, Produzione Linguistica e Neuroni Specchio, em: CASTAGNA, M.; DE CARLO, S.

Investigações recentes, feitas em muitas frentes por estudiosos de áreas diferentes, que visam estudar e conhecer melhor a origem da linguagem no homem e das diversas línguas no mundo, não deram os resultados esperados e, em parte, desapontaram, porque não solucionaram nada. As conclusões dessas pesquisas foram muitas vezes pouco satisfatórias no plano científico e, ademais, difíceis de sustentar, com resultados nem sempre confiáveis e, de qualquer modo, provisórios. Quaisquer que possam ser as conclusões de uma pesquisa sobre a origem da linguagem, não se está em condições de chegar a soluções certas e definitivas ou, muito menos, mais fidedignas. Sobre a questão da origem da linguagem é possível fazer, pelo menos por enquanto, apenas simples conjeturas e hipóteses de estudo, que muitas vezes não podem se apoiar na própria prova dos fatos, também porque, por outro lado, não existem fatos específicos incontroversos aos quais fazer referência.

Sob esse aspecto se tornam muito importantes as pesquisas de Philip Lieberman, relativas ao aparecimento do trato vocal supralaríngeo recurvado em dois tubos, trato específico da articulação linguística humana, a tese de Tim Crow sobre a origem comum de esquizofrenia e linguagem, ambas fenômenos ligados aos processos evolutivos da lateralização cerebral e, enfim, a identificação, por parte de C. Lai, de W. Enard e outros, no gene FOXP2, do correspondente genético do trato vocal supralaríngeo. Todas elas são pesquisas que dão uma contribuição, embora não decisiva, ao problema da origem da linguagem.[37] A descoberta do gene FOXP2 introduz

---

(org.) *Lo Spazio della Parola*. Nápoles: EDI, 2010, pp. 105-124. Ver também DE CAROLIS, F. La Questione dell'Origine del Linguaggio in Condillac, em: CASTAGNA, M. (org.). *Interdit. Essays on the Origin of Language(s)*, cit. pp. 35- 50.

37 Uma resenha ampla e documentada das pesquisas e das hipóteses em discussão se encontra em PENNISI, A.; FALZONE, A. *Le 'Sterminate Antichità'. Evoluzionismo Linguistico e Scienze Cognitive*, cit. p. 21. Ver: LIEBERMAN, Ph. *L'Origine delle Parole*, tradução italiana de BANTI. G. Turim: Boringhieri, 1980. *Uniquely Human. The Evolution of Speech, Thought, and Selfless Behaviour*. Londres: Harvard University Press, Cambridge, MA, 1991; *Toward an Evolutionary Biology of Language*. Londres: The Belknaps Press of Harvard University Press, Cambridge, MA, 2006. CROW, T. Schizophrenia as the Price that Homo Sapiens Pays for Language: as Resolution of the Central Paradox in the Origin of the Species, em: *Brain Research Reviews*, 31(2000), pp. 118-129; ibid., Auditory Hallucinations as Primary Disorders of Syntax: an Evolutionary Theory of the Origins of Language, em: FRIGERIO, A.; RAYNAUD, S. (org.) *Significare e Comprendere. La Semantica del Linguaggio Verbale*. Milão: Aracne, 2005, pp. 247-272; LAI, C. S. L.; FISHER, S. E.; HURST, J. A.; VARGHAKHADEM, F.; MONACO, A. P. A Forkhead – Domain Gene is Mutated in a Severe Speech and Language Disorder, em: *Nature*, vol. 413, 4 out. 2001, pp. 519-523; ENARD, W.; PRZEWORSKI, M.; FISCHER, S.

um elemento ainda mais importante, no âmbito do problema da origem da linguagem e da sua compreensão. Presente em muitos seres animais, esse gene sofreu no homem, em um período entre 150 e 200 mil anos atrás, uma mutação no cromossomo 7, ainda que mínima em termos quantitativos, mas igualmente importante, porque permite que o homem controle a articulação da linguagem, sua compreensão e o movimento de alguns músculos do rosto.[38]

A faculdade da linguagem, no entanto, embora o tempo da sua origem permaneça ainda desconhecido e não identificado, não pode ser considerada uma dimensão assessória à constituição do homem, algo secundário relativamente aos processos biológicos e às outras faculdades do homem e relativamente também aos "interesses" e aos "domínios" especulativos da própria pesquisa filosófica. Sem linguagem não há filosofia. A linguagem, além de ser o instrumento da filosofia, é também o objeto da sua pesquisa. A filosofia não pode, portanto, limitar-se a tomar nota da dificuldade de encontrar uma solução para o problema da origem da linguagem, sem se empenhar em procurar recompor um quadro mais amplo e mais unitário da questão, fazendo referência seja aos debates, que ocorreram no passado acerca do mesmo problema, seja também ao desenvolvimento de temáticas linguísticas, que se tornaram central na filosofia, sobretudo depois da "virada linguística" que ocorreu na filosofia do século XX.[39] Sejamos conscientes de que "a linguagem –

E.; LAI, C. S. L.; WIEBE, V.; KITANO, T.; MONACO, A. P.; PÄÄBO, S. Molecular Evolution of FOXP2, a Gene Involved in Speech and Language, em: *Nature*, vol. 418, 22 de agosto de 2002, pp. 869-872.

38 A descoberta do gene FOXP2 (abreviação de *forkhead Box* P2) remonta a 2001, fruto das investigações de um grupo de geneticistas britânicos e alemães coordenados por Stephen Rossiter (Queen Mary, University of London). O FOXP2 não é um gene típico do homem, porque se encontra também em outras espécies animais como pássaros, ratos e macacos. Segundo seus descobridores, o gene FOXP2 está na origem da diferença entre o ser humano e os outros seres animais não humanos. A sequência atual do gene remonta a um período compreendido entre 150 e 200 mil anos atrás. Dos 715 aminoácidos que compõem esse gene, apenas sete são diferentes entre o homem e o rato, mas apenas dois entre o homem e o macaco. A mutação ocorrida no homem poderia ser indício de mudança nas funções do cérebro humano.

39 Sobre a "virada linguística" na filosofia do século XX, ver RORTY, R. *La Svolta Linguistica. Tre Saggi su Linguaggio* e Filosofia, tradução italiana de VELOTTI, S. Milão: Garzanti, 1999, p. 73. Do mesmo Rorty ver também: *La Filosofia e lo Specchio della Natura*, tradução italiana de G. Milone e R. Salizzoni. Milão: Bompiani, 1986, pp. 194-195. Segundo o filósofo

como afirma Rorty – tornou-se a questão essencial na filosofia contemporânea. De Darwin em diante começamos a definir o ser humano como animal inteligente, dotado da capacidade de servir-se da linguagem".[40]

Com relação às filosofias do passado, a filosofia do século XX deu à linguagem um "espaço" mais importante no âmbito dos saberes constituídos, alargando suas fronteiras e seus campos de investigação, até ela mesma transformar-se em uma espécie de reflexão sobre a linguagem, ou em uma filosofia da linguagem, mais propriamente dita. Amadurecera na Europa, já nos primeiros anos do século XX, em consequência também do clima cultural da época, determinado pelas transformações que ocorriam na sociedade e por acontecimentos políticos importantes, por descobertas científicas e por fatos literários significativos, a consciência que, na filosofia como em todo outro tipo de saber, nada podia ser conhecido ou dito sem o recurso ao meio linguístico. A linguagem se tornara o novo paradigma do saber em geral, do qual não se podia prescindir na redefinição dos novos cenários do viver e do agir do homem. Foi decisivo nesse sentido, já desde o início da década de 1920, a contribuição dos pensadores do *Wiener Kreis* e de Wittgenstein, em particular.

As raízes dessas concepções, que investem o homem como ser "dotado" da linguagem, são muito antigas. Na época moderna, algumas dessas raízes podem ser encontradas no âmbito daquele debate sobre a linguagem que se desenvolveu na Europa, sobretudo na França e na Alemanha, mas também na Inglaterra e na Itália, desde a segunda metade do século XVIII e progrediu até a década de 1850. O debate amadurecera no clima cultural determinado pelo iluminismo e pelo primeiro romantismo, cuja caracterização das pesquisas precedentes sobre a linguagem por parte de Locke não eram

---

norte-americano, a "virada" foi determinada, sobretudo, "pelo desejo de formular um empirismo não psicológico traduzindo os problemas filosóficos em problemas de 'lógica' ". A distinção proposta pelo filósofo entre uma filosofia da linguagem "pura" (interessada apenas em compreender de modo funcional a linguagem) e uma "impura" (tentada de ambições epistemológicas, expressão do projeto fundacionista da filosofia moderna) é redutiva e inadequada no plano histórico, porque ignora que cada época teve uma filosofia da linguagem sua e as diversas problemáticas linguísticas estão ligadas entre elas. Essa concepção de Rorty poderia referir-se apenas à filosofia da linguagem do século XX, com o risco, porém, de não considerar perder a tradição da filosofia da linguagem, assim como se desenvolveu desde o início da filosofia. Ver, a respeito, *ibid.*, p. 194.

40   RORTY, R. La Mente Ineffabile. Em: CARLI, E. (org.) *Cervelli che Parlano. Il Dibattito su Mente, Coscienza e Intelligenza Artificiale.* Milão: Mondadori, 1997, p. 167.

estranhas, retomadas e desenvolvidas por Condillac. No contexto daquele debate, não foi secundário o papel da *Académie Royale des Sciences e des Belles Lettres* de Berlim,[41] como não foi secundária a influência exercida por alguns dos pensadores mais representativos daquela época. A instituição berlinense teve o mérito, através da mediação de Maupertuis, de introduzir o pensamento francês, e em particular o de Condillac, em terra alemã e de propor, naqueles mesmos anos, como objeto de editais de concursos da *Académie* temas de caráter linguístico, de clara derivação condillaquiana.

1.3. O debate sobre a linguagem na Europa entre o fim do século XVIII e a primeira metade do século XIX

Os anos compreendidos entre o final do século XVIII e a primeira metade do XIX delimitam, no continente europeu, uma era de grandes revoluções no plano político, econômico, cultural e religioso. A Revolução Francesa, as guerras napoleônicas, o Congresso de Viena foram acontecimentos na origem de transformações radicais da sociedade europeia, que teriam incidido profundamente sobre a vida dos povos da Europa e sobre a formação da própria identidade europeia. Foi uma época importante e rica de estímulos no plano cultural, na qual as novas instâncias determinaram

---

41 A *L'Académie Royale des Sciences et des Belles-Lettres* de Berlim foi fundada em 1700 por Leibniz. Surgida por iniciativa de Frederico II da Prússia, foi confiada por ele a Maupertuis, que se torna seu presidente nos anos 1745-1753. Filósofo e cientista, Pierre-Louis Moreau de Maupertuis (1698-1759) foi uma das personalidades mais significativas do iluminismo francês. Profundo conhecedor da filosofia de Newton, que conhecera e estudara em Londres, por intermédio de Clarke, se fez porta-voz nas suas obras das instâncias especulativas de Condillac, de quem era um seguidor. Chamado a Berlim em 1741 por Frederico, o Grande da Prússia para reorganizar a Académie Royale des Sciences et des Belles-Lettres, torna-se seu presidente de 1745 a 1753 e torna a filosofia francesa conhecida em terra alemã e, sobretudo, as concepções de Condillac. Sobre a atuação de Maupertuis na cultura europeia, ver os estudos mais recentes de VELLUZ, L. *Maupertuis*. Paris: Hachette, 1969; CASINI, P. *Newton e la Coscienza Europea*. Bolonha: il Mulino, 1983; DI DOMENICO, M. G. *L'inquietudine della Ragione. Scienza e Metafisica in Maupertuis*. Napóles: Morano, 1990; BEENSON, D. *Maupertuis: an Intellectual Biography*. Oxford: Voltaire Foundation, 1992; VALENTIN, M. *Maupertuis, un Savant Oublié*. Rennes: La Découvrance Editions, 1998. Ver também TONELLI, G. *La Pensée Philosophiques de Maupertuis: Son Milieu et ses Sources*. Hildesheim: Olms, 1987.

as condições para o surgimento de uma reflexão filosófica mais ampla sobre as faculdades do homem e sobre a própria linguagem, sendo esse último um tema estranhamente ausente na filosofia kantiana. A reflexão amadureceu no contraditório quadro político e cultural do tempo, marcado no plano cultural pelas polêmicas entre o Iluminismo e o Romantismo, movimentos por trás dos quais se opunham duas compreensões diferentes da sociedade europeia, às quais não foi estranho Kant, autor de uma crítica sobre uma vertente mais iluminista, uma vertente contrastada por Hamann e por Herder, partidários de uma compreensão bastante diferente do homem.

Na situação mudada daqueles anos, alguns pensadores – Johann Georg Hamann (1730-1788), Johann Gottfried Herder (1744-1803) e Karl Wilhelm von Humboldt (1767-1835),[42] sobretudo – marginais com relação aos expoentes máximos da filosofia alemã da época, puseram o tema da linguagem no centro dos seus interesses especulativos, assumindo, embora criticamente, o ponto de vista da antropologia, que estava se elaborando naquela época, sobretudo sob a influência da lição crítica kantiana.[43] Ao refletir sobre a linguagem, mais que colocar em discussão a herança linguística do passado mais recente – entre todas as tradições de Port-Royal e a de Locke –, esses pensadores retomaram, repensando-as e ampliando-as com novos conteúdos, as mesmas discussões linguísticas tradicionais, consideradas do ponto de vista da perspectiva antropológica kantiana. Da nova visita de temas linguísticos se propunham, talvez, dar respostas aos problemas culturais, além de filosóficos, surgidos na história e na consciência europeia daquele tempo. A tentativa era ir além de Kant, mas partindo de Kant mesmo. A polêmica com Kant foi às vezes rancorosa, mas atingia igualmente o alvo.

Entre Hamann e Herder o debate concentrou-se na questão se a origem da linguagem era de natureza divina ou humana. Enquanto Hamann se fez

---

42 Sobre Hamann, Herder e Humboldt e sobre a importância deles para o debate sobre a linguagem, ocorrido na Europa nos séculos XVIII e XIX, ver meu livro *La Ragione Linguistica. Origine del Linguaggio e Pluralità delle Lingue*. Roma: Aracne, 2008. Sobre Herder ver: LOMONACO, F. *La Question de l'Origin du Langage Dans l'Abhandlung de Johann Gottfried Herder*, em: CASTAGNA, M. (org.) *Interdit. Essays on the Origin of Language(s)*, cit. pp. 51-64.
43 Sobre a antropologia de referência da nova reflexão filosófica sobre a linguagem ver NEIS, C. *Antropologie im Sprachdenken des 18. Jahrhunderts: die Berliner Preisfrage nach dem Ursprung der Sprache* (1771). Berlim: de Gruyter, 2003.

porta-voz da tese da origem divina da linguagem, uma tese tradicionalmente aceita por todos, em continuidade também com a interpretação dada tradicionalmente a trechos escriturísticos relativos à linguagem, Herder, mais atento a colher as novas sensibilidades da cultura europeia, sustenta a concepção de uma origem humana da linguagem, uma concepção não diferente daquela sustentada pouco antes por Condillac. Humboldt, ao contrário, não interessado no problema da origem da linguagem, por ser inaceitável segundo seu ponto de vista, dedicou-se ao estudo da natureza da linguagem e da pluralidade das línguas, na tentativa de chegar a um princípio unificador que pudesse dar razão à dinâmica e à força criadora da linguagem.

Refletindo sobre a linguagem e sua natureza, Hamann, Herder e Humboldt deram, de qualquer modo, uma grande contribuição para o debate sobre a linguagem, junto com outras personalidades da época como William Jones (1746-1794), Friedrich von Schlegel (1772-1829) e Mme de Staël (1766-1817).[44] O debate continuou ainda nas décadas seguintes com a contribuição também de Friedrich W. J. Schelling e de Jacob Grimm.[45] Motivo unificador de todo o debate daqueles anos foi a consciência difundida de uma "razão"

---

44   Entre estes outros pensadores não se pode esquecer Hegel que, na *Fenomenologia do espírito*, se ocupou longamente com a linguagem numa perspectiva mais existencial, deixando indicações que não foram imediatamente seguidas. Sobre Hegel e a filosofia da linguagem ver CAMBOGIANI, M. *Hegel e il Linguaggio: Dialogo, Lingua, Proposizioni*. Nápoles: La Città del Sole, 2001. Importância não menor tiveram os escritos de JONES, W. *Third Anniversary Discourse on the Hindus* (1786) e de SCHLEGEL, F. *Ueber die Sprache und Weisheit der Indier* (1808), que lançaram as bases da linguística moderna e introduziram o conceito de gramática comparada, e o *De l'Allemande* (1813) de Mme De Staël, que fazia relação entre a língua alemã e o caráter e a história do povo alemão. Ver STEINER, G. *Dopo Babele. Aspetti del Linguaggio e della Traduzione*, tradução italiana de R. Bianchi e C. Béguin. Milão: Garzanti, 2004, pp. 110-111.

45   GRIMM, J.; SCHELLING, F. W. J. *Sull'Origine del Linguaggio*, cit. a grande retomada do debate sobre a origem da linguagem na segunda metade do século XIX foi truncada em 1866, quando a Sociedade Linguística de Paris vetou – no artigo 2 do estatuto – qualquer discussão sobre a origem da linguagem, afirmando que a questão em si era um problema sem solução, como era sem solução a busca de uma língua comum. A proibição foi formalmente revogada em 1975. Oito anos depois, em 1983, em Vancouver, Canadá, foi fundada a Language Origins Society, como que a sublinhar a importância da reproposição da questão. Promover o estudo e a origem da linguagem são as duas finalidades da Society e, de modo particular, a filogênese dos correlatos cerebrais, a adaptação do trato vocal e o desenvolvimento típico linguístico. Ver: FABBRI, P. *Elogio di Babele: Traduzioni, Trasposizioni, Trasmutazioni*. Roma: Meltemi, 2003, p. 70.

fundadora no processo de conhecimento do ser humano, que é de tipo linguístico, considerado o papel decisivo da linguagem na constituição da identidade do ser humano e a relação recíproca que liga a expressão da linguagem e a atividade mental entre elas. É a presença dessa "razão linguística" no homem que faz de um ser vivo, posto ao lado de infinitos outros seres vivos, um homem e não outro ser animal qualquer. O tema da origem da linguagem, longe de representar um problema contingente e datado, toma, no decorrer dos anos, o aspecto de uma investigação sobre as faculdades do homem e sobre suas capacidades. A polêmica Hamann-Herder coloca em evidência duas orientações opostas, cada uma das quais reivindicava uma ideia de homem que não podia ser circunscrita às velhas polêmicas, já superadas pela vinda da revolução kantiana. A própria tentativa de "pesquisar como apareceu a consciência no homem significa explorar o nascimento da linguagem".[46] Trata-se de uma pesquisa que, pelo estudo da origem do fenômeno da linguagem, cuja originalidade o homem reivindica para si, questiona a realidade da linguagem em suas determinações mais caracterizadoras que fazem dela a dimensão mais geral do ser humano. A questão da origem da linguagem está relacionada com a questão mais geral sobre o homem e sobre sua natureza, como deixa entender o quesito formulado como tema do concurso, com edital de 1769, pela Académie Royale des Sciences et des Belles-lettres de Berlim, do qual Herder saiu vencedor. Na questão se perguntava, de fato, se os homens, deixados às suas faculdades naturais, estariam em condições de inventar a linguagem e com que meios. Portanto, *en supposant les hommes abbandonnés à leurs facultés naturelles, sont-ils en état d'inventer le langage? Et par quels moyens parviendront-ils d'eux-mêmes à cette invention? On demande une hypothèse qui expliquât la chose clairement, et qui satisfît à toutes les difficultés.*[47]

---

46 STEINER, G. *Grammatiche della Creazione*. Tradução italiana de F. Restine. Milão: Garzanti, 2003, p. 18.
47 Essa questão exprime o sentido de todo o debate do século XVIII, e também do precedente, sobre a origem da linguagem. Na questão formulada pelos peritos da Académie se fazia referência a uma concepção do homem que postulava um estado natural inicial, concepção da qual anteriormente se tinham feito porta-vozes Thomas Hobbes (1588-1679), Samuel Pufendorf (1632-1694) e mais tarde o próprio Jean-Jacques Rousseau (1712-1778) no seu *Discurso sobre a igualdade* de 1755. Ver NEIS, C. Francesco Soave e la sua Posizione sull'Origine del Linguaggio: dal Dibattito all'Accademia di Berlino (1771). Em: GENSINI, S. (org.) *D'Uomini Liberamente Parlanti. La Cultura Linguistica Italiana nell'Età dei Lumi e il Contesto Intellettuale Europeo*. Roma: Editori Riuniti, 2002, pp. 191-192.

1.4. O aparecimento da linguagem no homem

O ser humano, mesmo se em relação aos outros primatas não disponha de uma bagagem biológica específica e exclusiva[48], nem daqueles códigos naturais que, para os animais não humanos, são representados pelos instintos, é o único entre esses seres a possuir já desde o nascimento, um patrimônio genético "modificado". É um patrimônio que se formou no curso da evolução e apresenta no ser humano uma série de características distintas, não verificáveis nos outros seres animais.[49] Comportamentos inatos muito complexos e articulados, um notável potencial cognitivo de partida, a capacidade de falar e de operar com símbolos linguísticos, uma disponibilidade de conseguir no tempo, já desde os primeiros meses de vida, sob a pressão social do ambiente e da influência dos adultos, uma série de aprendizados, sejam eles de tipo intencional ou menos, são algumas dessas características predominantes. Além disso, a presença no homem de características anatômicas particulares mais favoráveis para a realização de uma série de operações de ordem mental e de ordem linguística, como resultado da longa evolução biológica da espécie, lembra como é exatamente a presença dessas características que estão na origem dos processos de desenvolvimento em sentido humano do ser do homem.

No curso da evolução, algumas das funções presentes no homem se especializaram tanto que tornaram o homem tão diferente com respeito a todos os outros seres vivos não humanos.[50] Essas mesmas funções se desenvolveram igualmente em outros seres animais, e isso determinou neles um

---

48   GEHLEN, A. *L'Uomo. La sua Natura e il suo Posto nel Mondo*, tradução italiana de MAINOLDI, C. Milão: Feltrinelli, 1983, p. 87. O homem – afirma Gehlen – "pobre em aparelho sensorial, privado de armas, nu, embrionário em todo o seu *habitus*, inseguro nos seus instintos, [...] é o ser que depende essencialmente da ação".

49   GALLESE, V. Neuroscienze delle Relazioni Sociali, em: FERRETTI, F. (org.) *La Mente Degli Altri. Prospettive Teoriche Sull'Autismo*. Roma: Editori Riuniti, 2003, p. 17, referindo-se às pesquisas das duas últimas décadas no âmbito da psicologia da idade evolutiva, afirma que "os resultados dessas pesquisas mostraram, entre outras coisas, que desde o início da nossa vida somos capazes de comportamentos que, se manifestados por indivíduos adultos, atribuiríamos prontamente aos recursos mais abstratos do nosso sistema cognitivo".

50   Com referência aos comportamentos inatos da criança, também no plano mais estritamente linguístico, ver, em particular, MEHLER, J. Panoramica delle Scienze Cognitive. Em: Vários. *Neuroscienze e Scienze Cognitive*. Napóles: Cuen, 1994, p. 16.

desenvolvimento diferente, também biológico, além de cultural. Foram, sobretudo, essas características no seu conjunto que marcaram a diferença do homem com respeito a todo outro ser vivo não humano, pondo uma linha de descontinuidade no mundo animal, destinada a se tornar sempre maior na evolução. Mais em particular, a diferença entre a mente humana e a dos animais superiores não é só de grau, como afirmara Darwin, que tinha construído uma escala dos seres vivos onde a distância entre o homem e o animal era realmente pouco importante e tendia a ser mínima se relacionada com a escala mais geral da evolução dos seres animais.[51] A distância entre os seres animais existe e é enorme. Desse ponto de vista, Leroi-Gorhan tem razão quando afirma que o homem, contrariamente a tudo que se pôde afirmar, "não é [...] uma espécie de macaco que melhorou, coroamento majestoso do edifício paleontológico, mas é, desde quando o encontramos, algo totalmente diferente de um macaco".[52]

Não é verdade, por outro lado – contra tudo o que Dennett afirma –, que os seres humanos são simples máquinas, feitas por outras máquinas, e que "o cérebro é, por sua vez, uma imensa máquina que sob muitos aspectos é semelhante a um computador".[53] No homem, ao contrário, atingiu o cume da sua evolução biológica e cultural, há "algo mais" em relação aos outros seres animais e às máquinas, e é exatamente esse "algo mais" que faz a diferença na ordem dos seres vivos, uma diferença tão grande que é quase insuperável. Mas – pode-se perguntar – qual característica, ou recurso, ou dom, no sentido entendido por Gadamer[54], pode fazer a diferença, fazendo desse ser

---

51 DARWIN, C. *L'Origine dell'Uomo*. PAPARO, F. (org.) Roma: Editori Riuniti, 1966, p. 152.
52 LEROI-GOURHAN, A. *Le Geste et la Parole. I: Technique et Language*. Paris: Albin Michel, 1964, p. 166.
53 DENNETT, C. La Coscienza: un Eterno Enigma Filosofico. Em: CARLI, E. (org.) *Cervelli che Parlano. Il Dibattito su Mente, Coscienza e Intelligenza Artificiale*, cit. p. 75. Dennett afirma ainda: "Os nossos cérebros não são nada mais que máquinas que extraem significados do mundo circunstante, ou trabalham como máquinas semânticas. Estamos na presença de um paradoxo, mas não de um mistério, como muitos gostariam de acreditar. Não creio nos mistérios, são apenas problemas que ainda não sabemos como resolver. Se pensamos ter encontrado um mistério, provavelmente apenas entendemos mal o problema. O certo é que a consciência é menos misteriosa do que se pensa: ela se desenvolve a partir do que o cérebro faz – ou seja, como máquina sintática – e não daquilo que é feita". DENNET, D. C. *Dove Nascono le Idee*, tradução italiana de F. Garofoli. Roma: Di Renzo Editore, 2006, p. 42.
54 GADAMER, H. G. *La Ragione nell'età della Tecnica*, tradução italiana de A. Fabris. Gênova: il Melangolo, 1982, pp. 21-22.

vivo animal um homem e não, ao contrário, por exemplo, um macaco ou um morcego? A resposta a essa pergunta é quase óbvia, porque é exatamente a presença da palavra no homem que marca a diferença e representa o início da humanidade. Se quisermos, a palavra constitui o homem, mas constitui o homem porque ela cria o mundo, o ambiente no qual o homem vive e atua.

Paradoxalmente, o mundo é criado pela palavra. É ele, por outro lado, o sentido último, retomado também por Walter Benjamin, do relato hebraico da criação do mundo, segundo a redação sacerdotal, que consta no primeiro capítulo do livro do Gênesis: "E Deus disse... e assim se fez", onde a palavra não é um mero som, mas é, sobretudo, dinamismo, força, potência, atividade criadora de mundos. Por trás da palavra há sempre uma mente ordenadora, que fez da palavra seu instrumento de intervenção e sua forma de atividade de criação.[55] O mundo inteiro toma forma na palavra, é essa a lição última depositada na expressão hebraica do *debar*, algo portentoso, que nunca é pronunciada em vão, porque deixa atrás de si um rastro inapagável.[56] Mesmo sem permitir uma ressonância de tipo religioso da palavra, fica claro como a palavra se torna decisiva, visando ao desenvolvimento em sentido propriamente humano do homem. O aparecimento da palavra dá ao homem a capacidade de dar um nome às coisas, de verbalizar as experiências presentes, de recordar as passadas, de projetar outras e, enfim, de fazer uma série de operações com elas, como operações de seleção e de combinação de palavras, criando novas relações e novos significados. Se, por hipótese, o homem tivesse sido privado da palavra, teria podido ter consciência de si, teria podido compreender e querer uma coisa qualquer, ter memória e recordar acontecimentos passados, programar sua existência, fazer projetos para o futuro? A resposta a essas perguntas não deixa nenhuma dúvida: sem a palavra, o homem não teria podido fazer nenhuma dessas coisas, não teria sequer podido fazer essas perguntas.

---

55 Bejamin afirma que o ato da criação "tem início com a onipotência criadora da língua e no fim a língua, por assim dizer, incorpora a si o objeto criado, o nomeia. Ela é, portanto, aquilo que cria e aquilo que realiza, é o verbo e o nome. Em Deus o nome é criador porque é verbo, e o verbo de Deus é conhecido porque é nome". BENJAMIN, W. *Sulla Lingua in Generale e sulla Lingua dell'Uomo*, em: Ibid., *Angelus Novus. Saggi e Frammenti*, edição italiana organizada por SOLMI, R. Turim: Einaudi, 1995, p. 61.

56 A palavra de Deus (*Debar Jahvé*) é o instrumento do qual Deus se serve na criação do mundo. Ocorre no Antigo Testamento mais de 200 vezes. É uma força avassaladora que nunca fica em vão. Na tradição hebraica, a palavra cria e renova, desce como a água e como a água nutre, destrói. Significa "coisa", "realidade", "acontecimento", mas também "preceito" e "norma" e, sobretudo, ação.

Porque, na realidade, é, sobretudo, a posse da palavra que torna possível no homem a ideação e o cumprimento dessas operações, que são linguísticas e mentais ao mesmo tempo.

Nós mesmos nascemos como seres humanos e nos tornamos pessoas exatamente habitando na morada da palavra, que se torna, por isso, o nosso mundo mais original. Partindo da morada da palavra, teve início a nossa caminhada no mundo humano. Sem a palavra, seremos bastante semelhantes a Victor, "o rapaz selvagem", encontrado nos bosques de Aveyron em 1799, ou aos meninos "lobo", ou a Kaspar Hauser, o adolescente que apareceu do nada na cidade velha de Nuremberg, em uma manhã fria de inverno de 1828, que ainda não estava em condições de falar, ou a qualquer outro ser encontrado sem palavra e impedido, por isso, a tomar posse da sua humanidade. Sem dúvida, se fosse assim, o modelo de referência com o qual confrontar o desenvolvimento atingido pelo homem seria Sarah ou Koko, os chimpanzés que, apesar de todos os esforços dos pesquisadores, nunca aprenderam a falar, nem poderiam aprender, por serem biologicamente incapazes e, por isso, refratários a um aprendizado de tipo social. A reprodução de sinais não verbais, de qualquer modo sempre possível, é, de fato, outra coisa com respeito à reprodução de sinais verbais, uma característica do ser do homem, que passou a fazer parte do mundo da cultura.[57]

As perguntas subjacentes realmente não são fúteis, porque estão ligadas à questão tradicional da relação entre linguagem e pensamento, que entrou com força no debate contemporâneo sobre as ciências cognitivas. Relativamente ao passado, a questão adquiriu hoje uma ressonância maior também pela convergência em torno desse tema por parte de ciências diferentes que definem sua especificidade no estudo do homem enquanto sujeito de aprendizagem. A questão agora não é apenas de pertença do âmbito das ciências filosóficas, porque investe também o campo de disciplinas como a Antropologia, a Linguística, a Psicolinguística, a Neurologia, a Neurolinguística, disciplinas que confluem no âmbito das ciências cognitivas. Do ponto

---

57 Os resultados conseguidos no plano do aprendizado, no tocante a isso, não levam a concluir que outros seres vivos não humanos, mesmo aqueles biologicamente mais próximos do homem, possam aprender a falar. Não demonstra nada a tentativa feita por PATTERSON, F.; LINDEN, E. *L'Educazione di Koko*, tradução italiana de G. Eresti. Milão: Mondadori, 1984. Os aprendizados, se é que se pode falar de aprendizagem, obtidos por Koko, embora importantes, não podem ser assimilados ao aprendizado da linguagem verbal.

de vista da questão antropológica, nos termos assim enunciados, não pode deixar de ser reconsiderada uma série de problemas importantes a ela pertinentes, que concorrem para definir melhor o âmbito da própria questão. São problemas que se relacionam, em particular, com o debate sobre o lugar do homem no mundo e com a consideração do homem como ser que tem o *logos* e vive na sua morada. Não menos importantes são outros aspectos estreitamente ligados, como a ideia da convergência em um único plano daquilo que se refere à atividade mental e à expressão linguística dos indivíduos, como capacidade cognitiva da qual o indivíduo humano dispõe; o papel preponderante da linguagem na determinação e no desenvolvimento da atividade mental dos indivíduos; a ação de um componente estritamente linguístico na estruturação da capacidade cognitiva; a afirmação segundo a qual é a linguagem que cria o mundo.

A recente descoberta, na área F5 do córtex pré-motor do cérebro de macacos, dos *mirror neurons* (neurônios espelho), uma classe de neurônios observados no cérebro dos macacos e, em seguida, também no dos seres humanos, pode concorrer, segundo seus descobridores, para dar alguma solução a questões inextricáveis sobre o funcionamento do cérebro e da mente, que ainda permanecem sem solução.[58] Esses neurônios estariam envolvidos não só na compreensão das ações dos outros, mas também das intenções subtensas por tais ações.[59] As expectativas sobre os resultados teóricos e práticos da descoberta talvez sejam excessivas, pelo menos enquanto não puderem ser verificadas por provas empíricas, suficientemente amplas. Dos desdobramentos dessa descoberta muitos esperam novas respostas a velhos problemas, como a origem da linguagem, o reconhecimento das mentes "outras", a compre-

---

58 Os *mirror neurons* foram descobertos por um grupo de trabalho da Universidade de Parma, coordenado por Giacomo Rizzolatti. Ver, a esse respeito, RIZZOLATTI, G.; CAMARDA, R.; FOGASSI, M.; GENTILUCCI, M.; LUPPINO, G. e MATELLI, M. Functional Organization of Inferior Area 6 in the Macaque Monkey: II. Area F5 and the Control of Distal Movements. Em: *Experimental Brain Researches*, 71 (1988), pp. 491-507. Já existe uma vasta bibliografia sobre esse assunto. Para uma primeira resenha, ver *New Scientist* de 27 de janeiro de 2001. Ver também RIZZOLATTI, G.; SINIGAGLIA, C. *So Quel Che tu Fai. Il Cervello che Agisce e i Neuroni Specchio*. Milão: Raffaello Cortina, 2006; IACOBONI, M. *I Neuroni Specchio. Come Capiamo ciò che Fanno gli Altri*, tradução de G. Olivero. Turim: Bollati Boringhieri, 2008. Dos *mirror neurons* se falará mais difusamente no capítulo 4 e serão dadas outras indicações bibliográficas.
59 KILNER, J. M. *et al*. Evidence of Mirror Neurons in Human Inferior Frontal Gyrus. Em: *The Journal of Neuroscience*, 29 (2009), 12, pp. 10153-10159.

ensão dos outros e o surgimento das emoções. A esse respeito foram formuladas considerações explicativas e primeiras hipóteses pelos pesquisadores comprometidos no campo, estando todas essas explicações e hipóteses sujeitas à verificação, e seus desdobramentos podem, de fato, abrir novos caminhos para a compreensão do funcionamento da mente e do desenvolvimento da linguagem e da interação mente-linguagem, com consequências significativas no âmbito da "cura" dos distúrbios mentais e linguísticos.[60] A descoberta dos neurônios-espelho teve, de qualquer modo, o mérito de ter aberto um novo campo de investigação sobre o homem e suas faculdades, favorecendo a retomada e a reconsideração de velhos problemas antropológicos, confrontados com os resultados das neurociências.[61]

1.5. A reflexão sobre a linguagem e a pesquisa sobre o homem

Sendo forma e instrumento do pensamento e meio de comunicação entre os seres humanos, a linguagem está na origem da constituição do mundo, que se torna mundo humano na linguagem e através dela.[62] Ligada à consciência nascente do ser do homem, a linguagem está na própria raiz da humanidade. Como tal, constitui a dimensão mais geral do homem e representa de certo modo sua casa, sua morada mais original. "As palavras que empregamos nos são a tal ponto familiares que moramos, por assim dizer, nas próprias palavras. Elas não se tornam objetos. O uso da língua não é absolutamente o uso de um instrumento. Vivemos na língua como em um

---

60 SOLMS, M.; TURNBULL, O. *Il Cervello e il Mondo Interno. Introduzione alle Neuro-scienze dell'Esperienza Soggettiva*, tradução de A. Clarici. Milão: Raffaello Cortina, 2004, p. 18.
61 Ver o meu ensaio *Dal Gesto al Linguaggio Verbale. Attività Motoria, Produzione Linguistica e Neuroni Specchio*, cit. pp. 105-124.
62 Na realidade, como afirma Hanna Arendt, "o mundo não é humano porque é feito por seres humanos, e não se torna humano só porque a voz humana ressoa nele, mas apenas quando se tornou objeto de discurso. Por mais que as coisas deste mundo se batam intensamente, por mais profundamente que elas possam nos emocionar e nos estimular, elas não se tornam humanas para nós a não ser no momento em que podemos discuti-las com os nossos semelhantes". ARENDT, H. *L'Umanità in Tempi Bui. Riflessioni su Lessing*, tradução de BOELLA, L. Milão: Raffaello Cortina, 2006, p. 85.

elemento, assim como os peixes vivem na água".⁶³ É por isso que "entre tudo o que os seres humanos descobriram e inventaram, guardaram e transmitiram, de tudo aquilo que eles produziram, junto com sua natureza inata, a linguagem parece sua propriedade maior, mais nobre e indispensável".⁶⁴ O homem não poderia, portanto, fazer nada sem o "socorro" do instrumento da linguagem.⁶⁵

> A linguagem é o instrumento com o qual o homem forma pensamentos e sentimentos, estados de espírito, aspirações, volições e ações, o instrumento com o qual influencia e é influenciado, o fundamento último da sociedade humana. [...] A linguagem não é um acompanhamento exterior, ela está no mais profundo da mente humana, tesouro de memórias herdadas pelo indivíduo e pelo grupo, consciência vigilante que recorda e que admoesta. [...] A linguagem se desenvolveu em associação tão inextricável com a personalidade, a família, a nação, a humanidade e a própria vida que podemos, às vezes, ter a tentação de nos perguntarmos se a língua não é apenas um reflexo, ou se não é antes ela mesma todas essas coisas, o germe do seu desenvolvimento.⁶⁶

Toda reflexão sobre o mundo e sobre o homem remete sempre a uma ordem linguística constitutiva da realidade humana. Ordem real e ordem linguística, embora distintas, se implicam entre si, sobrepondo-se até constituir o tecido do mundo humano, segundo duas modalidades distintas. É na ordem da linguagem que nascem e se estruturam as formas e os conteúdos de todo conhecimento do homem, formas e conteúdos que se tornam cognoscíveis e, por isso, dizíveis, mediante o "instrumento" da linguagem. É através

---

63 GADAMER, H. G. *Linguaggio*. D. Di Cesare (org.). Roma-Bari: Laterza, 2005, p. 89. Em outros termos, como afirma Georges Gusdorf, "a linguagem é a condição necessária para a inserção na pátria humana". GUSDORF, G. *Filosofia del Linguaggio*, tradução de L. Vigone. Roma: Città Nuova, 1970, p. 8.
64 GRIMM, J. *Sull'Origine del Linguaggio*, cit. p. 114.
65 Einstein tem razão quando afirma que "a maior parte do que sabemos ou cremos nos foi ensinada por outros por meio de uma língua que outros criaram. Sem a língua, a nossa faculdade de pensar seria bastante mesquinha e comparável à dos mamíferos superiores". EINSTEN, A. *Come io Vedo il Mondo*, tradução italiana de R. Valori. Roma: Newton Compton, 1988, p. 13.
66 HJELMSLEV, L. *I Fondamenti della Teoria del Linguaggio*. tradução de G. C. Lepsky. Turim: Einaudi, 1968, pp. 5-6.

da mediação da ordem linguística que toda ordem real alcança o plano da existência, até se tornar reconhecível e comunicável na própria linguagem; é, sobretudo, através do aparecimento da linguagem no homem que se tem a primeira forma de transcendência do homem em relação aos objetos do mundo sensível.

Na filosofia do século XX, o tema da linguagem adquiriu um valor de primeiro plano, tornando-se, sobretudo no movimento analítico angloamericano e na própria corrente hermenêutica, o objeto principal da filosofia.[67] A "virada", em sentido linguístico, da filosofia ficou ainda mais manifesta, sobretudo no tempo do "fim das certezas" e da "morte dos absolutos", resultados diferentes daquela mesma crise da razão que atravessou os acontecimentos, bem como a cultura e a filosofia, do século XX. No vazio que daí derivou para o pensamento filosófico, além de para a consciência do homem, a linguagem apareceu como o ponto de interseção do homem e da máxima convergência entre instâncias diferentes da cultura. O fim de um modo tradicional de fazer filosofia recolocava em primeiro plano o papel insubstituível da linguagem na retomada da reflexão filosófica. Desde a admissão da importância do papel da linguagem, expressa com clareza já por Hume e Locke[68] e retomada no início do século XX, chegou-se a uma radicalização sua, chegando-se a afirmar que todos os problemas tradicionais da filosofia são essencialmente atribuíveis a problemas linguísticos, a resolver mediante um uso mais rigoroso da própria linguagem. A filosofia se torna uma "terapia linguística" e a semântica tende a se dissolver na sintaxe. Aqui reaparece, em outra roupa, a utopia da língua perfeita,[69] uma ideia recorrente que

---

67 Ver, a esse respeito, RICOEUR, P. *Filosofia e Linguaggio*, edição italiana organizada por JERVOLINO, D. Milão: Guerini e Associati, 1994. Mais em geral, com referência ao problema linguagem-conhecimento no pensamento moderno, ver RAGGIUNTI, R. *Problemi della Conoscenza e Problemi del Linguaggio*. Soveria Mannelli: Rubbettino, 2001.

68 Sobre esses aspectos da questão ver o *John Locke. Mondo Linguistico e Interpretazione* (Napóles: Edizioni Athena, 1984) e ainda o meu ensaio Semiotics as Methodology of Signs and/or new Metaphisics? Em: *Metalogicon. Rivista Internazionale di Logica Pura e Applicata, di Linguistica e di Filosofia*, 11 (1998), 1, pp. 49-58. Ver também: OTT, W. P. *Locke's Philosophy of Language*, Cambridge: Cambridge University Press, 2003. Sobre a escrita ver: VALERI, V. *La Scrittura: Storia e Modelli*. Roma: Carocci, 2001; BALDINI, M. *Storia della Comunicazione*. Roma: Newton Compton, 2003.

69 Ver, a esse respeito, o amplo e documentado estudo ao qual se remete, de ECO, U. *La Ricerca della Lingua Perfetta nella Cultura Europea*. Roma-Bari: Laterza, 1996. Ver também: PELLEREY, R. *Le Lingue Perfette nel Secolo dell'Utopia*. Roma-Bari: Laterza, 1992.

desde sempre seduziu a cultura europeia. Na lição de Wittgenstein[70], não estranha a esses resultados da filosofia do século XX, que retoma os trabalhos da crise e da razão, a filosofia se torna ela mesma "terapia linguística", uma prática de esclarecimento que se estende aos acontecimentos mentais, acontecimentos que são, eles mesmos, sempre acontecimentos linguísticos.

O tema da linguagem se apresenta agora como pesquisa do "espaço" e das "fronteiras" do homem no mundo. Esse tema se manifesta e se torna compreensível sob a forma de uma interrogação sobre o que constitui o ser do homem, visto na sua peculiaridade de destinatário e de detentor do "dom" da linguagem e sobre o que torna o homem, mediante a linguagem, um ser que dá significado. É a linguagem que constitui o homem na sua realidade de ser humano e é através da linguagem que o falante constrói seu mundo. Todas as experiências do homem são significativas e adquirem sentido apenas se forem traduzíveis em palavras. Como revelou Hanna Arendt:

> *O que quer que o homem faça, conheça ou experimente, pode ter um significado apenas na medida em que pode falar a respeito. Enquanto as pessoas, os homens vivem, se movem e atuam nesse mundo, podem fazer experiências significativas apenas quando podem falar e atribuir reciprocamente um sentido às suas palavras.*[71]

Não menos importante é a linguagem escrita, cuja história explicita ainda mais o papel da linguagem na determinação do ser do homem.[72]

Impõe-se, por isso, uma reflexão sobre a linguagem, aberta para a vertente das neurociências e das ciências cognitivas. Com referência às questões abertas sobre o homem e sobre sua natureza, trata-se de juntar em uma visão antropológica mais abrangente dois ramos do saber – a pesquisa filosófica e a pesquisa linguística – muitas vezes separados artificialmente,

---

70 Sobre Ludwig Wittgenstein, "filósofo da crise" e intérprete do mal-estar do homem do século XX, ver o meu *La Fede Come Passione. Wittgenstein e la Religione*. Cinesello Balsamo: S. Paolo, 1997, sobretudo pp. 7-29 e, ainda, o verbete *Wittgenstein*, elaborado por mim, em: TANZELLA-NITTI, G.; STRUMIA, A. (org.) *Dizionario Interdisciplinare di Scienza e Fede*, vol. II, Roma: Urbaniana University Press – Città Nuova, 2002, pp. 2151-2163.
71 ARENDT, H. *Vita Activa. La Condizione Umana*, tradução de S. Finzi. Milão: Bompiani, 1991, p. 4.
72 Sobre a escrita ver VALERI, V. *La Scrittura: Storia e Modelli, Carocci*: Roma, 2001; BALDINI, M. *Storia della Comunicazione*. Roma: Newton Compton, 2003.

embora convergentes no estudo sobre a realidade efetiva do homem. A pesquisa sobre o falar, objeto da linguística, remete à pesquisa sobre o porquê do falar, objeto da filosofia. A finalidade dessa empresa é fundar uma antropologia mais orientada para o homem e, ainda, mais consciente da unicidade do seu ser com respeito a todos os outros seres vivos não humanos, em razão da sua capacidade de falar e de pensar.

Fazendo referência às aquisições mais recentes no âmbito das neurociências e das ciências cognitivas, é preciso destacar como os processos cognitivos têm, ao mesmo tempo, um valor duplo – mental e linguístico – e que o ser humano se compreende na sua realidade mais profunda como unidade de pensamento e linguagem. No homem, a ordem linguística está em continuidade com a ordem mental, como seu plano expressivo e como seu instrumento. O pensamento se materializa na linguagem e se serve da linguagem como seu instrumento, enquanto a linguagem, referindo-se aos "objetos mentais", dá a eles um significado e se semanticiza. O pensamento se torna linguagem e a linguagem, pensamento, como em um jogo de espelhos.[73]

O homem nasce como ser humano na linguagem e por meio da linguagem. A própria comunidade dos homens, como pluralidade de indivíduos, é criada pela comunicação.[74] Ela se constitui como sistema de relações intersubjetivas que se estrutura na troca recíproca entre os homens dos signos linguísticos, veículos de conceitos, de sentimentos, de emoções, receptáculos de recordações, de desejos, de expectativas, de projetos. Definitivamente, o homem é o resultado da sua linguagem, sua criação.

Essa afirmação toma um significado particular se for referida à linguagem verbal, considerando que essa linguagem, como "dom" adquirido pelo homem no curso da evolução e aprendido por via imitativa nas relações com os outros, permanece a discriminante específica do ser do homem. Em relação a todos os outros seres vivos não humanos, o homem é o único ser

---

73 A esse respeito ver PETIT, J. L. La Relazione Tra i Recenti Dati Neurobiologici sulla Percezione (e sull'azione) e la Teoria Husserliana della Costituzione. Em: JERVOLINO, D.; PITITTO, R. (org.) *Linguaggio, Fenomenologia, Ricerche Cognitive,* número monográfico de Semiotiche, cit. pp. 59-72.

74 Por isso, "tudo o que não pode se tornar objeto de diálogo – o sublime, o horrível, o perturbador – pode também encontrar uma voz humana através da qual ressoar no mundo, mas não é propriamente humano". ARENDT, H. *L'Umanità in Tempi bui. Riflessioni su Lessing,* cit. p. 85.

animal capaz de falar. Todos os outros seres animais não falam, nem podem falar, porque neles não se dá nenhum modo de aprendizado linguístico. No homem, "a palavra aparece como uma função sem um órgão próprio e exclusivo, que permitiria localizá-la. Um certo número de dispositivos anatômicos contribui para isso, mas espalhados pelo organismo e ligados apenas pelo exercício de uma atividade que se sobrepõe a eles sem se confundir com eles. Falamos através das cordas vocais, mas também graças a certas estruturas cerebrais, com a ajuda dos pulmões, da língua, da boca inteira e até do aparelho auditivo [...]. Ora, todos os componentes da palavra existem no macaco superior, mas embora consiga emitir sons, permanece incapaz de linguagem".[75]

Refletir sobre a faculdade da linguagem significa, portanto, refletir sobre o homem, que é o sujeito e o guarda da linguagem. Mas refletir sobre o homem significa também pesquisar as condições que estão na origem do seu ser homem, como ser falante e ser pensante. Mente e cérebro são as duas condições necessárias, mas não suficientes, para que haja um homem, assim como se tornou no curso da evolução. No homem, mente e linguagem se caracterizam de modo diferente. Com respeito aos seres animais não humanos,[76] por um lado, há a atividade mental do ser do homem, através da qual o indivíduo conhece as coisas e dá a elas um nome, as conserva na memória e faz delas um objeto de troca nas relações intersubjetivas; por outro lado, há o papel fundamental do cérebro na formação da mente e no desenvolvimento das faculdades do homem.

---

75 GUSDORF, G. *Filosofia del Linguaggio*, cit. p. 10.
76 Também a mente dos animais pode ser chamada "mente", mas não tem a especificidade da mente humana. Basta considerar o que Hume afirma a este respeito. A mente é o conjunto unitário das sensações, das percepções, dos pensamentos que fazem do homem um ser qualitativamente diferente dos outros animais. Significativas a este respeito são as observações profundas feitas por Hegel no §2 da *Enciclopédia das ciências filosóficas*.

2
O espaço da linguagem

> *O indivíduo é, exatamente pelo fato de ser membro da sociedade, uma pessoa que "significa", que exprime significados: e através dos seus atos de significado, e o de outros indivíduos que "significam", a realidade é criada, mantida em boa ordem e continuamente remodelada e modificada.*
>
> (HALLIDAY, M. A. K. *A linguagem como semiótica social*)

Toda a vida histórico-social do homem, suas manifestações e realizações culturais, tanto no plano material como no espiritual, se constitui como "signo"; um sinal que pode ser tomado sempre como signo linguístico. Como série infinita de signos, ela pode ser considerada tanto sob o aspecto das relações cognitivas com as "coisas", como sob o aspecto das trocas comunicativas com os outros. São relações e trocas que todo falante instaura no curso dos acontecimentos da sua existência, em termos de um encontro com as coisas e com os outros, determinado pela linguagem, que se serve de signos. Ao se referir aos signos, se trata sempre de acontecimentos, estados mentais, emoções, "fatos" igualmente redutíveis à sua dimensão linguística, que os constitui enquanto tais e no plano do seu conhecimento e da dizibilidade e no plano da sua transmissão. No homem, todo tipo de conhecimento da realidade e de comunicação com os outros só pode acontecer através do reconhecimento, da utilização e da troca de uma miríade de signos, linguísticos ou extralinguísticos. Todo o mundo do homem é feito de sinais e é mediante esse universo assim composto de signos, constituído por palavras, por rumores, por gestos, por olhares, por textos, por obras culturais, por traços da cultura material, que o homem se autocompreende e compreende os outros e as coisas e se torna sujeito do conhecimento e da comunicação. O sentido do signo está na palavra, "uma dobra no imenso tecido do falar", que se dá a conhecer oferecendo-se "à sua vida, ao seu movimento de diferenciação ou de articulação, à sua eloquente gesticulação".[77]

É por mediação do signo que o mundo se torna disponível ao homem, no seu esforço de distanciar-se dele para conhecer melhor a realidade, objeto da sua experiência. Os signos encerram todo o universo da realidade, até contê-lo, desde a sua ordem mais externa até a mais interna, desde sua máxima objetividade até sua máxima subjetividade. O mundo social aparece ao observador atento e consciente como "um universo de signos, um universo de mensagens, que, queiramos ou não, nos investem continuamente comunicando-nos algo. Cada elemento cultural é uma mensagem, na medida em que se insere em um contexto social significante e é suscetível de ser captado, compreendido, interpretado".[78] Os signos constituem o lugar, o meio através do qual o homem busca compreender-se e compreender.[79] Sem signos não haveria no mundo humano nenhuma forma de conhecimento e não haveria sequer nada a transmitir ou a comunicar: não haveria, sobretudo, nenhum mundo humano.

As manifestações da cultura podem ser estudadas a partir dos signos que a exprimem, porque as leis da comunicação são as mesmas leis da cultura e, em geral, de toda produção cultural. Trata-se de estudar o funcionamento dos signos dos fatos culturais e de identificar e descrever as leis (ou códigos) que regulam sua estrutura interna sob a dupla função cognoscitiva e comunicativa. O problema não é o estudo dos procedimentos mentais do significar, mas apenas o das convenções comunicativas, entendidas como

---

77   MERLEAU-PONTY, S. *Segni*. tradução de G. Alfieri. Milão: il Saggiatore, 1967, p. 67.
78   PUCCI, R. *Materiali per una Semantica Sociale*. Nápoles: Arte Tipografica, 1974, p. 110. Ver também SEGRE, C. *I Segni e la Critica*. Turim: Einaudi, 1969, p. 48.
79   É tarefa de uma filosofia da reflexão fazer com que nos "apropriemos do nosso esforço de existir e do nosso desejo de ser, através das obras [...] e dos sinais disseminados no mundo" (RICOEUR, P. *Dell'Interpretazione. Saggio su Freud*, tradução italiana de E. Renzi. Milão: Il Saggiatore, 1967, pp. 62-63).

fenômenos de cultura à disposição dos falantes individuais. A ciência dos signos, ou semiologia, não exaure o âmbito do conhecimento e da comunicação, mas se limita a identificar o lugar onde o fenômeno do conhecimento e da comunicação é reconhecível e identificável. Esse lugar, ou campo de investigação, é o signo, que só se torna compreensível se for traduzido na sua forma linguística.

2.1. O signo linguístico com e além de Saussure

O signo linguístico, já no final do século XIX e, sobretudo, no século XX foi objeto de estudo por parte de linguistas e pensadores como Charles Sanders Peirce, Ferdinand De Saussure, Charles W. Morris, Roland Barthes, Thomas A. Sebeok, Eugenio Coseriu e Luis Prieto e outros ainda. Das concepções linguísticas, por muitos aspectos tão diferentes, desses pensadores, nasce uma filosofia do signo, ou semiologia, como ciência dos signos, destinada a se transformar em semântica, como ciência do significado e, enfim, em semiótica, como ciência ainda mais geral da significação e da comunicação.[80]

O signo linguístico representa a mediação possível entre o pensamento e a realidade. Mas se a linguagem é sinal do pensamento, em referência a um objeto particular, põe-se o problema da relação entre signo, pensamento e realidade. Essa relação constitui desde sempre um nó inextricável para o pensamento filosófico. Na filosofia, mesmo aquela mais antiga, levantou-se o problema se a organização dos signos linguísticos reproduz ou não a organização do pensamento. A primeira tentação seria unificar essas duas ordens, sem se colocar o problema das suas relações. O próprio Aristóteles não teria sido imune a essa tentação quando identifica gramática e semântica, e também quando identifica gramática e lógica, sem distinguir entre significante e significado. Aristóteles escolhe suas

---

[80] Desde a antiguidade clássica até hoje seguiram-se múltiplas filosofias do signo e da interpretação, às vezes alternativas, às vezes complementares. Uma síntese lúcida, elaborada em torno dos dois modelos da árvore e do labirinto de uma trajetória que vai de Aristóteles à Inteligência Artificial, se encontra em: ECO, U. *Dall'albero al Labirinto. Studi Storici sul Segno e l'interpretazione*. Milão: Bompiani, 2007.

categorias lógicas sobre o modelo das categorias gramaticais, fazendo elas derivarem das primeiras.[81]

A solução aristotélica é retomada no âmbito da filosofia moderna. Já Francis Bacon afirmava que a gramática seria substancialmente a mesma em todas as línguas, mesmo se acidentalmente pudesse haver variações. Mais tarde a mesma posição é encontrada nos lógicos e linguistas de Port--Royal, Arnauld, Lancelot e Nicole. A linguagem refletia o pensamento e as leis do pensamento deveriam ser necessariamente iguais para todos os homens. Era posta assim a ideia de uma gramática geral, subjacente a todas as línguas. A presença de erros no uso comum da linguagem era referida à correspondência falha, ou não adequada, entre línguas empíricas e estrutura lógica profunda, da qual derivam todas as suas proposições. A tarefa de uma gramática geral será, portanto, encontrar, sob a estrutura superficial das frases, sua articulação lógica subjacente. A lógica de Port-Royal é ainda uma lógica da substância e, portanto, a estrutura profunda dos enunciados é a estrutura profunda do real.

Essa tradição nunca foi abandonada. Mais recentemente, os filósofos do positivismo lógico, o primeiro Wittgenstein, sobretudo, conscientemente ou não, foram atraídos por ela. Hoje essa tradição é assumida explicitamente por Chomsky e por sua escola e foi reformulada por eles com maior clareza: "os processos linguísticos e os espirituais são virtualmente idênticos [...]. A estrutura profunda, que exprime o significado, é comum a todas as línguas, pelo menos assim se crê, na medida em que é simples reflexo das formas de pensamento".[82]

A ideia de uma gramática universal como ideal científico de univocidade racional não é um esquema dado *a priori*, "mas um ideal a se alcançar percorrendo todo o caminho marcado pelos usos empíricos e históricos da linguagem humana".[83] Trata-se de um projeto próprio de uma linguística

---

81   DINNEEN, F. *Introduzione alla Linguistica Generale*, tradução italiana de M. Grandi e T. Colloca, Bolonha: il Mulino, 1970, p.128. A lógica aristotélica é entendida por muitos como uma lógica substancial que reproduz na forma do pensamento e, portanto, do discurso, as formas da realidade. Só que as formas da realidade devem ser universais, ao passo que as formas da linguagem são, para Aristóteles, as da língua grega. Sobre a noção do signo no mundo antigo ver MANETTI, G. *Le Teorie del Segno nell'Antichità Classica*. Milão: Bompiani, 1987.
82   CHOMSKY, N. Linguistica Cartesiana: un Capitolo di Storia del Pensiero Razionalistico, em: Ibid., *Saggi Linguistici,* III, cit. p. 71.
83   ROSIELLO, L. *Linguistica Illuminista*. Bolonha: il Mulino, 1967, p. 46.

iluminista que se encontrará mais tarde na "teoria da informação": "É certo que a análise da proposição em sujeito e predicado representa de modo tolerável a maneira como pensamos; mas nego que essa seja a única maneira de pensar. Nem sequer é a mais clara, nem a mais eficaz".[84]

Essa suspeita encontrou, na década de 1930, sua forma mais provocadora nas teses da "semântica geral" de Alfred Korzybsky, que acha que o nosso pensamento está dominado a tal ponto pelas formas aristotélicas da proposição (sujeito, cópula e predicado) que persegue, quase com fanatismo, uma espécie de terapia mental através de uma terapia linguística, a única capaz de romper a herança aristotélica.[85] Se a fonte dos erros é de natureza linguística, a solução está em intervir sobre a expressão linguística e desvelar seus mecanismos. A "semântica geral" retoma a hipótese Sapir-Whorf, segundo a qual o próprio modo de entender as relações de espaço e de tempo ou de causa e efeito muda de povo para povo, em consequência, sobretudo, das estruturas sintáticas da língua falada.

O problema das relações entre signo e pensamento confunde-se assim com o problema das relações entre a forma do signo e a do objeto, ao qual se refere através de um elemento mediador constituído pela ideia ou conceito. Desse modo o problema do signo está unido ao problema gnosiológico. Seria, porém, bastante dispersivo seguir os desenvolvimentos dessa problemática, refazendo o itinerário filosófico que levou, através de Locke, Berkeley e Hume, à afirmação kantiana da "coisa em si".

A afirmação kantiana, porém, tem um indubitável valor teórico em ter libertado a problemática do signo do problema da relação de causalidade entre coisas e conceitos e, por isso, entre coisas e signos. Permanece aberta a discussão sobre a possibilidade de uma relação necessária entre ordem linguística e ordem lógica. Assim se levanta uma nova questão:

---

84   PIERCE, J. R. *La Teoria dell'Informazione: Simboli, Codici, Messaggi*, tradução italiana de F. Caposio. Milão: ISEDI, 1963, p. 48.
85   A "semântica geral" é um movimento cultural e social fundado por Alfred Korzybsky em 1933, ano em que publica sua obra mais importante *Science and Sanity. An Introduction to Non-Aristotelian Systems and General Semantics* (Scienza e Sanità, tradução italiana de L. Griselli. Pisa: ETS, 1979). Korzybsky delineia um sistema teórico não aristotélico, não newtoniano, não euclidiano, que ele chama de "semântica geral". Sobre Korzybsky e seu movimento ver, BALDINI, M. *La Semantica Generale*. Roma: Città Nuova, 1976 e, ainda, *La Tirannia e il Potere delle Parole. Saggi sulla Semantica Generale*. Roma: Armando, 1985. Ver também o meu *Comunità Comunicazione ed Emancipazione*, cit. p. 36.

a coisa, o objeto de referência de toda atividade sígnica, se introduz na problemática do signo como parâmetro do próprio signo. É óbvio que a alusão é ao empirismo inglês empenhado em retomar em sentido realista o conceito de coisa ou objeto concreto, individual e real, dado que o pressuposto era estabelecer o valor de verdade das proposições e, portanto, estabelecer se uma asserção linguística correspondia ou não a um estado de coisas. A questão enfrentada, entre outros, por Russell e pelo próprio Wittgenstein, não era tão simples, ao passo que a solução dada pelo positivismo vienense com a enunciação do princípio de "verificação" levantava, por sua vez, não poucos problemas.[86]

Com respeito a esses resultados, a linguística saussuriana não é de grande ajuda, porque em parte é estranha aos desdobramentos abertos por esse itinerário filosófico. Sua originalidade:

> *Consiste em por a ênfase no fato de que a língua enquanto sistema total é, a todo momento, completa, sem se preocupar com o que pode tê-la alterado um momento antes. Isso significa que o modelo temporal proposto por Saussure é o de uma série de sistemas completos em sucessão cronológica; assim a linguagem é para ele um perpétuo presente com todas as possibilidades de sentido implícitas em cada momento seu.*[87]

---

86 MORRIS, C. *Segni, Linguaggio e Comportamento*, tradução italiana de S. Ceccato. Milão: Longanesi, 1949, recebendo a influência europeia, sobretudo, do positivismo lógico sobre a filosofia americana do século XX, e conjugando-a com as exigências postas à luz pelo pragmatismo e pelo comportamentalismo, pusera com clareza, em 1946, o problema de um estudo sistemático sobre a linguagem e sobre os sistemas simbólicos. Partindo de premissas pragmáticas e comportamentalistas, Morris recebera não poucos elementos das pesquisas europeias do positivismo lógico sobre a natureza e sobre a função da linguagem e sobre o caráter linguístico dos problemas filosóficos. A teoria geral dos signos de Morris (*Lineamenti di una Teoria dei Segni*, edição italiana por F. Rossi-Landi. Turim: Paravia 1954) tomará em seguida os caracteres de uma ciência que estuda em plano de igualdade todos os tipos de discursos: cosmológico, crítico, religioso, propagandístico, gramatical, poético etc. Referindo-se em particular ao estudo da linguagem, Morris distinguia duas correntes principais: uma que tendia a uma interpretação da linguagem na ótica de uma cultura clássico-espiritualista, a outra que tendia, ao contrário, a uma simbolização, quase fazendo dela uma teoria científica, em coerência com o espírito das filosofias empíricas. Sobre a linguística americana ver HOCKETT, C. F. *La Linguistica Americana Contemporanea*, tradução italiana de G. R. Cardona. Bari: Laterza, 1970.
87 JAMESON, F. *La Prigione del Linguaggio. Interpretazione Critica dello Strutturalismo e del Formalismo Russo,* tradução italiana de G. Frangi. Bolonha: Cappelli, 1982, p. 19.

Ciência da linguagem e ética da comunicação

É necessário, antes, refletir sobre a possibilidade de elaborar, exatamente a partir de Saussure, uma semiótica capaz de "explicar por que a língua pode instituir nomes, descrições, correlações e indicações que nada têm a ver com uma presumida ordem de fatos e como, todavia, esses discursos constituem, de qualquer maneira, no bem e no mal, o nervo de uma cultura e a substância de uma comunicação cotidiana".[88] Na perspectiva saussuriana, de fato, a linguística não é realmente senão a parte de uma ciência mais vasta que ele propõe chamar de "semiologia". A tarefa da semiologia seria estudar "a vida dos signos no quadro da vida social" e dizer-nos "em que consistem os signos e que leis os regulam".[89]

A noção de signo linguístico está no centro da problemática linguística saussuriana. O signo é "entidade psíquica de duas faces",[90] porque supõe um *significante*, a imagem acústica, e um *significado*, o conceito. Por isso "o signo linguístico une não uma coisa a um nome, mas um conceito e uma imagem acústica".[91] No entanto, a imagem acústica não é o som material, uma coisa puramente física, "mas o traço psíquico desse som, a representação que nos é dada pelo testemunho dos nossos sentidos: ela é sensorial e, se nos calha de chamá-la 'material', isso acontece apenas nesse sentido e em oposição ao outro termo da associação, o conceito, geralmente mais abstrato".[92] Os dois elementos estão intimamente ligados e se referem mutuamente. Por isso:

> *Chamamos de* signo *a combinação do conceito e da imagem acústica: mas no uso correto esse termo designa geralmente apenas a imagem acústica, por exemplo, a palavra (arbor etc.). A gente esquece que, se*

---

88 ECO, U. *Segni*. Milão: ISEDI, 1976, p. 130.
89 SAUSSURE, de F. *Corso di Linguistica Generale*, edição italiana organizada por T. De Mauro. Bari: Laterza, 1967, pp. 25-26. Sobre Saussure ver, entre outros, LEPSCHY, G. C. *La Linguistica Strutturale*. Turim: Einaudi, 1966, pp. 42-53; MOUNIN, G. *Saussure*. Paris: Edição Seghers, 1968; AMACKER, R.; DE MAURO, T; PRIETO, L. J. (org.) *Studi Saussuriani per Robert Godel*. Bolonha: il Mulino, 1974. Sobre a semiologia, além do clássico de BARTHES, R. *Elementi di Semiologia*, tradução italiana de A. Bonomi. Turim: Einaudi, 1966, ver: GUIRAUD, P. *La Semiologia*, tradução italiana de G. R. Cardona. Roma: Armando, 1971; MOUNIN, G. *Introduzione alla Semiologia*, tradução italiana de N. Colecchia. Roma: Ubaldini, 1972; MARTINET, J. *Introduzione alla Semiologia*, edição italiana de SCAIOLA, A. M. Roma: Newton Compton Editori, 1976.
90 *Ibid.*, p. 84.
91 *Ibid.*, pp. 83-84.
92 *Ibid.*, p. 84.

>arbor *é chamado signo, o é apenas enquanto contém o conceito "árvore" de modo que a ideia da parte sensorial implica a do total.*[93]

O valor do signo linguístico nos processos cognitivos e nas trocas comunicativas está fora de discussão, mas não se podem ignorar as dificuldades de ordem teórica que ele comporta. Um primeiro problema, bem presente ao próprio Saussure, diz respeito à concepção do signo linguístico em si, entendido como "entidade psíquica de duas faces". Como se coloca nesse âmbito o problema da unidade linguística e qual é a relação que se estabelece entre significado e significante? As respostas de Saussure são, às vezes, confusas: ele é consciente de abrir um caminho nos estudos de linguística, sabe bem que sua tentativa é apenas uma primeira que deveria ser levada adiante e aprofundada. Uma integração só seria possível se tivesse sido aceita a lição de Gustave Guillaume – linguista marginalizado pela linguística pós-saussuriana.[94]

O interesse de Saussure está, sobretudo, no plano da língua: a noção de signo, como outras noções, é introduzida visando favorecer a compreensão da sua natureza. A língua é uma instituição social e se distingue por diversos aspectos de outras instituições. "A língua é um sistema de signos que exprimem ideias e, portanto, é comparável à escrita, ao alfabeto dos surdos mudos, aos ritos simbólicos, às formas de cortesia, aos símbolos militares etc. Ela é simplesmente o mais importante desses sistemas".[95] Por isso, a noção de signo se torna funcional para esse novo modo de entender a língua no âmbito de uma nova ciência, proposta por Saussure: a "semiologia".

A definição do signo, como combinação de significado e de significante, levanta o problema da unidade linguística, sobre a qual, aliás, Saussure se expressara mais vezes. Os signos são unidades concretas da língua e sua concretude é dada exatamente pela ideia, que alcança sua unidade no suporte sonoro com o qual se apresenta. Os signos, dos quais se compõem a língua, não são abstrações, são objetos reais e a ciência da linguística estuda exatamente os

---

93 Ibid., p. 85.
94 Ver o meu ensaio Gustave Guillaume, Filosofo della Mente? Tra Linguistica e Filosofia della Mente, em: *Perspectives Psychomécaniques sur le Langage et Son Acquisition. XIII Colloque de l' Association Internationale de Psychomécanique du Langage*. Nápoles: 20-22 de junho de 2012.
95 DE SAUSSURE, F. *op. cit.* p. 25.

signos e suas relações, também chamadas pelos linguistas de "entidades concretas". "A entidade linguística só existe pela associação do significante e do significado";[96] pelo qual toda vez se considera um só desses dois elementos, a entidade linguística esvanece e não há mais um objeto concreto, mas apenas uma abstração. "Uma sequência de sons é linguística apenas se for o suporte de uma ideia; tomada em si mesma não é outra coisa que matéria de um estudo fonológico". Do mesmo modo, "conceitos como 'casa', 'branco', 'ver' etc., considerados em si mesmos, pertencem à psicologia; eles se tornam entidades linguísticas apenas por associações com imagens acústicas; na língua, um conceito é uma qualidade da substância fônica, assim como uma determinada sonoridade é uma qualidade do conceito".[97]

Essa unidade de duas faces do signo linguístico não deve ser considerada do mesmo modo que a unidade da pessoa humana, entendida como composta de alma e de corpo, porque é insatisfatória. Pode ser melhor comparada com o composto químico da água como resultado da combinação de dois elementos, hidrogênio e oxigênio; e, de fato, "cada um desses dois elementos, tomado à parte, não tem nenhuma das propriedades da água". A entidade linguística apresenta uma segunda característica e é sua determinação: em outros termos, a entidade linguística é completamente determinada somente se for "delimitada", ou seja, "separada de tudo o que a circunda na cadeia fônica".[98]

O problema da unidade linguística permanece e a proposta feita por Saussure não pode ser considerada uma solução, dadas as dificuldades que essa solução apresenta.[99] A particularidade da língua é apresentar "esse caráter estranho e estupefaciente de nos oferecer entidades percebíveis imediatamente sem que, no entanto, se possa duvidar que elas existem e que exatamente seu jogo constitui a língua. Nisso há, sem dúvida, um traço que

---

96 Ibid., p. 125.
97 Ibid.
98 Ibid., p. 126. Ver a p. 128 do Curso, na qual se fala das "dificuldades práticas da delimitação".
99 Sobre esse problema, ver MARTINET, A. (org.). La Linguistica. Guida Alfabetica, tradução italiana de G. Bogliolo. Milão: Rizzoli, 1972: "Essa unidade não é a palavra, porque, limitando-nos à palavra, é preciso ou ignorar certas relações evidentes (por exemplo, entre cheval e chevaux), ou passar sem unidades concretas e contentar-nos com a abstração que reúne as diversas formas da própria palavra (por exemplo, /mwa/, /mwaz/, duas formas da mesma palavra mois)" (p. 304). De Saussure, contudo, não admite a abstração a não ser no caso do signo zero, quando, em outras palavras, se tem ausência de significante.

a distingue de todas as outras instituições semiológicas".[100] O fechamento do sistema *langue* conduz, de preferência, a uma nítida separação, com a repressão da *res*.

Diferente é, porém, a solução proposta por Ricoeur, no seu esforço para romper uma concepção da linguagem fechada em um universo autossuficiente de signos, dos quais faz emergir o "significado".[101] Ricoeur acha necessária uma nova abordagem da linguagem, capaz de "pensar a unidade exatamente daquilo que Saussure separou: a unidade entre *langue* e *parole*",[102] recuperando a linguagem como ato de *parole*, como *dire*, e arrancando a *parole* daquela concepção de minoridade à qual a teoria de Saussure a coagia. A cisão entre linguagem e realidade, que está na base da linguística de Saussure, envolve a despsicologização do signo e consequentemente uma repressão do sujeito de discurso e da relação com o outro: a noção de sujeito deixa de representar um problema linguístico e é relegada para a vertente da *parole*, recaindo na psicologia. Contra Saussure, Ricoeur, seguindo a contribuição original de Benveniste e sua linguística do discurso, recupera a linguagem como ato de *dire*, como episódio que acontece no tempo, aberto à inovação semântica, não mais anônimo, mas voltado para o outro, ao qual quer dizer "alguma coisa de alguma coisa". Exatamente o discurso representa o ponto de mediação entre os signos e as coisas e pode dar início à comunicação intersubjetiva. O discurso, sublinha Ricoeur, está no meio do caminho entre a fugacidade do evento e a comunicabilidade do sentido, enquanto está ligado ao real para sua referência.

De maneira diferente da *langue*, que se funda na unidade do signo, o discurso se funda na unidade da frase. Somente no plano da frase, do enunciado, a linguagem pode romper o fechamento do signo e dizer "alguma coisa de alguma coisa", estendendo-se desde o seu sentido (ideal) até uma referência (real). A frase se apresenta como uma nova entidade linguística que, embora composta de signos, não é um signo, porque, de modo diferente do signo, que tem apenas uma função de distinção, tem uma função de síntese.

---

100   DE SAUSSURE, F. *Corso di Linguistica Generale*, cit. p. 130.
101   Ricoeur, consciente da importância que tiveram aquelas ciências humanas, que estudam o mundo dos signos, convoca a filosofia a aceitar o "desafio da semiologia". São disciplinas, como a psicanálise e o estruturalismo, unidas pela discussão radical sobre a pretensão fundadora do *ego cogito*, consequente ao papel nelas assumido pelo signo.
102   RICOEUR, P. La Struttura, la Parola, l'Avvenimento, em: *Ibid., Il Conflitto delle Interpretazioni*, tradução italiana de R. Balzarotti, F. Botturi e C. Colombo. Milão: Jaka Book, 1977, p. 99.

Ela se apresenta como um *ato* e, portanto, é da natureza do *acontecimento* e consiste em uma série de *escolhas*, que produzem combinações novas, frases inéditas, virtualmente infinitas, que tornam possível transcender o fechamento do universo dos signos. Ademais, "enquanto o signo remete apenas a outros signos na imanência de um sistema, o discurso é relativo às coisas. O signo *difere* do sinal, o discurso se refere ao mundo. A diferença é semiótica, a referência é semântica".[103] Em outros termos, "opor o signo ao signo é função *semiológica*, representar o real com signos é função *semântica*, e a primeira está subordinada à segunda. A primeira é em vista da segunda, ou, se se quiser, a linguagem é articulada em vista da função significante ou representativa".[104]

Voltando às concepções linguísticas de Saussure, é preciso sublinhar que o signo linguístico tem uma dupla propriedade, específica do signo linguístico como tal:

1. Ligado ao ouvido, o signo implica um significado linear que se desenrola no tempo e é mensurável segundo uma única dimensão, transposta eventualmente na linha espacial da representação gráfica. Totalmente diferentes são, porém, os signos diretamente visíveis, que oferecem possibilidades em mais dimensões. Nesse sentido, o significante "representa uma extensão [...] mensurável em uma só dimensão",[105] que é a linha.

2. O signo linguístico, de modo diferente do símbolo, que é sempre mais ou menos motivado, é arbitrário. O laço entre significado e significante se funda sobre convenções ou hábitos coletivos. Embora arbitrário, o signo linguístico, no entanto, tem uma continuidade no tempo, que não exclui, porém, uma possível alteração sua. Convencionais e não motivados, muito numerosos e organizados em um complexo sistema, utilizados por todos os falantes, os signos linguísticos não podem ser questionados, parecendo quase imutáveis para os que os usam. Na realidade, os signos linguísticos, muitas vezes sem os próprios falantes o saberem, e sob a pressão das palavras, se altera sensivelmente, porque se desloca a relação entre significante e significado. Não são apenas os sentidos que mudam, mas também a forma.[106]

---

103 RICOEUR, P. *Filosofia e Linguaggio*, cit. pp. 10-11.
104 RICOEUR, P. *Il Conflitto delle Interpretazioni*, cit. p. 267.
105 DE SAUSSURE, F. *Corso di Linguistica Generale*, cit. p. 88.
106 Para dar um exemplo, como relatado por Saussure, *adnecare* "matar" se torna, em

A noção de arbitrariedade do signo linguístico é posta como princípio fundamental de toda a realidade linguística.

> A arbitrariedade do signo é o selo da plena consciência da autonomia da língua, como sistema formal, da natureza auditiva ou acústica, conceitual ou psicológica ou de objeto das substâncias que ela organiza. Significado e significante são os "organizadores" e os "discriminadores" da substância comunicada e da substância comunicante.[107]

O significado do signo, e não apenas o significante, depende exatamente do caráter de arbitrariedade do próprio signo. Nesse sentido, não faltam os exemplos dados no *Curso*;[108] com eles se quer afirmar que o significante tira seu verdadeiro caráter do sistema, "pois só dentro do sistema ele é determinado, na diferença e na solidariedade com os outros significados da língua".[109] Essa teoria do significado toma a arbitrariedade do signo como:

> [...] Sinônimo de historicidade radical de toda organização linguística, no signo que toda organização não tem fora de si, mas em si, a norma que discerne a experiência em significados e as fonias em significantes: ela está, portanto, ligada não à estrutura objetiva das coisas ou da realidade acústica, mas, servindo-se dessas como matérias, é condicionada principalmente pela sociedade que, em função das próprias necessidades, a põe e mantém no ser. Por isso ela, a língua, é radicalmente social e histórica.[110]

---

italiano, "*annegare* (afogar)" e, em espanhol e português, *anegar*. Leis fonéticas cegas agem sobre a substância fônica, mascarando ligames originalmente óbvios, como os termos latinos *amicus* e *inimicus* se tornam em francês *ami* e *ennemi*. Há, de fato, uma transformação contínua que age sobre os diversos signos linguísticos, deslocando continuamente a relação entre significado e significante, exatamente porque tal relação é arbitrária e não natural.

107   DE SAUSSURE, F. *Corso di Linguistica Generale*, cit. p. 408, nota 128. O texto citado é de De Mauro, que nesse caso utiliza apontamentos inéditos do próprio Saussure. Sobre a arbitrariedade do signo, ver ENGLER, R. Théories et Critique d'un Principe Saussurien, l'Arbitraire du Signe, em: *Cahiers Ferdinand De Saussure*. Genebra: Librairie Droz, 1962, pp. 5-66. Ver do mesmo autor: *Lexique de la Terminologie Saussurienne*. Utrecht-Anvers: Spectrum, 1968.

108   Para tomar um exemplo do *Curso*, enquanto na língua francesa há um só verbo, *louer*, alugar, para significar ao mesmo tempo tomar ou dar em aluguel, na língua alemã há dois verbos, *mieten* e *vermieten*, que significam, respectivamente, tomar e dar em aluguel.

109   RAGGIUNTI, R. *Problemi Filosofici nelle Teorie Linguistiche di Ferdinand De Saussure*, cit, p. 149.

110   DE MAURO, T. Notizie Biografiche e Critiche su F. De Saussure, em: DE SAUSSURE,

Essa arbitrariedade, porém, nunca é absoluta, porque o próprio Saussure reconhece que o signo é parcialmente *motivado*: às línguas ultralexicológicas, como o chinês, que se apresentam com o máximo de arbitrariedade, se contrapõem as línguas ultragramaticais, como as línguas indo-europeias, nas quais o peso da motivação do signo é considerável.[111] Nos compostos, nos derivados, nas regularidades flexionais e nas generalizações analógicas parece evidente, por outro lado, a parcial motivação do signo linguístico.

Da arbitrariedade do signo linguístico se pode dar, de qualquer modo, uma versão forte e uma versão fraca. Essa última:

> [...] *Faz a arbitrariedade consistir nos caracteres de determinação do significante e do significado: é arbitrário que aquele significante determinado esteja ligado àquele significado determinado e vice-versa, ao passo que não é absolutamente arbitrário, em primeiro lugar do ponto de vista gnosiológico e lógico, que um significante, em um modo determinado, esteja ligado a um significado, em qualquer modo determinado, e vice-versa.*[112]

A ligação entre significado e significante, entre pensamento e som, deve existir, ou, de outro modo, o pensamento não poderia se articular. Nesse sentido, a relação significado-significante não é arbitrária, mas necessária. Por isso, "é arbitrário que aquele significante determinado esteja em relação com aquele significado determinado; não é arbitrário, mas necessário, que um significante, qualquer que seja, esteja em relação com um significado, qualquer que seja".[113]

A versão forte da arbitrariedade da relação entre significante e significado põe em discussão esse caráter de necessidade e "move, por isso, da convicção de que o pensamento possa, pelo menos dentro de certos limites, determinar-se e articular-se independentemente do uso de um

---

F. *Corso di Linguistica Generale*, cit. p. 353.
111 A esse respeito o linguista genebrino escreve: "Todo o sistema da língua descansa no princípio irracional do arbitrário do signo que, aplicado sem restrição, levaria à complicação suprema; mas o espírito consegue introduzir um principio de ordem e de regularidade em certas partes da massa de signos, e nisso está o papel do relativamente motivado" (DE SAUSSURE, F. *Corso di Linguistica Generale*, cit. p. 159).
112 RAGGIUNTI, R. *Problemi Filosofici nelle Teorie Linguistiche di De Saussure*, cit. p. 164.
113 *Ibid.*

instrumento linguístico".[114] A esse respeito, Raggiunti cita o parágrafo 19 da *Quinta pesquisa* de Husserl, na qual se fala exatamente da ligação entre o aspecto corpóreo (o complexo fonético, o significante) e o aspecto espiritual (o verdadeiro conteúdo do ato intencional, o significado) dentro da expressão considerada como ato unitário e se afirma que "a conexão é aqui, em certo sentido, totalmente extraessencial".[115] É evidente que Husserl põe seriamente em dúvida aquela necessidade da relação entre significante e significado, assim como era aceita pela versão fraca do conceito de arbitrariedade do signo linguístico.[116]

A noção de signo é, portanto, fundamental na economia da linguística saussuriana, como em toda concepção da linguagem. Mas é também bastante difícil de ser definida e, sobretudo, compreendida. As oscilações terminológicas e conteudistas que se revelam a uma leitura atenta do *Cours* saussuriano indicam uma incerteza de fundo no próprio Saussure para definir a questão. A dificuldade é ainda maior apenas considerando-se que nas teorias modernas do signo, com o termo *signo* nos referimos não só às entidades linguísticas, mas também a entidades extralinguísticas.

As definições de signo se revelam frequentemente tautológicas ou incapazes de explicar o conceito correspondente na sua especificidade exata. O acordo mínimo é que em cada caso o signo reflete necessariamente uma possível correspondência feita entre duas relações. Mas como se observa, "se o significado for identificado com a relação, não se pode mais fazer uma distinção entre dois planos que são na realidade muito diferentes: de um lado o signo 'mãe' está necessariamente ligado ao signo 'criança'; por outro lado, 'mãe' designa *mãe* e não criança".[117]

---

114 Ibid., p. 165.
115 Raggiunti faz referência a Husserl quando escreve: "Também isso é certo: aqui a conexão é, em certo sentido, totalmente extraessencial, pois a própria expressão, ou seja, o complexo fonético que se manifesta (o signo escrito objetivo etc.) não vale como elemento constitutivo do caráter objetivo entendido no ato abrangente nem sequer, em geral, como algo que lhe pertence 'intrinsecamente' ou que de algum modo o determina (*ibid.*, p. 166)". É preciso acrescentar, porém, que a problemática em questão se encontra nos escritos de Frege antes de aparecer em Husserl. Ver THIEL, C. *Sinn und Bedeutung in der Logik Gottolob Frege*. Meisenheim am Glan: Anton Hain, 1965.
116 Ibid., p. 166.
117 DUCROT, O.; TODOROV, T. *Dizionario Enciclopedico delle Scienze del Linguaggio*, edição italiana traduzida por G. Caravaggi. Milão: ISEDI, 1972, p. 113.

Para sair dessa dificuldade, Oswald Ducrot (1930) e Tzvetan Todorov (1939) chamam atenção para a necessidade de recorrer à definição agostiniana de signo.[118] Eles sustentam que:

> [...] *"Fazer vir à mente" é uma categoria bastante restrita e vasta ao mesmo tempo. Seguindo essa definição, por um lado se pressupõe que o sentido existe fora do signo (para que possa ser evocado) e, por outro lado, que a evocação de uma coisa por meio de outra se põe sempre no mesmo plano: a sirene de alarme pode significar o início de um bombardeio e evocar a guerra, a angústia dos moradores etc.*[119]

Dificuldade não menor apresenta o fato de afirmar que o signo é alguma coisa que se substitui a outra ou que a supre: "seria uma substituição bem particular, na realidade impossível tanto em um sentido como no outro: nem o 'sentido', nem o 'referente', enquanto tais, poderiam inserir-se dentro de uma frase, em substituição da 'palavra'".[120]

Contra essas dificuldades Ducrot e Todorov definem o signo como:

> *Uma entidade que (1) pode se tornar sensível e (2) para um grupo determinado de usuários indica uma carência em si mesma. A parte do signo que pode se tornar sensível é chamada, a partir de Saussure, de significante; e, a parte ausente, o significado e a relação estabelecida entre eles, de significação.*[121]

Mas também aqui não faltam as dificuldades, sobretudo em referência à natureza do significado. Seguindo essa definição, de fato, é preciso admitir necessariamente a existência de uma diferença radical entre significante e significado, entre sensível e não sensível, entre presença e ausência. O significado não existe fora da sua relação com um significante. Um significante sem significado é simplesmente um objeto mudo: ele é, mas não significa; um significado sem significante é o indizível, o impensável, o próprio inexistente.

---

118 A definição à qual se faz referência está contida no *De Magistro* de Agostinho e afirma que "um signo é algo que, além da espécie de sentido, evoca *per si* à mente também algo diferente" (*ibid.*, p. 113).
119 *Ibid.*
120 *Ibid.*
121 *Ibid.*, p. 114.

2.2. As regras da linguagem: uma teoria dos atos linguísticos

A discussão sobre o signo linguístico pode ser levada a um plano mais imediato de análise, que é o do falar concreto de cada dia, uma experiência – a de falar – comum a todo falante. Seguindo esse critério, as mesmas grandes questões filosóficas do passado, com os relativos debates, expressões, muitas vezes, de visões do mundo superadas, não são mais consideradas relevantes, depois da crítica feita pelo neopositivismo lógico.[122] Essas, porque são reconhecidas sem sentido, não podendo ser verificadas empiricamente, hão de ser redimensionadas e, sobretudo, redefinidas em termos diferentes, na medida da linguagem comum, clara por si e disponível a todos. Resolvida a questão do sentido e do sem sentido das afirmações, o interesse se dirige agora para questões bastante mais práticas, questões que têm a ver com a vida de todos os dias e com os problemas que nela se apresentam.

Relativamente a essas temáticas foi notável, sobretudo na segunda metade do século XX, a contribuição da filosofia analítica inglesa, que retomou o debate sobre a linguagem iniciado na década de 1920 em Viena, abrindo-o, enfim, para a vertente da investigação da linguagem da vida comum e das regras específicas que estão debaixo de todo falar. Com respeito ao rígido monolitismo linguístico original, professado no âmbito do neoempirismo lógico vienense, para o qual as proposições deviam corresponder simetricamente aos fatos, o que chama a atenção dos linguistas e dos filósofos é agora a "linguagem comum" (ou "linguagem ordinária", ou "a linguagem cotidiana"), que se torna de certo modo a nova filosofia do tempo, a chamada "filosofia da linguagem comum".[123]

---

122   O neoempirismo lógico, ou positivismo lógico, é o movimento que se formou em Viena (*Wiener Kreis*) a partir de 1922 e até o fim da década, em torno da figura de Moritz Schlick (1882-1936), do qual tomaram parte filósofos e matemáticos como Rudolf Carnap, Otto Neurath, Friedrich Waismann, e outros ainda. No âmbito do movimento, o sentido das afirmações foi reduzido ao critério da verificação empírica das mesmas proposições. Ver ANTISERI, D. *Dal Neopositivismo alla Filosofia Analitica*. Roma: Abete, 1966.
123   Sobre o alcance desse debate ver: VÁRIOS. *La Svolta Linguistica in Filosofia*, tradução italiano por A. Pieretti. Roma: Città Nuova, 1975; URMSON, J. O. *L'Analisi Filosofica. Origini e Sviluppi della Filosofia Analitica*, tradução italiana de L. M. Leone. Milão: Mursia, 1966; D. ANSTISERI, D.; BALDINI, M. *Lezioni di Filosofia del Linguaggio*. Florença: Nardini, 1989; SANTAMBROGIO, M. (org.) *Introduzione alla Filosofia Analitica del Linguaggio*. Roma-Bari:

Ciência da **linguagem** e ética da **comunicação**

Neste plano de discurso, assim como foi reformulado no âmbito da filosofia da linguagem comum, falar não é apenas por em ordem um conjunto de signos, um simples ato de palavra, com o qual se diz algo, mas deixando todo o "espaço humano" em redor assim como está, sem nenhuma mudança significativa. No falar se determina no mundo do homem como um alargamento de "espaço", no qual participam, em medida diferente, os sujeitos e os objetos envolvidos, um alargamento devido à ação produzida pela linguagem nos falantes e no seu mundo.

Falar é, antes de tudo, um ato de quem fala, com o qual se determina uma série de consequências, que incidem no plano dos comportamentos e das realizações práticas dos que participam do discurso. Na situação que se determina cada vez com o falar, os sujeitos, no falar e mediante o falar redefinem sua posição no mundo e seus papéis no interior das relações com os outros. Falar é uma operação do sujeito falante que, ao falar, se propõe alcançar certas finalidades, mais ou menos manifestas e mais ou menos intencionais, agindo sobre os outros e fazendo-os partícipes das suas ações linguísticas. Falar é, em outras palavras, uma ação com a qual se realiza algo e se produz uma mudança significativa que, partindo do universo do discurso de cada falante envolve o mundo mais amplo das relações humanas dos sujeitos em questão, aos quais é endereçado o ato de falar. Quando se fala acontece sempre algo, ocorre um evento comunicativo, uma mudança que interessa, de um modo ou de outro, a todos os sujeitos envolvidos no ato de falar, seu presente, passado e futuro e, ainda, a trama das suas vivências e das suas relações pessoais, o plano das expectativas de cada um, o sistema dos valores de referência e das suas esperas. No falar se chega a uma medida de compreensão sempre mais ampla de si e dos outros. No ato do falar, sobretudo, a própria vida de cada falante sofre uma mudança, como se fosse uma reformulação da existência pessoal de cada falante por parte da palavra "dita" ou, simplesmente "ouvida".

Laterza, 1992. Nesse contexto, foi decisivo o papel exercido por Wittgenstein sobre a filosofia analítica inglesa. Na realidade, foi exatamente o filósofo austríaco quem abriu a filosofia inglesa a esse tipo de problemática, indo além da filosofia do *Wiener Kreis* e indicando no uso o critério de sentido das proposições e mantendo-se firme, com a noção de "jogo linguístico", no reconhecimento da variedade dos diversos tipos de linguagem. Sobre Wittgenstein, ver as indicações bibliográficas dadas no meu *La Fede Come Passione. Wittgenstein e la Religione*. Cinisello Balsamo: San Paolo, 1997.

A palavra exprime um pensamento, significa algo, comunica uma informação; mas não são suas únicas funções; não é só o âmbito do significar, do exprimir e do comunicar que caracteriza o domínio da palavra, porque ela tem um valor de tipo pragmático, que visa também a realizações que concernem ao crer, ao querer, ao desejar, ao prometer, ao ordenar, ações todas colocadas em ato por parte dos sujeitos da comunicação. Com o falar e no falar se realiza um ato determinado, denominado exatamente "ato linguístico",[124] um ato que, antes ainda de ser realizado, muda algo dentro de nós e ao redor de nós. O ato linguístico produz sempre uma mudança mais ou menos significativa nos sujeitos do falar, que incide no comportamento dos que participam da própria constelação de discurso.

No falar, o indivíduo realiza sempre uma ação, porque dizer é fazer. Esse é o tema do qual parte a filosofia dos atos linguísticos. Ela nasce dentro da filosofia analítica, no pressuposto de que o objeto de análise não é o pensamento, ou os dados da percepção ou da consciência. Há algo mais original a considerar e esse algo é a linguagem. O objeto de análise se torna a linguagem, considerada na dupla acepção de linguagem simbólica (ou artificial), própria das ciências, e de linguagem da vida cotidiana, chamada também de "linguagem comum". Sobre esse último tipo de linguagem, pouco considerado pelos filósofos, se concentrou, a partir dos anos 1950, a atenção dos filósofos ingleses, aquela linguagem concreta, da qual os indivíduos se servem nas suas relações diárias e na qual o significado de uma palavra não está ligado apenas ao "morfema". O significado está ligado também às circunstâncias em que ela é expressa, bem como aos fatores subjetivos (expectativas, intenções, objetivos etc.), dos quais está acompanhada e pelos quais é determinada. As antigas questões filosóficas não são mais rejeitadas como sem sentido, porque são retomadas e reformuladas no plano da linguagem comum, um plano que não pode ser contestado, porque é aquele que é, e não pode ser aceito senão assim

---

124 Sobre os "atos linguísticos", ver a antologia, organizada por M. Sbisà (*Gli atti Linguistici. Aspetti e Problemi di Filosofia del Linguaggio*. Milão: Feltrinelli, 1978), com escritos de Austin, Strawson, Warnock, Searle, Grice, Lakoff e outros. Sobre esse tema, ver também: SBISA, M. *Linguaggio, Ragione, Interazione. Per una Teoria Pragmatica degli atti Linguistici*. Bolonha: il Mulino, 1989. Da mesma M. Sbisà, ver: Linguaggio, Ragione, Interazione. Per una Pragmatica degli atti Linguistici: Quasi un Bilancio, em: ORLETTI, O. (org.). *Fra Conversazione e Discorso: l'Analisi dell'Interazione Verbale*. Roma: Carocci, 1998, pp. 29-47.

como é.[125] Essa mudança de atenção se explica, sobretudo, como exigência de clareza, de transparência e de imediatez.

O primeiro a falar do ato linguístico nesse sentido foi John Langshaw Austin.[126] Partindo da filosofia analítica, tinha feito objeto das suas pesquisas a análise da chamada "linguagem comum", aquela linguagem em uso na vida de todos os dias, para chegar depois a uma espécie de "fenomenologia linguística", construída sobre o pressuposto de que o falar é sempre um agir. Esse projeto de uma fenomenologia linguística ficou no estado embrionário devido ao desaparecimento prematuro do filósofo, em 1960.

O ponto de partida de Austin não é tanto a consideração de uma linguagem absolutamente perfeita e, portanto, arbitrária, construída sobre o modelo da linguagem das ciências empíricas, como postulado pelo primeiro positivismo lógico, quanto a análise da linguagem comum.[127] É aquele tipo de linguagem que os indivíduos usam quando não falam como técnicos, fechados no interior das suas especializações, mas como indivíduos concretos de carne e osso, mergulhados na vida de todos os dias. A linguagem comum é aquele tipo de linguagem aprendida por cada indivíduo na infância, nas

---

125   Há de se recordar o esforço de Gilbert Ryle em restituir os problemas filosóficos ao plano da "linguagem comum". Nos *Dilemas* (*Dilemm*i, tradução italiana de E. Mistratta, Roma: Astrolabio, 1968) indica como superar os dilemas aparentemente sem solução que obcecam os filósofos. Ver também sua obra mais importante *Lo Spirito Come Comportamento*, edição italiana organizada por F. Rossi-Landi. Turim: Einaudi, 1955. Sobre a filosofia da linguagem comum, ver LEONARDI, P. La Filosofia del Linguaggio Ordinario, em: SANTAMBROGIO, M. (org.) *Introduzione alla Filosofia Analitica del Linguaggio*, cit.

126   John Langshaw Austin é um dos maiores pensadores ingleses do segundo pós-guerra de 1900. Ao lado de Wittgenstein, é considerado um dos expoentes principais da filosofia analítica contemporânea, mais conhecida como "análise da linguagem comum" ou Oxford-Cambridge Philosophy, que marcou uma virada na filosofia. As pesquisas de Austin e de Wittgenstein, embora partindo de pontos de vista diferentes, conduzem a conclusões não diferentes sobre a "reavaliação" da "linguagem comum" contra as pretensões reducionistas da filosofia do neoempirismo lógico. Sua obra mais importante (*How to do Things with Words*) foi publicada postumamente, como a maior parte dos seus escritos, por O. Urmson, em Cambridge, em 1962.

127   Não se pode fazer da linguagem comum um uso impróprio, reduzindo a ela toda outra linguagem. Se a linguagem comum é a primeira palavra, não é a última. Certamente – afirma Austin – "a linguagem comum não pretende ser a última palavra, se houver alguma coisa do gênero. Incorpora, de fato, algo de melhor da metafísica da idade da pedra, porque, [...] nos transmite a experiência, a agudeza de muitas gerações de homens [...], por princípio pode estar por toda parte integrada, melhorada e superada" (*Saggi Filosofici*, tradução italiana de P. Leonardi. Milão: Guerini e Associati, 1990, p. 178).

relações com os adultos, sobretudo com a mãe; aquele tipo de linguagem com a qual os indivíduos se exprimem habitualmente e se comunicam entre eles, uma linguagem, portanto, mais aderente à própria vida de cada um. A linguagem comum é a das cores, dos sonhos, das sensações auditivas, a linguagem dos nossos pesares, dos nossos afetos, dos nossos valores, da tragédia e da alegria, da existência de cada um. Ela rejeita as esquematizações e as classificações abstratas da lógica, os reducionismos científicos, as tendenciosas problematizações filosóficas, que, no seu conjunto, constituem uma fonte de confusão e de perplexidade, que é possível dissolver com uma compreensão mais acurada e adequada ao funcionamento da própria linguagem. A linguagem comum como tal tem uma validade em si e não apresenta dificuldades particulares. Se corretamente usada: é um instrumento eficaz para a comunicação e não arma ciladas, pois nela está bem definido e regulado o uso das palavras.

Austin propõe chamar a "filosofia da linguagem comum" de "fenomenologia linguística", embora reconhecendo que a expressão pudesse ser um pouco retumbante.[128] A finalidade da fenomenologia linguística é fornecer um quadro claro e correto de várias expressões linguísticas, identificando aquelas áreas linguísticas, onde a linguagem comum trabalha melhor, como a área linguística da percepção, da responsabilidade, da memória, do discurso condicional. Segundo Austin, o erro do qual a análise da linguagem é vítima é a "falácia descritiva", em consequência, sobretudo, da prevalência da função referencial ou descritiva atribuída à linguagem. O pressuposto é achar que, quando se fala, se fazem apenas "asserções" sobre o mundo, isto é, se descrevem acontecimentos e estados de coisas, enquanto se descuida da dimensão operativa, ou pragmática, da linguagem, ou seja, da ideia de que "falar é fazer".

Austin tinha dado uma primeira resposta ao problema da linguagem, considerada em termos de ato linguístico, já no ensaio *Other Minds* (1946),[129] quando tinha identificado na linguagem *enunciados constativos* ou *descritivos* e *enunciados performativos* ou *executivos*, os primeiros atos para descrever os fatos, os segundos para fazer algo no dizer aquela coisa ou pelo fato de dizê-la. Essa distinção permitia que o filósofo resolvesse um problema

---

128 PIERETTI, A. *Il Linguaggio Come Comunicazione*. Roma: Città Nuova, 1978, p. 39.
129 Esse ensaio austiniano está publicado nos seus Saggi Filosofici, cit. pp. 77-112.

de não fácil solução, relativamente às pretensões de verdade dos enunciados: os performativos, tendo um resultado prático sobre a realidade e sobre as relações interpessoais, não são nem verdadeiros, nem falsos, mas felizes ou infelizes, ou seja, eficazes ou ineficazes; eficazes quando são bem-sucedidos, ineficazes quando não respeitam nenhuma condição ou carecem de algumas condições. Essa distinção, no entanto, parecia sem um critério lógico ou gramatical, quer dizer, não permitia que se pudesse distinguir um enunciado constativo de um performativo, ou vice-versa.

Nessa linha de reflexão, Austin, em *How to do Things with Words*,[130] obra escrita entre os anos 1951 e 1955, dá mais atenção ao que ele identifica e considera como ato linguístico em sentido estrito (*speech act*), chegando a desenvolver um esquema geral para a consideração e a interpretação dos fenômenos linguísticos de um ponto de vista pragmático e chegando, enfim, a formular uma teoria geral dos atos linguísticos no âmbito de uma "ciência da linguagem", entendida de maneira diferente que no passado. Segundo Austin, a simples introdução da noção de ato linguístico deveria ter eliminado a contraposição entre modos de falar que são ações e modos de falar que são, ao contrário, simples constatações, fazendo referência a uma pluralidade de famílias de atos linguísticos ligadas entre elas.

Dessa abordagem da linguagem deriva, como consequência, o reconhecimento da função pragmática da própria linguagem: falar é agir porque com o falar e no falar se realiza um ato, dito exatamente ato linguístico. Essa noção do ato linguístico é a principal desde a qual Austin desenvolve suas reflexões sobre a linguagem. A diferença entre *usos cognitivos* e *usos práticos* é superada e reduzida à noção de ato linguístico: não há usos diversos da linguagem; mas diversos tipos de atos linguísticos. A avaliação de uma frase, segundo essa abordagem, é feita com base no tipo de ato linguístico, que se realiza no momento em que a frase é pronunciada e não, ao contrário, para um uso cognitivo ou para um uso prático.

Na formulação austiniana o ato linguístico, embora seja na realidade unitário, contém três níveis possíveis de realização: a locução (*a locutionary act*), a ilocução (*a illocutionary act*) e a perlocução (*a perlocutionary act*).

---

130 Esse texto de Austin tem tradução italiana realizada por C. Penco e M. Sbisà a partir da segunda edição inglesa: *Come Fare Cose con le Parole*. Gênova: Marietti, 1987.

Um ato linguístico em si, explica Austin, é sempre um dizer algo (locução); ao mesmo tempo, pelo fato de dizer alguma coisa, é um realizar alguma coisa mediante a palavra (ilocução); enfim, pelo fato de fazer alguma coisa, o ato linguístico produz efeitos ou consequências sobre a nova situação que veio a ser criada (perlocução), que se refletem no próprio falante e nos ouvintes. Toda asserção é um ato linguístico, dado que em cada uma delas é possível verificar a presença de um, de dois ou de três níveis, referidos como comuns a cada ato linguístico. Entre os três níveis de realização do ato linguístico a atenção de Austin se deteve de modo particular sobre a locução e sobre a alocução, deixando de lado o nível da perlocução.

O ato locucionário é considerado por Austin como dotado de significado. Enquanto dizer alguma coisa, o ato locucionário consiste em emitir sons, em articular palavras que fazem parte de um léxico, em fazer referência a uma gramática particular,[131] ao passo que o ato ilocucionário é decisivo na articulação do próprio ato linguístico, porque permite ao próprio ato a passagem do dizer ao fazer. Um ato qualquer se torna linguístico exatamente porque é ilocucionário. Ele é dirigido e determinado por aquelas forças de tipo intencional que Austin chama de forças ilocucionárias (*illocutionary forces*), como pergunta, pedido, informação, comando etc.

A teoria dos atos linguísticos conhece uma retomada mais sistemática com John Roger Searle[132], que nos seus estudos em Oxford fora influenciado

---

[131] Segundo Austin, o ato locucionário, embora continuando a ser considerado unitário, articula-se ulteriormente em três atos: um "ato fonético", um "ato fático" e, enfim, um "ato rético". No enunciado, a emissão de certos sons dá lugar a uma fonação, que se explicita em usar certas palavras organizadas segundo uma certa gramática e proferidas nas diversas circunstâncias segundo certo tom de voz, e isso é o fema (*pheme*) do ato locucionário. Mas usando um fema num certo modo e segundo certa referência, se tem um rema (*rheme*). O plano do significado é dado pela articulação dos três diversos aspectos do ato locucionário.

[132] John Roger Searle, filósofo norte-americano, nascido em Denver (Colorado) em 1932, formou-se em Oxford, na década de 1950, em um ambiente dominado pelos filósofos da 'linguagem comum', como Austin, Grice, Strawson. A trajetória de Searle se caracteriza inicialmente como uma continuação da pesquisa de Austin; em seguida busca outros caminhos para a filosofia da linguagem e assume uma originalidade sua. Ele rejeita a ideia da independência entre a linguagem e o pensamento com respeito aos processos mentais do indivíduo, sustentando, ao contrário, que a capacidade que a linguagem tem de representar objetos e fatos entra na capacidade mais geral da mente. Partindo da filosofia da linguagem, Searle chegou nesses anos a uma filosofia da mente. Sobre Searle, ver o meu ensaio Dalla Teoria Degli atti Linguistici alla Filosofia della Mente. John Roger Searle critico di Russell, em: *Metalogicon. Rivista Internazionale di Logica Pura e Applicata, di Linguistica e di Filosofia*, 18 (2005), 2, pp. 113-130.

não só por Austin, mas também por Peter Strawson (1919). Searle retoma de maneira pessoal as linhas gerais da teoria dos atos linguísticos de Austin, mas desenvolvendo-as de maneira diferente, até ir além do próprio Austin e assumir explicitamente a dicotomia saussuriana *langue-parole*, com a afirmação de que uma teoria adequada dos atos linguísticos entra no estudo da *langue*. Desde o início ele reivindica a necessidade de uma filosofia da linguagem, contra uma linguística, tendo no centro o conjunto das perguntas que dizem respeito às relações que as palavras têm com o mundo:

> *A filosofia linguística propõe-se a resolver determinados problemas filosóficos através da observação do uso comum de certas palavras ou de outros elementos de uma dada língua; a filosofia da linguagem, em vez disso, procura dar descrições iluminadoras de um ponto de vista filosófico de certas características gerais da linguagem como referência, verdade, significado e necessidade, enquanto se ocupa de modo incidental de elementos particulares de uma língua particular.*[133]

A pergunta inicial que o filósofo se faz refere-se à relação que as palavras têm com o mundo. É uma pergunta, porém, que nos *Atos linguísticos* não encontra uma resposta adequada, porque aqui o interesse está em descobrir as regras subjacentes à atividade linguística.[134] Ao contrário de Austin, que tendia a caracterizar os atos linguísticos em termos de ação, Searle sublinha que falar, mais do que uma ação, é uma atividade social e, em particular, uma atividade do homem, que se desdobra segundo certas regras.[135] Segundo Searle, de fato, a linguagem é fundamentalmente um instrumento de comunicação e, enquanto tal, é uma atividade através da qual os homens interagem entre si. Aceitando a lição de Austin, segundo o qual falar é agir, ele afirma que a filosofia da linguagem é parte de uma teoria da ação, porque, afinal de contas, "falar é uma forma de comportamento".[136] Mas – Searle se pergunta – "Como faço para saber

---

133 SEARLE, J. R. *Atti Linguistici. Saggio di Filosofia del Linguaggio*, tradução italiana de P. Leonardi. Turim: Boringhieri, 1976, p. 26.
134 *Ibid.*, p. 25.
135 SBISÀ, M. *Linguaggio, Ragione, Interazione*, cit. p. 34.
136 SEARLE, J. R. *Atti Linguistici*, cit. p. 41. A propósito das "regras" é evidente a influência exercida por Chomsky sobre Searle. Segundo Chomsky, as ciências da linguagem devem explicitar as regras subjacentes à competência do falante.

sobre a linguagem o que pretendo saber? Que espécie de explicação, ou motivação, ou justificação eu poderei fornecer quando sustento que uma determinada sequência de palavras é uma frase ou que um oculista significa médico dos olhos etc. Como verificar tudo isso?"[137] Searle considera o falar uma língua como uma forma de comportamento, governada por regras. Aprender e dominar uma língua significa, portanto, aprender e dominar essas regras.

Como ato linguístico, a linguagem é uma atividade com a qual o homem tende a satisfazer determinadas exigências de tipo pragmático, relevantes no plano social. Fazer afirmações, regular o comportamento dos outros dando ordens ou sugestões, transmitir informações, fazer perguntas ou promessas, praguejar, rezar, bendizer etc., são atividades próprias do homem, que se tornaram possíveis pela atividade da linguagem. Naturalmente, para realizar os objetivos subtendidos a essas funções, os atos linguísticos devem ser formulados e expressos de modos diferentes e realizados segundo certas regras e convenções comuns ao falante e ao ouvinte e, ainda, inerente às condições de enunciação e do conteúdo da frase. Como afirma Searle: "esses atos são, em geral, tornados possíveis por certas regras pelo uso dos elementos linguísticos, e a finalidade principal do seu estudo é formular as regras".[138]

A hipótese searliana é a de que "falar uma língua quer dizer comprometer-se com uma forma de conduta governada por regras; ou, para dizer de modo mais resoluto, falar significa realizar os atos segundo certas regras". O procedimento metodológico, em referência a esse problema, é "estabelecer um conjunto de condições necessárias e suficientes e extrair depois dessas condições conjuntas regras semânticas para o uso dos dispositivos linguísticos, que distinguem os enunciados como atos desses determinados tipos".[139] Naturalmente, com uma análise mais cuidadosa, na direção proposta por Searle, não será possível não analisar a variedade de modos e fins do "fazer" linguístico.

Sobre esses dois aspectos da teoria searliana da linguagem – as regras dos atos linguísticos e os modos e os fins do fazer linguístico – se detém a atenção do primeiro Searle: a recuperação das regras, por um lado, e

---

137 *Ibid.*, p. 35.
138 *Ibid.*, p. 40.
139 *Ibid.*, p. 47.

Ciência da linguagem e ética da comunicação

a identificação dos diversos modos do falar definem o âmbito da própria teoria, que representa, sob esse aspecto, uma retomada e um prolongamento da "fenomenologia linguística" de Austin. Fica claro, porém, que só no ato linguístico se dá verdadeira comunicação. Um rumor, ou um sinal em um pedaço de papel podem ser exemplos de comunicação linguística só se "sua produção for o que chamo de ato linguístico",[140] afirma Searle. Para comunicar-se não é suficiente fazer uma afirmação qualquer, ainda que gramaticalmente correta, mas sem um sentido e sem uma referência, nem é suficiente dizer alguma coisa, ainda que dotada de um sentido e de uma referência, mas sem que possa ser reconhecida pelo ouvinte. Comunica-se apenas quando o ouvinte é consciente de que alguém lhe está dirigindo uma pergunta ou um pedido, ou que se lhe está prometendo algo. Há comunicação quando o ouvinte compreende a frase e seu significado, que consistirá na atuação daquelas intenções, das quais a frase é portadora, e se conhecem as regras que governam os elementos da frase.

As regras às quais devem submeter-se os atos linguísticos são, segundo Searle, de dois tipos: Por um lado, é preciso fazer referência às *regras constitutivas*; por outro, às *regras regulatórias*. As primeiras são aquelas regras indispensáveis à realização de uma atividade qualquer constituída por elas, como podem ser as regras que disciplinam, por exemplo, uma partida de xadrez, ou um jogo de outro gênero. Elas, portanto, não apenas regulam, mas também criam e definem novas formas de comportamento. Já as segundas são aquelas que disciplinam formas de comportamento já existentes e constituídas independentemente, como podem ser as normas que regulam o comportamento dos indivíduos nas suas relações interpessoais. "As regras regulatórias determinam uma atividade preexistente, cuja existência é logicamente independente das regras; as constitutivas compõem (ou também regulam) uma atividade, cuja existência é logicamente dependente de regras".[141] As regras da linguagem são todas do tipo constitutivas, pois "a estrutura semântica de uma língua pode ser concebida como a realização convencional de uma série de regras constitutivas subjacentes e que os atos linguísticos

---

140 *Ibid.*, p. 41.
141 *Ibid.*, p. 61. Segundo Searle, as regras regulativas tomam a forma de imperativos, ao passo que as constitutivas tomam uma forma diferente. Assim, se as primeiras têm a forma "faz X" ou "se Y, faz X", as segundas terão a forma "X conta para Y no contexto CT".

são realizados de maneira típica, executando expressões de acordo com essas regras".[142]

O conhecimento das regras relativas aos atos linguísticos e à sua compreensão é absolutamente decisivo. A principal finalidade do estudo dos atos linguísticos é formular as regras desse atuar linguístico. Entre essas regras, é preciso distinguir quatro, que dão lugar a quatro diferentes tipos de ato linguístico, aos quais se faz sempre referência quando se profere um enunciado qualquer. Quando um falante enuncia uma frase, realiza pelo menos três tipos distintos de atos: a) enuncia palavras (morfemas, frases); b) faz referência a algo ou a alguém e predica; c) afirma, pergunta, ordena, promete etc. Esses atos são chamados respectivamente de ato *enunciativo*, ato *proposicional*, ato *ilocucionário*, aos quais se acrescenta um quarto, ou seja, o ato *perlocucionário*, recorrendo, em parte, à terminologia de Austin. No ato *enunciativo* o falante exprime com uma sequência de palavras uma frase de maneira correta e com sentido completo. No ato *proposicional* o falante faz referência a alguém ou a algo do qual se predica uma qualidade ou estado ou ação. No ato *ilocucionário* se faz referência à ação realizada pelo falante ao afirmar algo, ao transmitir um conteúdo, ao perguntar, ao ordenar, ao prometer algo a um ouvinte. O ato *perlocucionário*, enfim, refere-se às consequências ou efeitos que o ato ilocucionário tem sobre os pensamentos, sobre as crenças e sobre as ações dos ouvintes.[143]

Desses quatro atos, exatamente os *proposicionais* e os *ilocucionários* estão no centro da análise feita pelo filósofo. Na teoria da ação, por ser mais completo, o ato linguístico por excelência, é certamente o ato ilocucionário; tanto é verdade que "a forma gramatical característica do ato ilocucionário é a frase completa".[144] Searle analisa o ato ilocucionário através do exemplo da *promessa*, definida realmente como um "negócio complicado", do qual dá nove condições das quais faz derivar cinco regras para a ilocução.

---

142 *Ibid.*, p. 65.
143 Os quatro tipos do ato linguístico não devem aparecer necessariamente todos juntos numa mesma frase. No enunciado "Mário estuda" estão presentes, para dar um exemplo, os quatro tipos do ato linguístico: o enunciativo se apresenta de maneira correta e tem um sentido completo (ato enunciativo); faz referência a uma ação de Mário (ato proposicional); transmite uma informação (ato ilocucionário); influi sobre os ouvintes para obter algum resultado deles (ato perlocucionário).
144 SEARLE, J. R. *Atti Linguistici*, cit. p. 51.

Ao realizar uma ilocução com valor de promessa se profere algo, se transmite um conteúdo e se provocam, como consequências, certos efeitos nos interlocutores. O estudo do ato ilocucionário da promessa vale como paradigma para a compreensão de todo ato ilocucionário, pois indica como podem ser estudadas as condições do ato linguístico e como dessas podem ser tiradas as regras subjacentes.

A análise do ato ilocucionário do prometer é feita definindo, antes de tudo, as condições necessárias e suficientes para que esse ato seja executado com sucesso e sem falhas na enunciação de uma frase dada. Na promessa, as condições necessárias a satisfazer se reduzem à enunciação da promessa por parte do falante e à sua recepção por parte do ouvinte, enunciação que, compreendida corretamente pelo interlocutor, se realiza no futuro, exatamente enquanto promessa feita pelo falante. Outras condições dizem respeito à necessidade de precisar a particularidade do seu conteúdo e de predicar um ato referido ao futuro, que se pretende executar com sinceridade, segundo certa finalidade, com um compromisso a favor do ouvinte assumido exatamente pelo falante, no respeito de todas as regras semânticas da língua na qual é enunciado. Das condições identificadas, Searle faz derivar cinco regras que dizem respeito à predicação de certo ato futuro do falante (regra do conteúdo proposicional). São regras preparatórias, relativas à vontade da parte do falante de fazer algo no curso normal dos acontecimentos, a enunciação de que se pretende fazer determinada coisa (regra de sinceridade), a admissão da obrigação de fazer certa coisa (regra essencial).[145]

A pergunta inicial, levantada por Searle no primeiro capítulo dos *Atos linguísticos*, relativa ao modo como "as palavras têm relação com o mundo",[146] não encontra resposta no curso do seu trabalho. Em *Atos linguísticos*, de fato, Searle deixa em suspenso uma série de problemas como as relações entre linguagem e percepção, entre linguagem e conhecimento, bem como entre linguagem e sociedade, problemas

---

145 O ponto fraco na teoria de Searle é a falta do Ouvinte: realmente, não basta insistir nas regras para se ter uma compreensão real do ato comunicativo. "O significado [...] não nasce tanto dos pronunciamentos linguísticos do Falante quanto de uma intenção ou de uma colaboração entre o Falante e o Ouvinte" (MORAVIA, S. Dal Monologo alla Conversazione. Immagini della Comunicazione Umana nel Pensiero Contemporaneo, em: CURI, U. (org.) *La Comunicazione Umana*. Milão: Franco Angeli, 1985, p. 62).

146 SEARLE, J. R. *Atti Linguistici*, cit. p.25.

cuja solução poderia ter esclarecido a tese searliana inicial. Ao investigar as regras subjacentes à atividade linguística, Searle acabou dando a imagem de uma atividade humana da linguagem separada das outras atividades. Contudo, no decorrer de sua investigação, o filósofo começou a considerar "o problema do significado e a ampliar o tratamento de noções como a crença, o desejo e, sobretudo, a intenção e a ação intencional".[147] Noções como "intencionalidade" e "consciência", tomadas juntas por Searle, dão ao autor dos *Atos linguísticos* a oportunidade de construir uma nova teoria que, partindo da filosofia da linguagem, chega a uma filosofia da mente, pronta a reconhecer a centralidade do sujeito falante.

Na concepção dos atos linguísticos está implícita uma teoria da intencionalidade, considerada tão central que chega a fazer convergir nela a própria concepção dos atos linguísticos. Partindo da filosofia da linguagem e, mais em particular, da filosofia dos atos linguísticos, Searle chega a indicar como ponto de chegada da sua pesquisa uma filosofia da mente. Não há dúvida que:

> [...] *A capacidade dos atos linguísticos de representar objetos e estados de coisas do mundo é uma extensão da mais biologicamente fundamental capacidade da mente (ou do cérebro) de pôr o organismo em relação com o mundo, por meio de estados mentais como crença e desejo e, em particular, por intermédio de ações e percepções.*[148]

A intencionalidade é considerada como uma propriedade específica e exclusiva da mente, que se concretiza não mediante o método fenomenológico-transcendental da consciência, mas através da análise do comportamento humano verbal (os atos linguísticos) e não verbal (as ações práticas), bem como dos aspectos relativos à estrutura biológica do cérebro. Os estados intencionais, por outro lado, apresentam analogias e conexões com os próprios atos linguísticos, embora observando que a linguagem não

---

147 SEARLE, J. R. Mente, Coscienza, Cervello: un Problema Ontologico, em: CARLI, R. (org.). *Cervelli Che Parlano. Il Dibattito su Mente, Coscienza e Intelligenza Artificiale*. Milão: Mondatori, 1997, p. 181.
148 SEARLE, J. R. *Dell'Intenzionalità. Un Saggio di Filosofia della Conoscenza*, tradução italiana de D. Barbieri. Milão: Bompiani, 1985, p. 7.

possui uma "intencionalidade intrínseca", mas apenas uma "intencionalidade derivada".[149]

Em *A construção da realidade social* (1995),[150] Searle estende a noção de intencionalidade, chegando a falar de uma intencionalidade social irredutível à intencionalidade individual. A questão diz respeito ao modo como a intencionalidade, por intermédio da linguagem, chega a criar a realidade institucional, o dinheiro, a propriedade, o governo e a política. Se existem fatos independentemente do observador (as montanhas, os rios, as estrelas), outros (linguagem, a propriedade privada, o matrimônio e outras instituições sociais) só existem enquanto dependentes de um observador. Daí a necessidade de uma verdadeira teoria da "consciência", à qual Searle se dedicou a partir de 1992, com o livro *A redescoberta da mente*.[151] A consciência "é a característica primária e essencial da mente",[152] ou, ainda, "é uma propriedade biológica do cérebro dos seres humanos e de alguns outros animais determinada pelos processos neurobiológicos: como a fotossíntese, a digestão ou a mitose, ela é parte integrante da ordem biológica".[153]

A consciência humana e sua atividade não podem ser assimiladas a uma máquina:

> *A "máquina", mesmo a mais sofisticada (computador, sistema aberto etc.) não faz senão colher e aplicar determinadas instruções ou regras do programa e realizar os eventuais serviços correspondentes sem entender nada do que está fazendo. Ela dispõe apenas de uma* competência sintática *em combinar os símbolos, não de uma* competência semântica *que permita atribuir significado àqueles símbolos sobre os quais opera, que é, ao contrário, o que pode fazer e faz efetivamente o ser humano, definido exatamente por isso como um "ser semântico".*[154]

---

149 SEARLE, J. R. *Mente, Linguaggio, Società; la Filosofia nel Mondo Reale*, cit. p. 36.
150 SEARLE, J. R. *La Costruzione della Realtà Sociale*, tradução italiana de A. Bosco. Milão: Edizioni di Comunità,1996. Searle volta a esses conceitos também em: *Mente, Linguaggio, Società*, cit. pp. 117-142.
151 SEARLE, J. R. *La Riscoperta della Mente*, edição italiana organizada por S. Ravaioli. Turim: Boringhieri, 1994.
152 SEARLE, J. R. *Mente, Linguaggio, Società*, cit. p. 44.
153 SEARLE, J. R. *La Riscoperta della Mente*, cit. p. 105.
154 SEARLE, J.R. *Menti, Cervelli e Programmi. Un Dibattito sull'Intelligenza Artificiale*,

Para Searle, "o pensar é algo mais que uma simples questão de manipulação de símbolos sem significado e envolve conteúdos semânticos significativos",[155] ao passo que os significados são conteúdos cognitivos, ou seja, construções tipicamente humanas, que nos permitem por meio da linguagem "discorrer", ou seja, comunicar e produzir compreensão.[156] A vida da consciência dos indivíduos é determinada por uma racionalidade sempre em ato.[157] A linguagem, por sua vez, é uma atividade tipicamente humana, nunca totalmente formalizável, porque espelho do pensamento, nasce e se desenvolve como produto da realidade social, que nele se reflete.

2.3. Produção linguística e sistema social

A língua nunca pode ser considerada como o somatório das imagens verbais, armazenadas nos falantes de uma determinada comunidade linguística, ou como um repertório geral, ao qual cada falante pode ter acesso de acordo com as necessidades. Ela é o resultado do longo e difícil processo de "apropriação linguística", por parte do homem, do mundo da experiência, retraduzido em imagens verbais para ser objeto de conhecimento e ser intercambiado na comunicação. Os atores desse processo de "apropriação" do mundo são os homens, concretos e de carne e osso, que chegam, enquanto seres humanos, ao plano da linguagem, na sua individualidade singular, mas refletindo também, no seu ser diante da linguagem, a estreita ligação que existe entre a existência espiritual do indivíduo e a vida material da sociedade. A vida material da sociedade entra à força em todo processo de produção linguística e de apropriação linguística do mundo, porque condiciona as escolhas e as intenções dos falantes e determina os significados das palavras usadas e as expectativas de sentido. "As representações, as ideias, têm origem no 'comércio' dos homens entre eles, nas trocas, nas comunicações da consciência, nas atividades reais que constituem a praxe prática social".[158]

---

edição italiana organizada por G. Tonfoni. Milão: Clup-Clued 1984, pp. 48-49.
155   SEARLE, J. R. *Mente, Cervello, Intelligenza*, cit. p. 28.
156   SEARLE, J. R. *Menti, Linguaggio, Società,* cit. pp. 152-154.
157   Sobre esse aspecto da pesquisa searliana, ver *Rationality in Action*. Cambridge, MA: The Mit Press, 2001.
158   LEFEBVRE, H. *Linguaggio e Società,* tradução italiana de M. Ferrara Paunich. Florença:

Os mecanismos de produção linguística são muito mais complexos e se referem a uma série de fatores, cada um dos quais ocupa um lugar particular no sistema social com uma função específica dentro dele.

> Todo ato de palavra e, mais em geral, toda ação é uma conjuntura, um encontro de séries causais independentes. Por um lado, as disposições, socialmente formadas, do habitus linguístico, que implicam certa propensão a falar e a dizer coisas determinadas (interesse expressivo) e certa faculdade de falar definida: a faculdade linguística, ou seja, de gerar ao infinito discursos gramaticalmente conformes, e a capacidade social que permite utilizar adequadamente essa competência em uma situação determinada. Por outro lado, as estruturas do mercado linguístico que se impõem como sistema de sanções de censuras específicas.[159]

O homem nunca pode ser considerado como um indivíduo singular, isolado dos outros e totalmente desligado da realidade social, na qual está inserido. O homem não existe em pura existência desencarnada, mas inserido em uma rede de relações sociais se torna um ser com os outros, que pensa, fala e age.[160] São os outros seres humanos que dão oportunidade para o indivíduo singular assumir sua existência em um nível de maior consciência mediante a produção linguística, atividade que vê os protagonistas juntos e juntos os leva a um mesmo destino de humanidade. Aqui está o sentido da teoria de Malinowski do "contexto situacional", segundo o qual o "contexto de situação [...] indica, por um lado, que a concepção do contexto deve ser alargada e, por outro lado, que a situação em que as palavras são pronunciadas nunca pode ser negligenciada e considerada estranha à expressão linguística. [...] Assim [...], o estudo de uma língua qualquer, falada por um povo, que vive em condições diferentes das nossas e possui uma cultura diferente, é feito junto com o estudo das condições ambientais e da cultura desse povo".[161] A linguagem tem uma dimensão

---

Valmartina, 1972, p. 63.
159 BOURDIEU, P. *La Parola e il Potere. L'Economia degli Scambi Linguistici*, tradução italiana de S. Massari. Nápoles: Guida Editori, 1988, p. 12.
160 Ver o meu *Lui è Come Me. Intersoggettività, Accoglienza e Responsabilità*. Roma: Studium, 2012.
161 MALINOWSKI, B. *Il Problema del Significato nei Linguaggi Primitivi*, Appendice a OGDEN, C. K.; RICHARDS, I. A. *Il Significato del Significato*. L. Pavolini (org.). Milão: Il Saggiatore,

social nem sempre reconhecida plenamente pelos linguistas. A comunidade dos homens é construída pela linguagem, um laço que conecta os homens entre eles em torno de uma "multiplicidade compartilhada", terreno comum de toda forma de reconhecimento:

> [...] Que instrumento melhor que a linguagem dos homens, que reúne suas proximidades no espaço, poderia haver para evitar sua solidão individual e para reforçar estendendo do material ao espiritual o laço que de fato os une? A linguagem permite que os homens – nos quais foi instituída de forma duradoura e estável – comuniquem um ao outro ideias e sentimentos de todo tipo.[162]

O sistema social não é neutro, nem indiferente à produção linguística dos indivíduos, como se o trabalho da apropriação linguística fosse puramente individual, se não uma reserva exclusiva, deixada à discrição de cada falante. Ele permanece sempre determinante nos processos de produção e aquisição linguística:[163]

> O falar individual se constitui sobre a base do falar social, dentro da dialética entre a produção social linguística e a língua como produto material e instrumento de trabalho linguístico [...]. Satisfazendo necessidades sociais, a linguagem emprega instrumentos e realiza produtos que têm sua motivação nessas necessidades que são expressão de um determinado sistema de produção linguística [...]. O modo com que os homens se exprimem depende dos meios de expressão que eles encontram já produzidos e que devem reproduzir.[164]

1966, pp. 344-345.
162 GUILLAUME, G. *Principi di Linguistica Teorica*, tradução italiana de R. Silvi. Napóles: Liguori Editore, 2000, p. 180.
163 Como escreve Bourdieu, "a gramática define apenas parcialmente o sentido, é na ligação com um mercado que se opera a determinação completa do significado do discurso. Uma parte não irrelevante das determinações, que formam a definição prática do sentido, chega ao discurso automaticamente e desde fora" (BOURDIEW, P. *La Parola e il Potere*, cit. p. 12).
164 PONZIO, A. *Produzione Linguistica e Ideologia Sociale. Per una Teoria Marxista del Linguaggio e della Comunicazione*. Bari: De Donato, 1973, pp. 176-178 *passim*. Ver também: COHEN, M. *Matériaux pour Une Sociologie du Langage*, I-II. Paris: Maspero, 1971; MOULOUD, N. *Linguaggio e Strutture*, tradução italiana de G. Mininni. Bari: Dedalo libri, 1976.

O falar do homem é aqui associado à "necessidade", uma expressão particular de um estado físico e mental do indivíduo que, lentamente, passando dos gestos ao grito, chega à linguagem verbal e manifesta na forma linguística seu "ser homem" no mundo. Foi Condillac quem ligara o nascimento da linguagem no homem ao surgimento de determinadas necessidades da espécie.[165]

Os modelos linguísticos, como conjunto de normas gramaticais e de significados correntes, já predeterminados, aos quais o falante faz referência ao falar, são reproduzidos por ele, depois de tê-los tomado do contexto social no qual ele se encontra, mas nunca são inventados autonomamente e ao bel prazer, a menos que subsistam condições de uma pronunciada criatividade linguística. Uma série de regras preside a produção linguística. Muitas delas são de natureza inconsciente e determinam o uso das palavras e seus significados:

> Na origem do sentido objetivo, que é gerado na circulação linguística, há, em primeiro lugar, o valor distintivo que resulta do laço que os locutores realizam, de maneira mais ou menos inconsciente, entre o produto linguístico oferecido pelo locutor socialmente caracterizado e os produtos simultaneamente propostos em um determinado espaço social.[166]

Seria pura ilusão pensar que há uma disponibilidade absoluta da sua língua, como produto de uma escolha individual livre e autônoma. É em relação a um contexto social determinado, comum aos falantes, autores da comunicação, que uma mensagem pode ser decifrada e constituir assim a base de compreensão. Assim, a relação entre significante e significado, que está no início de todo falar e de todo entender, nunca é arbitrária, mas histórico-social. Só acentuando ao grau máximo o alcance da sociabilidade do homem nos processos cognitivos e nos processos da linguística dos indivíduos seria

---

165 A origem da linguagem é referida por Condillac às "necessidades" do homem, seguindo a mentalidade iluminista, segundo a qual linguagem e sociedade nascem das necessidades. A linguagem se torna então um instrumento indispensável para o homem porque no "commerce" com os outros, por intermédio da linguagem, lhe é permitido alcançar a verdadeira condição humana, que é, exatamente, aquela social, determinada pelo uso da linguagem.

166 BOURDIEU, P. *La Parola e il Potere*, cit. pp. 12-13.

possível aceitar a afirmação de Rossi-Landi de que, no seu ser mais profundo, "o homem se afirma como mera engrenagem, como porta-voz, repetidor ou vítima do processo social da produção linguística".[167] A linguagem verbal pode ser considerada como trabalho feito pelo homem em estreita relação com o ambiente social.

A noção de linguagem como 'trabalho social' introduzida por Rossi-Landi[168] permite a retomada de uma concepção da linguagem mais aberta ao social, na qual sobressai o aspecto social e o individual de toda linguagem. Quando se atribui à linguagem o caráter de trabalho, se reivindica de maneira original uma atividade do homem na produção linguística porque, ao combinar as peças segundo as expectativas e os valores de uma determinada sociedade, se elabora um produto – exatamente a linguagem – cuja atividade não se exaure na própria atividade, porque determina seu desdobramento e suas realizações efetivas. A linguagem, assim entendida, não deixa de ser instrumento do pensamento, objeto mental, mercadoria de troca entre os falantes. Desse modo, se supera a posição de quem reduz o uso linguístico a simples comportamento ou atividade espontânea do falante e, portanto, a um fato natural ou a um acontecimento meta-histórico.

A linguagem é um "artefato", um produto do trabalho humano. Como todo produto do trabalho humano, a linguagem não existe na natureza como produto já acabado, mas é o resultado da contínua intervenção do homem "enquanto membro de uma comunidade que já se destacou da natureza".[169] O material sonoro existe na natureza como o material geológico, e ambos podem ser trabalhados e elaborados pelo homem através de intervenções sucessivas e múltiplas de transformação "até atingir a altura de um poema ou de um templo".[170] A intervenção do homem sobre o material sonoro, disponível na natureza, constitui a linguagem, adaptada às finalidades da expressão e da comunicação, através das modificações

---

167   ROSSI-LANDI, F. *Semiotica e Ideologia*. Milão: Bompiani, 1972, p. 221. Do mesmo Rossi-Landi ver também *Metodica Filosofica* e *Scienza dei Segni. Nuovi Saggi sul Linguaggio e l'ideologia*, ibid., 1985.
168   ROSSI-LANDI, F. *Il Linguaggio Come Lavoro e Come Mercato*. Milão: Bompiani, 1968; PONZIO, A. *Produzione Linguistica e Ideologia Sociale*, cit. GOZZI, G. *Linguaggio Stato Lavoro. Jürgen Habermas: Teoria e Ideologia*. Florença: La Nuova Italia Editrice, 1980.
169   ROSSI-LANDI, F. *Semiotica e Ideologia*, cit. p. 58.
170   *Ibid.*, p. 59.

sedimentadas na cultura dos povos. "As palavras, os enunciados, os discursos são também artefatos".[171]

Na origem de todo artefato – seja ele de tipo material, como os objetos da vida cotidiana, seja de tipo cultural e simbólico, como a linguagem, as instituições, os ritos – há a intervenção decisiva do homem. E é essa intervenção que assinala a linha de demarcação entre o homem e os outros seres vivos, que não têm linguagem. As operações sociais, que determinam e acompanham a produção material, e a linguística, são quase idênticas e, além disso, uma pressupõe a outra. O modo como a criança aprende a linguagem manifesta de maneira importante essa relação entre produção material e produção linguística. A aquisição da linguagem na criança ocorre simultaneamente ao conhecimento dos objetos, que se tornam objetos mentais através da imposição de rótulos de reconhecimento, dados pela própria linguagem. Na criança, os dois planos – o dos objetos e o linguístico – se sobrepõem, e apenas mais tarde, no decorrer do desenvolvimento, serão reconhecidos e aceitos na sua diversidade:

> *A criança entra no mundo dos artefatos linguísticos com o mesmo processo com que entra no mundo dos artefatos materiais. Ela aceita, ou antes, atura os sistemas de produtos das duas ordens; não poderia aprender a falar sem aprender a distinguir e manipular os objetos [...]. A criança reproduz em certa medida a entrada no mundo da espécie. O mundo no qual ela entra, aliás, não está mais no estado de natureza: é um mundo natural-social, cujos sistemas de produtos são aceitos por ela como naturais.*[172]

A linguagem preexiste ao falante, que a recebe como produto já pronto; enquanto é o resultado de um longo processo de intervenções do homem sobre o material sonoro, do qual o indivíduo é dotado biologicamente. Os sons se tornaram palavras e, por isso, linguagem no curso da evolução.

Todo falante, no ato de falar, faz referência a um contexto social muito complexo e estruturado segundo certas regras que assinalam os limites do discurso

---
171 *Ibid.*
172 *Ibid.*, p. 60.

e regulam suas realizações: aquele mesmo contexto chamado por Foucault de "ordem do discurso".[173] As regras subjacentes à produção do discurso não são iludíveis porque constituem o discurso verdadeiro e sem ele não poderia haver nenhum discurso entre os indivíduos. Se o discurso está sujeito a regras que estabelecem as modalidades da sua construção como discurso e atribuem um valor seja ao que é dito, seja a quem diz, é também verdade que ele, colocando-se no interior de um contexto cultural, toma desse contexto seus conteúdos – valores, pressupostos, expectativas – e, portanto, reflete uma situação que, ainda antes de ser linguística, é social e, sobretudo, ético-política. Há uma relação muito estreita entre a produção do discurso e o sistema sociocultural, exatamente porque a produção de todo discurso, como linguagem organicamente estruturada, entra no âmbito mais vasto da produção social.

Dado que o indivíduo pertence sempre a um grupo sociocultural determinado, segue-se que essa sua pertença condiciona, em medida diversa, as modalidades da sua produção discursiva e interfere, em níveis diferentes, nos processos comunicativos que, no âmbito social, ele realiza nas relações com seus semelhantes. O falante está totalmente imerso em uma rede de significados, que, muitas vezes, ele mesmo não está em condições de dominar conceitualmente. Embora esses significados sejam usados corretamente por ele, escapam dele no seu alcance real, como escapa, bastante frequentemente, o próprio significado literal das palavras. É a língua que fala e não o sujeito consciente, e a comunicação se torna um falar para si, caso falte o conhecimento. Um resultado tão negativo não está absolutamente limitado a alguns dos mais desprovidos entre os falantes, porque "investe todo o campo das relações sociais e tende a se estender para dentro do indivíduo que não está em condições de se referir sequer a si mesmo, fora da mediação dos códigos impostos".[174]

O conjunto dos códigos que se impõem ao indivíduo, tanto no nível da simples elaboração dos discursos como, mais em geral, no nível de cada operação de conhecimento e que, portanto, cobrem todo o campo das relações humanas, podem ser compreendidos sob a denominação de ideologia, entendendo essa última como "o universo do saber do destinatário e do grupo ao qual pertence, seus sistemas de expectativas psicológicas,

---

173 FOUCAULT, M. *L'Ordine del Discorso*, tradução italiana de A. Fontana. Turim: Einaudi, 1972.
174 PUCCI, R. *Materiali per una Semantica Sociale,* cit. p. 161.

suas atitudes mentais, sua experiência adquirida e seus princípios morais".[175] Nesse âmbito se coloca todo tipo de comunicação, que, por isso, nunca é neutra, porque se refere sempre a um universo de significados preexistentes ao falante individual.

A ideologia assim entendida entra como constituinte de qualquer discurso. Ela é uma visão do mundo que se impõe de maneira geral no nível dos significados verbais, dos fatos sociais, das interpretações, dos comportamentos e das expectativas dos indivíduos. Todo discurso se constrói a partir da língua disponível ao falante, ou seja, fazendo uso do complexo de vocábulos, de expressões codificadas, de estilemas narrativas que, juntos, constituem a língua de uma determinada comunidade linguística. As escolhas do falante na construção dos possíveis discursos não podem não ser feitas, senão no interior dessa língua. O significado das palavras ditas, das imagens usadas, até das argumentações adotadas, não é estabelecido pelo falante que, ao falar, não faz senão recolher e escolher do dispositivo vivo da língua "objetos" – sons, palavras – cujo significado se formou no tempo através de estratificações históricas sucessivas. As palavras, bem como as expressões, que passaram a fazer parte do uso comum, ao lado do significado codificado nos vocabulários e nos léxicos, possuem outros significados mais culturais. Elas estão diretamente ligadas àquilo que podemos definir como o "universo ideológico da sociedade", ou seja, ao sistema dos valores, das crenças, dos ritos, à visão do mundo, ao sistema de expectativas. "As palavras formam um 'campo linguístico', o qual cobre um campo conceitual, e exprime uma visão do mundo que elas permitem reconstruir".[176]

A esse respeito são indicativas as pesquisas de Jost Trier sobre os "campos linguísticos", partindo dos quais o linguista alemão construiu sua teoria do "campo semântico", uma teoria retomada por linguistas como G. Matoré e por H. Sckommodau e utilizadas em outras direções, embora criticada por Stephen Ullmann.[177] Ao estudar o vocabulário

---

175   ECO, U. *La Struttura Assente*. Milão: Bompiani, 1968, pp. 93-94.
176   GUIRAUD, P. *La Semantica*, tradução italiana de A. Bonomi. Milão: Bompiani, 1966, p. 100.
177   TRIER, J. *Der Deutsche Wortschatz im Sinnbezirk des Verstandes, die Geschichte eines sprachlichen Feldes*. Heidelberg: Winter, 1931. As pesquisas de Trier estão na origem de outros trabalhos sobre esse tema. GUIRAUD, P. *La Semantica,* cit. pp. 100-101. Ullmann tem dúvidas sobre a exatidão das investigações de Trier. Ver ULLMANN, S. *La Semantica. Introduzione alla Scienza del Significato,* tradução italiana de A. Baccarani e L. Rosiello. Bolonha:

alemão relativo ao âmbito do conhecimento em uso no início do século XIII em terra alemã, Trier constata que o vocabulário está estruturado principalmente em torno de três palavras: *Wîsheit* (sabedoria), *Kunst* (arte) e *List* (astúcia), um mapa linguístico-expressivo através do qual é delineada uma determinada visão do mundo. As palavras em questão são funcionais à afirmação dessa visão do mundo, de tipo hierárquico, em cujo vértice está o próprio Deus, que tem como correlato material a organização unitária da sociedade feudal. Dessas três palavras, a um século de distância, se encontram duas, *Wîsheit* e *Kunst*, com o acréscimo de uma terceira, *Wizzen*. Não há só a substituição da palavra *List* por *Wizzen*; também o sentido das duas palavras mudou radicalmente. Nesse meio tempo mudou a visão do mundo da sociedade, que se refletia nas palavras em questão. A unidade e a catolicidade do conhecimento, características da civilização medieval, dominantes no início do século XIII, entraram em crise no século seguinte. Mudada a visão do mundo, também as palavras mudavam de significado.

A primeira série de palavras se refere a uma sociedade que vê o mundo distinto, não dividido, em duas partes: *Kunst* se refere ao conjunto dos conhecimentos próprios de um nobre e de um cavaleiro, ao passo que *List* se refere aos conhecimentos próprios do homem do povo. Esse mundo, embora distinto, encontra sua unidade no plano espiritual, atestada pela palavra *Wîsheit*, que compreende todo tipo de conhecimento. No século seguinte essa unidade já está despedaçada, e a palavra *Wîsheit* não reassume mais em si as duas esferas do conhecer, a esfera do *Kunst* e a do *Wizzen*, sendo que agora uma designa as esferas mais altas do conhecimento e a outra designa o saber em geral e a habilidade e as capacidades técnicas em particular; tornaram-se, pois, expressões de uma organização da sociedade mais conflitiva, não mais hierárquica como a medieval.

Fazendo referência a essas concepções, parece evidente como "toda mensagem possui dois níveis de significado: um formado sobre os códigos socialmente estabelecidos e o outro sobre os sistemas de interpretação implícitos, mais ou menos socializados e convencionados pelo uso".[178]

---

il Mulino, 1970³, pp. 388-402. Ver CUPPARI, G. *Jost Trier. Il Campo Semantico. Una Discussione*, SGB: Messina, 2009; HERZOG, C. *À Propos de la Théorie des Champs Sémantiques de Jost Trier*. Munique: GRIN Publishing, 2010.
178 PUCCE, R. *Materiali per una Semantica Sociale*, cit. p. 75.

Os dois níveis de significação não são fixos. Há uma passagem contínua do segundo nível de significação para o primeiro. O falante, muitas vezes, não está sequer em condições de distinguir entre os dois níveis, enquanto o uso desses sentidos implícitos acaba se institucionalizando e se torna parte integrante do código linguístico corrente. Como mostra Barthes, a todo objeto, a toda palavra "se acrescenta um uso social" determinado.[179] O complexo dos usos sociais da palavra, das soluções comunicativas codificadas, dos significados que sobrecarregam as palavras, constitui a ideologia e fazem do discurso seu domínio privilegiado. Pode-se afirmar que "um certo modo de usar a linguagem foi identificado com um certo modo de pensar a sociedade".[180]

O indivíduo se encontra sempre inserido em um sistema supraindividual de significado, que, se foi desenvolvido historicamente pela sociedade, também foi delimitado por ela, tendo a sociedade estabelecido uma espécie de controle sobre cada produção linguística. Essa delimitação se baseia em uma série de fatores, ligados entre eles, tendo cada um deles uma função sua. O discurso é delimitado já desde o início, pois o falante deve fazer uso de uma língua, ou seja, de um sistema comunicativo socialmente instituído e elaborado. Nesse primeiro nível, o indivíduo não pode fazer outra coisa a não ser usar a língua do grupo social de pertença, se quiser se inserir na trama das relações de comunicação instituídas. A língua é o primeiro nível da ideologia, enquanto, sob a sua neutralidade aparente, ela esconde a produção social que está por trás da sua elaboração histórica. Em um segundo nível, o discurso se encontra delimitado na sua estrutura interna e nas modalidades da sua apresentação, em nível sintático e gramatical.

A teorias da argumentação, que fixando os esquemas de construção do discurso, e assim aumentando sua eficácia e incidência, construíram um depósito de lugares comuns, de artifícios argumentativos, de técnicas da persuasão. São figuras com as quais todo falante deve ajustar as contas, quando constrói e elabora um discurso. Um nível ulterior de limitação do discurso é dado pelo contexto social, no qual o discurso acontece. Só que aquele discurso, que respeita os cânones da sociedade, pode ser dito, no sentido de que é julgado significativo. Sua recepção é garantida por essa

---

179   BARTHES, R. *Miti d'Oggi,* tradução italiana de L. Lonzi. Turim: Einaudi, 1974, p. 190.
180   ECO, U. *La Struttura Assente,* cit. p. 45.

correspondência, pela referência comum exatamente do falante e do ouvinte. Se faltar isso como referência, o discurso está sem significado: é apenas uma série de sons colocados juntos ao acaso.

A partir dessas premissas é possível delinear o quadro das relações entre ideologia e discurso. A função de todo discurso é, antes de tudo, realizar uma troca comunicativa entre os indivíduos de uma determinada comunidade linguística. A troca ocorre dentro de um universo discursivo comum aos interlocutores, que compreende uma visão específica do mundo e, portanto, um sistema de expectativas mentais e culturais, além de psicológicas, e dos modelos de comportamento e de interpretação. Além disso, a troca realiza sempre uma finalidade, que se reflete na própria estrutura do discurso. Nesse nível, geralmente, não há plena consciência por parte dos falantes, e o risco da incompreensão, do engano e da mistificação é muito mais elevado.

Para construir um discurso, o indivíduo é obrigado a servir-se da língua, ou seja, do instrumento específico que a sociedade elaborou como sistema de comunicação entre seus componentes. Por língua não se entende um mostruário de palavras, mas modelos de construção e de articulação das frases. A prática discursiva acumulou, enfim, um complexo de esquemas e de argumentações utilizáveis em qualquer nível de discurso, segundo objetivos e finalidades que se pretendem alcançar. Todo discurso é elaborado dentro de uma rede cultural complexa e está submetido a regras e restrições, as quais não apenas fixam suas modalidades de uso, mas intervêm também no nível dos conteúdos. Esse complexo de normas constitui um sistema de orientação que, refletindo-se sobre os discursos, os configura de certo modo e os torna aptos a conseguir os objetivos para os quais são elaborados. Há como que uma compenetração da língua com tantas áreas da experiência humana e a linguagem se torna instrumento de poder social:

> *Na conversação cotidiana cada um de nós exerce um poder que influencia e estrutura as experiências dos outros de um modo duplo: por um lado, todo falante é obrigado a assumir um ponto de vista mediante o uso que faz da linguagem [...] na escolha entre modos alternativos com os quais se podem exprimir as informações, com a criação de novas palavras, na escolha da forma gramatical, da sequência, dos elementos não verbais. Por outro lado, o sistema linguístico em si pode ser definido como*

"espelho e expressão das constelações de poder existentes", enquanto [...] representa perspectivas e interesses particulares e reflete as orientações de valores dominantes em uma dada sociedade.[181]

O discurso, sem que o falante se dê conta, se encontra delimitado e definido dentro de um universo ideológico, que ele mesmo não faz senão reafirmar e reproduzir. A esse universo não são estranhos os valores culturais, próprios de uma determinada sociedade, que poderiam ser caracterizados fazendo referência a termos como "poder", "solidariedade", "individualidade", "hostilidade", "sentimento étnico", "pertença", "qualidade de comando, de responsabilidade, de maturidade, de insondabilidade" e assim por diante, relativos à cultura em questão.[182] São valores que influenciam decisivamente a linguagem de uma comunidade linguística específica, chegando a determinar o comportamento linguístico de cada falante. A identificação mais precisa dos valores culturais será a questão mais basilar da sociolinguística nos próximos anos. Embora difíceis de definir, eles "são fundamentais para o comportamento verbal, bem como para outros comportamentos humanos".[183]

Processos em ato delineiam uma sociedade, que vive uma condição de alienação, que se reflete também em âmbito linguístico. Frequentemente, os significados das palavras são vagos e as palavras são vazias; falta a referência ao mundo da experiência pessoal e falta o sentido comunitário do viver. O indivíduo tem dificuldade de encontrar um ponto seguro de orientação na selva de palavras que ribombam em seu redor. Sobressai principalmente, exatamente na época da alienação linguística, o papel da filosofia. Só a filosofia como reflexão crítica sobre o discurso pode fazê-lo sair do círculo vicioso no qual se encontra, apertado entre a ilusão do falante de poder dispor livremente da língua que usa e a opacidade de uma língua que escapa em grande parte do domínio do falante. É tarefa de uma filosofia mais atenta a esses problemas ajudar o indivíduo a tomar consciência da articulação existente entre os diversos campos dessa realidade, referida ao

---

181   ROBINSON, W. P. *Linguaggio e Comportamento Sociale,* tradução italiana de C. Bazzanella. Bolonha: il Mulino, 1978, p. 21.
182   PRIDE, J. B. *Sociolinguistica,* cit. p. 376. Em um plano mais geral, ver também LUHMANN, N. *Struttura della Società e Semantica,* tradução italiana de M. Sinatra. Roma-Bari: Laterza, 1983.
183   *Ibid.*

discurso e à sua produção social, e ter acesso a uma linguagem nova e mais imediata, redescobrindo o sentido original do falar, além das sedimentações histórico-culturais e os condicionamentos ideológicos. Tratar-se-á de sondar os estratos da experiência que contribuíram para determinar as múltiplas formas da linguagem. Essa é uma investigação que deve ser feita, pois cada linguagem leva em si um significado que deve ser pesquisado e reatualizado. Só a descrição não basta, mas, ao descrever, a filosofia torna possível comunicar outros percursos mais consoantes a exprimir uma ideia de homem para este tempo.

A sociolinguística – o estudo da língua como parte integrante da cultura e da sociedade – constitui uma tentativa de análise na direção do reconhecimento da relação estreita entre língua e sociedade. Seria equivocado considerá-la como um amálgama de sociologia e de linguística. Se é verdade que muitas disciplinas entram na determinação do campo da sociolinguística, é verdade também que explicar a sociolinguística significa não tanto enumerar essas disciplinas, que a constituem, mas antes dar indicações sobre como elas se relacionam:

> *O verdadeiro ponto é que a sociolinguística reconhece um único tema de estudo, que, sob muitos aspectos, senão em todos, quer dizer uma fusão de formas de comportamento, cada uma das quais (se, de algum modo, fossem separáveis) seria enfrentada de modo diferente independente de disciplinas distintas.*[184]

O objeto é o comportamento verbal dos falantes, que subjaz a uma série de regras e de limitações, das quais muitas vezes o próprio falante não é consciente.

A linguagem é um "fato social", tanto de um ponto de vista genético como funcional e operativo. Sociedade e linguagem são dois âmbitos significativos da experiência humana, que se implicam mutuamente:

> *O estudo da língua [...] não nos introduz, como erroneamente se supôs, no conhecimento do pensamento e das suas práticas, mas em um conhecimento de outra ordem, que é o dos meios que o pensamento inventou*

---

184   PRIDE, J. B. *Sociolinguistica*, cit. p. 364.

no curso do tempo, com a finalidade de realizar uma interceptação, quase imediata, daquilo que se produz no seu interior.[185]

Em outros termos, o pensamento se manifesta através dos seus *efeitos*, que não são senão os fenômenos linguísticos, nos quais estão incluídas tanto a linguagem da existência cotidiana de cada um como as grandes obras literárias, que contêm o espírito do povo. O linguista sabe que os fenômenos linguísticos não são tudo, porque sua compreensão se refere a "outro lugar", onde esses fenômenos se originam e tomam vida.

2.4. O relativismo linguístico e a hipótese Sapir-Whorf

A língua, que todo falante herda da comunidade linguística de pertença, não pode ser concebida como uma realidade totalmente autônoma, como se fosse um organismo – vegetal ou animal – que nasce, vive e morre. Produto da realidade social, a língua conserva na sua articulação traços de tipo universal, como Joseph H. Greenberg reconheceu.[186] Ela pode ser entendida essencialmente "como uma atividade humana, como esforço da parte de um indivíduo de se fazer entender ou, pelo menos, de estabelecer uma relação com outro indivíduo".[187] Não se trata de um indivíduo singular, mas de um indivíduo coletivo, que na língua encontra a si mesmo e sua cultura, senão a própria forma do seu pensamento, como reivindicou com certa ênfase a linguística estrutural americana.

O estudo da língua, vista nos seus vínculos com a cultura dos povos, como sua manifestação e expressão, é um dos temas mais significativos da linguística estrutural norte-americana pré-chomskyana, para cuja definição contribuíram, em medida diversa, linguistas, etnólogos e antropólogos como Franz Boas, Edward Sapir, Margareth Mead, Ruth Benedict, Benjamin Lee Whorf e outros ainda. Entre eles, Sapir e Whorf tiveram um

---

185 GUILLAUME, G. *Principi di Linguistica Teorica*, cit. p. 59.
186 GREENBERG, J. H. *Universali del Linguaggio*, tradução italiana de A. Nocentini. Florença: La Nuova Italia, 1975.
187 JERSPERSEN, O. J. *Umanità, Nazione e Individuo dal Punto di Vista Linguistico*, tradução italiana de P. Bernardini. Milão: Feltrinelli, 1965, p. 9.

papel preeminente, tendo construído em torno desse tema sua concepção da linguagem – o relativismo linguístico, que se tornou um ponto obrigatório da pesquisa linguística do século XX e não somente da linguística norte-americana.

De modo diferente da linguística estrutural europeia, a linguística americana, mais atenta à coleta e à interpretação dos "fatos linguísticos", colocou-se em um terreno de investigação mais prático e menos teórico, considerada a grande diversidade do contexto cultural de referência de ambas as linguísticas. A presença em terra americana de um vasto repertório de línguas indígenas ameríndias, anteriores à colonização inglesa e espanhola e que sobreviveram a ela, mas sem uma tradição escrita, e sempre mais com o risco de extinção, impunha aos linguistas, já desde a primeira metade do século XIX, grandes problemas relativos à reconstrução da história daquelas línguas individualmente, faladas ainda por grupos indígenas minoritários, à sua descrição em função tipológica à identificação de quadros conceituais mais aptos a explicar essas diversidades linguísticas.[188] As questões levantadas pela descrição e pela classificação dessas línguas, bem como pela sua teorização, não foram poucas nem simples.

Da análise do vasto material etnográfico relativo a essas línguas, acumulado durante décadas do século XVIII, surgiu uma série de teorias linguísticas e métodos de investigação que confluíram, por mérito sobretudo de Sapir e de Whorf, na teoria do "relativismo linguístico". Essa teoria não era nova no panorama da linguística europeia, que reconhece e assume como central o laço entre expressão linguística e manifestações culturais dos povos. Revive aqui revisitada a tradição humboldtiana da língua como espírito dos povos, uma ideia já largamente presente em Hamann e em Herder.[189]

Partindo do estudo das estruturas linguísticas das línguas ameríndias, chegou-se a formular teses de linguística geral, com orientação relativista,

---

188 Sobre os caracteres peculiares da linguística americana, em relação também com a europeia, ver LEPSCHY, G. C. *La Linguistica Strutturale*, cit. Sobre esses aspectos ver também MALBERG, B. *La Linguistica Contemporanea*, cit. Todos os linguistas americanos, e entre eles Sapir, se interessaram pelas línguas ameríndias, as quais levantaram o problema da descrição e classificação tipológica.

189 Uma primeira formulação da questão já está presente no Emílio de Rousseau. "As línguas – escreve Rousseau – junto com os signos, modificam também as ideias que elas representam. As mentes se formam sobre as linguagens, os pensamentos tomam a cor dos idiomas" (*Emílio*, 1. II).

dando início desse modo ao estudo sistemático da relação entre formas linguísticas, instituições político-sociais e crenças mítico-religiosas. A linguística, seguindo essa direção de pesquisa, tende a se transformar em antropologia, entendida como estudo das expressões culturais e, portanto, também da linguagem, das sociedades primitivas. É por isso que, no decorrer dos anos, "a análise das línguas indígenas não tardou a se tornar um complemento indispensável e uma parte integrante do estudo da cultura, da estrutura social, da religião, dos mitos e das tradições indígenas",[190] na tentativa de encontrar nas raízes linguísticas das línguas ameríndias os traços de uma identidade cultural, que se queria recuperar antes que fosse tarde demais.

Na linguística americana pré-chomskyana, entre os linguistas e os antropólogos ocupa um lugar de primeiro plano Edward Sapir, chefe da corrente chamada de *mentalismo*,[191] à qual se opõe tradicionalmente o *behaviorismo* ou *comportamentalismo* ou *antimentalismo* de Leonard Bloomfield, que exerceu igualmente influência na linguística americana, se bem que em medida menor que Sapir.[192] Essa primeira fase da linguística americana foi,

---

190   MALBERG, B. *La Linguistica Strutturale*, tradução italiana de F. Brioschi. Bolonha: il Mulino, 1972, p. 22.
191   Edward Sapir, judeu alemão, emigrou para os Estados Unidos em 1889. Formado em germanística, teve inicialmente influência de Boas, tanto que determinou seu interesse específico pela linguística geral e pela antropologia. Sua fama está ligada ao estudo comparativo das línguas indígenas da América do Norte, que conheceu em grande número e das quais descreveu e classificou várias famílias. De 1925 a 1931 foi professor de antropologia e de linguística na Universidade de Chicago e, de 1931 a 1939, na Universidade de Yale. A morte precoce – morreu com 55 anos – impediu que levasse a termo seu trabalho teórico. *Language: An Introduction to the Study of Speech* (Nova Iorque: Hacourt, Brace & World, 1921) é sua obra mais importante. É preciso lembrar também a coletânea póstuma de ensaios, *Selected Writings of Edward Sapir in Languages, Culture and Personality* (Berkeley: University of California Press, 1949). Ver também MOUNIN, G. *Storia della Linguistica del XX Secolo*, tradução italiana de B. Bellotto. Milão: Feltrinelli, 1974, pp. 69-79.
192   Leonard Bloomfield, chefe da corrente do *behaviorismo*, é o autor de uma obra (*Il Linguaggio*, cit.) igualmente fundamental para os estudos de linguística e posterior em doze anos à de Sapir, que repete, mas só no nome, o título do livro de Sapir. Homem esquivo e reservado, Bloomfield foi professor de alemão na Universidade de Chicago de 1927 a 1940, ano em que sucede Sapir como professor de linguística na Universidade de Yale. Bloomfield, seguindo as teorias behavioristas de Watson e Weiss, bastante difundidas na América dos anos 1920, tem uma concepção mecanicista da linguagem. Na consideração da linguagem, ele rejeita toda abordagem de tipo mental ou psicológica, é a favor de uma abordagem puramente mecânica. Segundo essa abordagem, a pesquisa linguística deve referir-se aos fatos linguísticos imediatamente observáveis no espaço e no tempo, sem cair nos inconvenientes que se tornariam presentes em toda abordagem de tipo metafísico

pois, caracterizada por duas correntes hegemônicas, o *mentalismo* e o *antimentalismo*, sendo a primeira chefiada por Sapir, a segunda por Bloomfield. Se Sapir se fazia porta-voz de uma concepção humanística da língua como produto da mente e da cultura, Bloomfield fazia sua uma concepção determinística, bastante rígida, resultado de uma atitude positivista mais radical, tomada do *mechanism* ou *psycalism* da época.

O objetivo principal da obra *Language* de Sapir era:

> *oferecer uma certa visão geral da língua, mais do que recolher fatos concernentes à língua. O objetivo principal que tive em mente ao escrever o livro foi o de mostrar como concebo a língua, sua capacidade de variar no espaço e no tempo, suas relações com outras atividades fundamentais do homem – o problema do pensamento, a natureza dos processos históricos, o problema da raça, da cultura e da arte.*[193]

O aspecto abstrato da língua, não tanto os fatos físicos da linguagem, constitui o objeto da pesquisa de Sapir.[194] A linguagem, de modo diferente do caminhar, não é absolutamente uma simples herança de tipo biológico, é, sobretudo, um fato cultural, considerado:

> *que em certo sentido o indivíduo é predestinado a falar, mas esse fato é inteiramente devido às circunstâncias que a criança não vem ao mundo em um ambiente puramente natural, mas no seio de uma comunidade social que certamente (ou pelo menos com toda probabilidade razoável), o inserirá nas suas tradições.*

Em outros termos, a linguagem é uma "função não instintiva, adquirida, 'cultural' ",[195] ou, de maneira mais breve, um sistema de tipo simbólico. Assim:

> *Os meros sons da linguagem não constituem a parte essencial da língua. Essa parte deve ser buscada mais na classificação, na estruturação formal*

---

abstrato. Ver MOUNIN, G. *Storia della Linguistica del XX Secolo*, cit. pp. 91-103.
193   SAPIR, E. *Il Linguaggio*, cit. p. 33.
194   *Ibid.*, p. 21.
195   *Ibid.*, p. 34.

e no modo de ligar os conceitos entre eles. Mais uma vez, a língua, como estrutura, constitui, no seu aspecto interno, o molde do pensamento.[196]

Como forma do pensamento, a linguagem é tomada na sua forma simbólica. Sapir sublinha sua relação com a realidade e concebe a linguagem como uma atualização vocal da tendência a ver simbolicamente a realidade. A linguagem é, realmente, de natureza simbólica. "A palavra deve denotar, etiquetar a imagem, não deve possuir outro valor que o de uma ficha, que lembra a imagem toda vez que é necessário ou adequado fazê-lo".[197] "A língua é fundamentalmente um sistema de símbolos fonéticos para a expressão de pensamentos e de sentimentos comunicáveis. Em outras palavras, os símbolos da língua são produtos diferenciados do comportamento vocal ligado à laringe dos mamíferos superiores".[198]

Das pesquisas linguísticas de Sapir[199] desenvolveu-se a teoria que leva o nome de "hipótese Sapir-Whorf", uma teoria que foi radicalizada por Whorf, aluno de Sapir.[200] Segundo essa hipótese, cada língua é uma espécie de prisma através do qual se é forçado a ver aquilo que se vê e segundo certas modalidades. Ela impõe ao falante um modo de ver e interpretar esse mundo. A língua, tendo uma organização interna específica, diferente de qualquer outra, significa o real de maneira diferente, sustentando que são tantos os tipos significantes de organização, ou visões do mundo, quantas são as estruturas linguísticas. A imagem do mundo depende sempre do sistema linguístico, e isso é o produto de um ambiente cultural determinado

---

196 *Ibid.*, p. 21.
197 *Ibid.*, p. 11.
198 SAPIR, E. *Cultura, Linguaggio e Personalità*, cit. p. 3.
199 Ver SAPIR, E. *Il Linguaggio. Introduzione alla Linguistica*, cit.; Idem: *Cultura, Linguaggio e Personalità*, cit.; WHORF, B. L. *Linguaggio, Pensiero e Realtà*, tradução italiana de F. Ciafaloni. Turim: Boringhieri, 1970. Sobre essa "hipótese", ver CARROLL, J. B. *The Study of Language. A Survey of Linguistics and Related Disciplines in America.* Cambridge, MA: MIT Press, 1953, p. 43. Ver também o meu *Comunità, Comunicazione ed Emancipazione*, cit. p. 16.
200 Benjamin Lee Whorf estudou no Massachusetts Institute of Technology, especializando-se em engenharia química. Trabalhou como inspetor em uma sociedade de seguro, cuidando do ramo de prevenção contra incêndio, e foi exatamente esse tipo de trabalho, que exigia grande observação dos fatos, que o levou para o estudo e etnolinguística. Estudou linguística geral com Edward Sapir e na década de 1930 foi por um ano professor de antropologia na Universidade de Yale. Estudou os hieróglifos maias, a língua asteca e a dos índios hopi. Ver KONDRATOW, A. *Suoni e Segni*, tradução italiana de Spiros Aronis, Editori Riuniti: Roma, 1973, pp. 66- 80.

e das condições de vida, materiais e espirituais ligadas a ele. O relativismo linguístico se constitui, portanto, como a explicitação de uma hipótese de compreensão da sociedade e das suas manifestações mais significativas, entre as quais a linguagem.

A ideia do relativismo linguístico não é nova, pois fora já formulada por Humboldt e retomada por outros. Sapir teve o mérito de tê-la reconsiderado no quadro de uma concepção mais ampla, ao passo que Whorf a desenvolvera fazendo referência aos seus estudos sobre a língua dos hopi.[201] Franz Boas, do qual Sapir fora aluno, já se interessara pela existência de laços entre língua e cultura, embora o próprio Boas fosse da opinião que não era preciso ir muito além nessa direção.[202] A lição, porém, foi ignorada por Whorf e, em parte, pelo próprio Sapir.

Já no ensaio *A posição da linguística como ciência*, Sapir pusera as bases teóricas da hipótese, que unira seu nome ao de Whorf, mas sem chegar a posições extremas.

> *A língua é um guia para a "realidade social". Embora a língua não costume ser considerada com importância vital para os estudos das ciências sociais, ela, todavia, condiciona fortemente todo o nosso pensar sobre os problemas e sobre os processos sociais. Os seres humanos não vivem apenas no mundo objetivo, nem tampouco apenas no mundo da*

---

[201] O hopi é uma língua norte-americana pertencente, com outras línguas, como o comanche, o ute, o paiate etc., ao vasto grupo uto-asteca. Trata-se de uma das maiores famílias linguísticas da América, tanto pelo número de línguas como de falantes. A zona de referência se estende sobre uma vasta área que vai do Idaho, ao norte, até El Salvador, ao sul, e desde a costa da Califórnia, ao oeste, até Oklahoma, ao leste. Ver: CAMPBELL, L. *American Indian Languages. The Historical Linguistics of Native North America*. Nova Iorque--Oxford: Oxford University Press, 1997; MITHUN, M. *The Language of Native North America*. Cambridge: Cambridge University Press, 1999.

[202] Franz Boas, etnólogo e linguista, mudou-se para os Estados Unidos, onde realizou um vasto programa de pesquisas sobre todos os aspectos das culturas dos índios da América do Norte e descreveu várias línguas indígenas. Embora convencido da necessidade de considerar nas descrições a forma interna da língua e de ter presentes os laços entre língua e cultura, achava que era improvável falar de uma relação direta entre a cultura e a língua de uma tribo, a não ser na medida em que a forma da língua é sempre moldada sobre a situação da cultura. "Supor que tipo, língua e cultura tenham sido, na origem, estreitamente correlacionados poderia supor também que essas três características se tenham desenvolvido mais ou menos no mesmo período e que tenham depois evoluído igualmente por um considerável período de tempo" (BOAS, F. *Introduzione alle Lingue Indiane d'America*, edição italiana por G. R. Cardona. Turim: Boringhieri, 1979, p. 28).

> *atividade social comumente entendida, mas se encontram em grande medida à mercê daquela língua particular que se tornou o meio de expressão da sua sociedade. É um erro de avaliação imaginar que uma pessoa se adapta à realidade essencialmente sem o uso da língua e que a língua seja apenas um meio acidental de resolver problemas específicos de comunicação ou de pensamento.*[203]

Daí se segue que:

> *A essência da questão é que o "mundo real" é construído, em grande parte inconscientemente, sobre hábitos linguísticos do grupo. Não existem duas línguas que sejam suficientemente semelhantes que possam ser consideradas como representantes da mesma realidade social. Os mundos em que vivem diferentes sociedades são mundos distintos, não são simplesmente o mesmo mundo com rótulos diferentes.*[204]

Em outros termos, "vemos e ouvimos e fazemos outras experiências de um dado modo, em grande parte porque os hábitos linguísticos da nossa comunidade nos predispõem a certas escolhas de interpretação".[205]

Na formulação de Whorf, a posição mais equilibrada sustentada por Sapir é tão radicalizada que chega a estabelecer uma conexão direta, como de causa e efeito, entre sistema linguístico e sistema mental. Segundo esse ponto de vista:

> *Toda língua é um vasto sistema estrutural, diferente dos outros, em que são ordenadas culturalmente as formas e as categorias com o que a pessoa não só comunica, mas também analisa a natureza, observa ou omite tipos de relações ou de fenômenos, canaliza seu raciocínio e constrói o edifício da consciência.*[206]

A língua se torna assim o paradigma de todo tipo de operação mental, desde a mais simples até a mais complexa.

---

203 SAPIR, E. *Cultura, Linguaggio e Personalità*, cit. pp. 57-58.
204 *Ibid.*, p. 58.
205 *Ibid.*
206 WHORF, B. L. *Linguaggio, Pensiero e Realtà*, cit. p. 211.

Não é claro se Sapir e, sobretudo, Whorf pensaram que a "forma" do mundo fosse totalmente determinada pela nossa linguagem, tanto que, sem a linguagem, o mundo não pudesse ter nenhuma forma. Se fosse assim, tal interpretação, na sua forma mais radical, seria indefensável, do mesmo modo que uma concepção nominalista, que se detivesse em considerar as palavras como meros sons. Se a linguagem classifica e categoriza a experiência, as operações, mentais além de linguísticas, podem ocorrer apenas em presença de tal experiência, independentemente da própria linguagem. Desse ponto de vista se pode dizer que, de algum modo, deve existir um mundo que devemos compartilhar, prescindindo da linguagem que usamos. Por outro lado, na ausência de um mundo empírico não linguístico, identificável e facilmente reconhecível, seria bastante difícil o aprendizado de uma língua ou seu uso corrente.[207]

Sapir era consciente das dificuldades subtendidas a tal concepção, pois já em *A linguagem* citava muitos exemplos da ausência de laços entre raça, língua e costumes (ou cultura): "Estou convencido de que é inútil buscar na estrutura linguística diferenças correspondentes às variações de caráter que se pensa que estão correlacionadas com a raça. A esse respeito, é bom lembrar que o aspecto emotivo da nossa vida psíquica é expresso de modo bastante escasso na estrutura da língua".[208] Sapir continuava afirmando que:

> A língua e os nossos trilhos intelectuais estão ligados de modo inseparável e são, em certo sentido, a mesma coisa. Como não há nenhuma prova de que existam diferenças raciais significativas na estrutura fundamental do pensamento, segue-se que a infinita variabilidade da forma linguística, que é apenas outro termo para designar a infinita

---

207 Sobre os limites da hipótese Sapir-Whorf, que vê toda cultura prisioneira de si mesma, ver os trabalhos de MALATESTA, M. *Logic Space of Temporality in Natural Languages*, 13 Congres International de Cybernétique, Namur (Bélgica), 24-28 de agosto de 1992, pp. 136-141; Classical Logic as a Formal Transcultural System. The Case of Tonal Languages: Chinese, em: LASKER, G. E. (ed.) *Advances in Systems Research and Cybernetics*, III, The International Institute for Advanced Studies in Systems Research and Cybernetics, Windsor (Canadá), 1999, pp. 81-85; *Classical Logic as a Formal Transcultural System. The Case of Agglutinant Languages: Japanese*, ibid. IV, 2000, pp. 31-36. Com riqueza de exemplos e trabalhando sobre línguas tão diversas das europeias, Malatesta evidencia nas línguas uma série de elementos linguísticos transculturais.
208 SAPIR, E. *Il Linguaggio*, cit. p. 215.

> *variabilidade do processo efetivo do pensamento, não pode ser um indicador de diferenças raciais muito significativas.*[209]

Em sua forma mais completa e mais radical, todavia, a teoria da relatividade linguística teve sua formulação na época de Whorf, que utilizou seus estudos sobre a língua dos índios hopi, língua oposta às SAE (*Standard Average European*). A língua hopi, com respeito à língua europeia padrão, possui novas vozes verbais, novos aspectos, que representam, segundo Whorf, tantas maneiras de significar com as quais pensar as categorias de espaço e de tempo. Por isso, "não só a lexicalização fundamental [...], como também e a mais a estrutura gramatical podem indicar um modo diferente de sentir e de conceber".[210]

Na análise da língua hopi, Whorf identificou três níveis: o das categorias, o da tradução e o nível das unidades recortadas no enunciado. Relativamente ao primeiro nível da análise, a língua hopi se manifesta sem a categoria de tempo; para o segundo nível, porém, a tradução, como correspondência entre a hopi e outra língua, é sempre possível, mesmo se continua entregue ao bom senso, porque seria muito estranho se os hopi, mesmo ignorando a categoria do tempo, "não pudessem significar de algum modo a diferença entre o fato de que seu filho está para nascer ou que já nasceu".[211] O terceiro nível da língua hopi é mais problemático, considerando que Whorf, ao querer fazer, em nível temporal, uma distinção mais nítida entre língua hopi e línguas SAE, desloca o presente para o lado do futuro, deixando de lado o passado, afirmando que o mesmo sufixo – o do incoativo – pode denotar o início ou o fim da ação.[212]

---

209   *Ibid.*, pp. 215-216.
210   WHORF, B. L. *Linguaggio, Pensiero e Realtà*, cit. pp. 10-11.
211   AUROUX, S. *La Filosofia del Linguaggio*, tradução italiana de I. Tani. Roma: Editori Riuniti, 1998, p. 173.
212   Auroux afirma que nesse ponto a análise de Whorf é um tanto "confusa": "Antes de tudo, não há nenhum motivo para pensar que de uma frase a outra o sufixo tenha mudando de significado: a nossa proposta é a de que o sufixo conserva o mesmo significado, que em um contexto diferente (acréscimo do sufixo "passivo"), muda o significado total da frase. Enfim, seria contraditório sustentar, por um lado, que a língua hopi não possui a categoria do tempo e, por outro lado, que um dos seus elementos possa significar início ou fim. Tudo o que podemos dizer é que o mesmo elemento, em dois contextos diferentes, serve para significar o que na nossa língua traduzimos ora como início, ora como término de uma ação" (*ibid.*, p. 173).

A língua hopi prescinde dos conceitos de espaço e de tempo, próprios da cultura e das línguas SAE, porque não possui, segundo Whorf, palavras, ou formas gramaticais ou simplesmente expressões redutíveis aos conceitos de espaço e de tempo. Esses são substituídos por "grandes formas cósmicas", como o "não manifesto", que inclui o processo de manifestação de um evento, e o "manifesto", que indica o resultado desse processo. O "manifesto" está do lado do objetivo e compreende o mundo sensorial e, portanto, toda a realidade e junta, em uma unidade, o presente e o futuro; ao passo que o "não manifesto" está do lado do subjetivo e do "mental" e deve ser visto, sobretudo, como "tendência a manifestar-se" e cobre o espaço da expectativa, do desejo e das intenções. Os conceitos de espaço e de tempo são referidos, portanto, aos conceitos de extensão, operação, processo (mundo objetivo) e "mental" (mundo subjetivo).

Partindo dessa hipótese, Whorf formula uma série de princípios, sendo dois deles de particular importância para os fins da formulação da sua teoria: o do *relativismo linguístico* e o da *necessidade objetiva do sistema linguístico*. Pelo princípio do *relativismo linguístico*, "a pessoa percebe a realidade dessa ou daquela maneira, segundo categorias de pensamento impostas pela linguagem usada. Daí se segue que nenhum indivíduo está isento de descrever a natureza com absoluta imparcialidade, mas é coagido a certos modos de interpretação, mesmo quando pensa que é completamente livre".[213] O segundo princípio, consequência direta do primeiro, afirma que o modo de pensar e de perceber a realidade é sempre imposto pelo sistema linguístico, independentemente da consciência que o próprio falante possa ter dele.

> *Nós todos nos iludimos com o falar, a ilusão de que o falar é direto e espontâneo e simplesmente exprime o que estamos para exprimir. Essa aparência ilusória deriva do fato de que os fenômenos vinculantes no fluir aparentemente livre do discurso exercem um domínio tão completo que o falante e o ouvinte estão inconscientemente ligados a ele como se sob o domínio de uma lei da natureza.*[214]

Na realidade "aqueles que compartilham uma dada visão do mundo não

---

213 WHORF, B. L. *Linguaggio, Pensiero e Realtà*, p. 170.
214 *Ibid.*, p. 178.

são conscientes da natureza idiomática dos canais dos quais a palavra e o pensamento se servem: estão perfeitamente satisfeitos com eles e os consideram necessidades lógicas".[215]

A teoria de Whorf, ao referir todas as expressões culturais à sua dimensão linguística segundo uma relação de causalidade, se apresenta como uma forma de reducionismo, que não explica a complexidade da realidade social nas suas relações com a linguagem. Postular uma relação de "cumplicidade" entre realidade e realidade linguística é inevitável, mais difícil, porém, é uma relação de causa e efeito. Mesmo reconhecendo a importância da hipótese Sapir-Whorf, em função do conhecimento de outras línguas, não se pode não destacar como "os termos obsessivos com os quais Humboldt, Whorf e também Sapir exprimiram essas hipóteses, foram empecilho à pesquisa científica em pontos, talvez menos numerosos do que se pensava, mas existentes, nos quais a linguagem condiciona – por certo período – o modo de ver o mundo".[216] A consciência da falsidade da hipótese do relativismo linguístico, na sua forma mais radical enunciada por Whorf, sobretudo depois do estudo *Hopi Time* de Ekkehart Malotki,[217] demonstra como Whorf fornecera a melhor confirmação da sua hipótese. Ele mesmo analisara a língua hopi utilizando os hábitos linguísticos típicos de um europeu, sem conseguir ver o rico sistema temporal da língua deles.

A hipótese do relativismo linguístico teve recentemente outras verificações empíricas menos controversas e mais fidedignas. Confirmação são as pesquisas de Daniel Everett sobre a população amazônica dos *Piraha*[218]

---

215 *Ibid.*, p. 179.
216 MOUNIN, G. *Storia della Linguistica del XX Secolo*, cit. p. 78.
217 Ver MALOTKI, E. *Hopi Time: A Linguistic Analysis of the Temporal Concepts in the Hopi Language*. Nova Iorque-Berlim: Mouton de Gruyter, 1983. Segundo Malotki, não é verdade que as populações *hopi* sejam privadas de palavras e de verbos temporais, porque no seu léxico os termos usados para indicar o passado e o futuro são numerosos. A concepção hopi do tempo é mais orgânica, nasce do ambiente em que vivem, do movimento do sol, do ritmo das estações. As expressões temporais são diferentes não por causa da sua linguagem, mas por causa da sua experiência do mundo.
218 As pesquisas de Daniel Everett sobre os *Piraha*, população de cerca de 200 índios, que vive na Amazônia brasileira, confirmam a hipótese Sapir-Whorf. Os *Piraha* não conhecem a matemática porque não têm as palavras adequadas. Seus conhecimentos matemáticos se limitam às palavras "um", "dois" e "muitos". Em uma base tão restrita, eles desenvolvem sua vida material, trocas e as relações humanas. Ver GORDON, P. Numerical Cognition Without Words: Evidence from Amazonia, em: *Science*, 22 de julho de 2004, vol. 305, n. 5687, pp. 1131-1133.

e os experimentos realizados por Stephen Levinson[219] e por Mingyu Zheng e Susan Goldwin-Meadow.[220] Stephen Levinson, no seu experimento, colocou sujeitos em confronto com três figuras de animais, dispostas uma ao lado da outra. Os dois grupos de sujeitos observados – europeus de um lado e aborígenes australianos do outro – foram convidados primeiro a fazer uma rotação de 180 graus das figuras e, em seguida, a recolocá-las na posição inicial. Os resultados do experimento confirmaram que, enquanto os europeus realizavam a tarefa marcada dispondo as figuras relativamente à sua pessoa, da direita para a esquerda, os aborígenes australianos seguiam os pontos cardeais. Levinson demonstrou que são as estruturas linguísticas que determinam nos indivíduos a concepção da ordem espacial. Segundo as expectativas dos pesquisadores, as pessoas tinham disposto as figuras segundo a estrutura de ordem das respectivas línguas. Finalmente, Mingyu Zheng e Susan Goldwin-Meadow estudaram o efeito da língua materna sobre as estruturas cognitivas dos indivíduos. No experimento estavam envolvidas crianças que não escutavam e que escutavam, americanas e chinesas. Enquanto os que escutavam, tanto americanas como chinesas, tinham aprendido o inglês ou o chinês mandarim, os que não escutavam não dominavam nenhum sistema de signos. Do experimento resultou que os que não escutavam, de ambos os grupos, se serviam dos mesmos gestos para designar objetos em movimento, ao passo que os falantes de uma língua materna descreviam os acontecimentos com modalidades diferentes segundo a língua possuída por cada um.

É afirmado além de toda possível crítica que:

---

219 Ver LEVINSON, S. Language and Space, em: *Annual Review of Anthropology*, 25 (1996), pp. 353-382. Ver também Covariation Between Spatial Language and Cognition, and its implications for language learning, em: BOWERMAN, M.; LEVINSON, S. C. (eds.) *Language Acquisition and Conceptual Development*. Cambridge, MA: Cambridge University Press, 2001, pp. 566-588; *Space in Language and Cognition: Explorations in Cognitive Diversity*. Cambridge, MA: Cambridge University Press, 2003.
220 Ver ZHENG, M.; GOLDIN-MEADOW, S. J. Thought Before Language: How Deaf and Hearing Children Express Motion Events Across Cultures, em: *Cognition*, 85 (2002), pp. 145-175. Ver também os estudos publicados em: GENTHEN, D.; GOLDIN-MEADOW, S. J. (eds.) *Language in Mind. Advances in the Study of Language and Thought*. Cambridge, MA: The MIT Press, 2003. De Goldin-Meadow, ver *The Resilience of Language. What Gesture Creation in Deaf Children Can Tell Us About How Children Learn Language*. Nova Iorque: Psychology Press, 2003.

> *Como as linguagens individuais são também formas vividas, nas quais se exprime a "vida da humanidade", assim toda afirmação linguística não é uma simples comunicação de "signos" e, de conformidade com os signos, de "significados" estabelecidos, mas é expressão que se tornou forma de uma "visão do mundo", de atos de discurso e de compreensão de discurso da individualidade humana na conexão de vida das gerações, das nações e dos povos. A linguagem se torna fio condutor de uma filosofia orientada para a compreensão, porque o homem conduz no falar uma espécie de diálogo. Não se fecha monologando, mas se comunica aos outros e permanece naquilo que depende da compreensibilidade da expressão linguística.*[221]

Ninguém pode desconhecer a grande riqueza – formal e expressiva – das línguas primitivas. "O mais pobre bosquímano sul-africano – afirma Sapir – se exprime na forma de um rico sistema simbólico que na sua essência é perfeitamente equivalente à linguagem de um francês culto".[222]

2.5. As funções da linguagem

Na reflexão contemporânea sobre a linguagem, o acento é colocado sobre a importância decisiva da linguagem nos processos de formação da personalidade dos indivíduos. É através desses processos, mentais e linguísticos ao mesmo tempo, que o indivíduo chega ao reconhecimento da sua identidade e da alteridade do outro, e a sociedade humana à sua constituição. Nas relações que se constituem com os outros, o homem toma consciência de si e da sua identidade, e é só na efetiva disponibilidade da palavra, que se dá ao indivíduo, que essa consciência de si se realiza concretamente. Falar é dialogar, agir e estar com os outros, na consciência comum de serem participantes de um mesmo destino de humanidade e por isso "só *na comunicação (Kommunikation) com os outros*, ou seja, na originária participação (*Mitteilung*) social e na participação nas instituições

---

221 RIEDEL, M. *Comprendere o Spiegare*, ed. italiana por G. Di Costanzo. Nápoles: Guida, 1989, p. 201.
222 SAPIR, E. *Il Linguaggio*, cit. p. 21.

da socialidade, o homem é o que pode ser".[223] Pessoa e comunidade são definidas pela sua linguisticidade.

O homem é um ser fragmentado e dividido e está em busca de sua unidade. Como tal, é um feixe de sensações, percepções, imaginações, pensamentos e palavras, sonhos e desejos, que o termo "eu" unifica e caracteriza como ser singular que pertence a uma cultura. O fenômeno da linguagem pode ser considerado como "elemento constitutivo da própria essência do ser humano, como um *ato do sujeito*, como espaço verbal em que se desenvolve a inteligência".[224] A sociedade se constitui no reconhecimento de uma pertença comum de todos os seus componentes a uma dada língua e ela mesma vive na comunicação interpessoal, criada e mantida pela palavra. A própria capacidade de agir do homem pressupõe a linguagem.[225]

No uso que o homem faz da linguagem é determinada e explicitada uma série de funções, que não são outra coisa senão as diversas modalidades da própria linguagem no seu desdobramento. A linguagem permite que o indivíduo identifique suas operações mentais e socialize suas experiências. São processos que permitem que o indivíduo se relacione com as coisas do mundo e se abra aos outros, transcendendo-se. "O ser humano existe dentro da linguagem, cresce e vive nela. A linguagem é como o espaço vital no qual as pessoas se movem, é como seu corpo".[226]

Dispondo da linguagem, o homem pode realizar uma série de operações, como dar nome às coisas e às pessoas, separando-as e distinguindo-as e, ao dar um nome a elas, chamá-las à existência com um ato de palavra, seguindo o modelo daquele ato criador de Deus, com o qual se inicia o livro do Gênesis. Ao usar a linguagem, o homem aprende a distinguir e classificar os objetos da sua experiência. Mediante o instrumento da linguagem ele conhece, memoriza e transmite as experiências suas e as dos outros. Através da linguagem, o homem toma consciência das suas

---

223   RIEDEL, M. *Lineamenti di Etica Comunicativa. Elementi e Principi di una Teoria del Discorso Morale*, tradução italiana de M. Oschwald Di Felice. Pádua: Liviana, 1980, p. 12. Sobre esses temas ver o meu *Comunità, Comunicazione ed Emancipazione*, cit. p. 13.
224   PUCCI, R. *Linguaggio e Interpretazione*. Nápoles: Libreria Scientifica Italiana, 1966, p. 16.
225   Ver RIEDEL, M. *Lineamenti di Etica Comunicativa*, cit. p. 20. Nessa mesma linha, em outro contexto, Riedel afirma que "a linguagem, entendida na sua 'efetiva essência', é ação transitória que se realiza constantemente e se exaure no cumprimento da ação" (RIEDEL, M. *Comprendere o Spiegare*, cit. p. 196).
226   PUCCI, R. *Linguaggio e Interpretazione*, cit. p. 16.

capacidades de pensamento, faz uso delas, desenvolve-as e orienta sua ação, determinando-a e acompanhando-a com a linguagem. Utilizando-se da linguagem o homem se insere em uma série de relações sociais, que determinam as regras gerais do seu comportamento e as próprias condições de estar junto na sociedade. A linguagem, enfim, não representa apenas um modo de se exprimir e de se comunicar, mas é também uma forma do pensar e do ter consciência reflexa da realidade.

São muitos os possíveis usos da linguagem no homem e muitas podem ser as definições da linguagem que tiram seu significado desses usos. No plano das suas funções, a linguagem é um sistema de signos para conhecer, acumular, recuperar e transmitir informações. É linguagem todo sistema de signos linguísticos, apto a servir de meio de conhecimento e de comunicação. Por um lado, a linguagem se serve do corpo estático da língua para permitir que os indivíduos se coloquem em relação uns com os outros; por outro lado, é criatividade, dinamismo, busca de novos significados, exploração de novos mundos. O corpo estático da língua é representado pela língua codificada de uma determinada comunidade linguística, que assegura na continuidade dos hábitos linguísticos a comunicação entre os falantes, segundo um código prefixado, sedimentado na cultura material de um povo; o código, porém, pode ser inovado continuamente, através de atos linguísticos determinados, que representam uma verdadeira criação, porque reescrevem continuamente a própria existência humana.[227]

Busca e preenchimento de sentido são as duas dimensões mais gerais da linguagem. Na linguagem se pode distinguir uma intenção de uma comunicação *sic et simpliciter*; enquanto que no uso, que os homens fazem da linguagem, se explicitam suas diversas funções, sendo a primeira a função de comunicação interpessoal. A linguagem "comanda e informa, descreve e faz poesia, julga e exprime, cria obras-primas, enquanto busca esclarecer as coisas, serve a todas as outras necessidades, enquanto mantém os contratos".[228] A *Escola de Praga*, com Roman Jakobson em particular, nos

---

227 "Como palavra constituída, a linguagem se impõe a mim como uma factibilidade inexaurível, codificada, organizada, segundo estruturas rígidas, às quais, na verdade, sou obrigado a me submeter" (WAELHENS de, A. de Situation de Merleau-Ponty, em: *Les Temps Moderns*, 1961, pp. 184-383).
228 BRUNER, J. S. *Verso una Teoria dell'Istruzione*, tradução italiana de G. B. Flores D'Arcais e P. Massimi. Roma: Armando, 1967, p. 43.

anos 1920, pusera as bases para o estudo das funções da linguagem, na qual tinha função o significado de papel ou tarefa.[229]

As funções da linguagem, além das muitas taxonomias propostas, podem ser reduzidas substancialmente a três: a função de simbolização, a função de expressão e a função de comunicação. A função de simbolização desempenha um papel fundamental nos processos mentais e está estreitamente ligada à consciência do homem de refletir cognitiva e afetivamente suas experiências significativas mediante o recurso a certos sinais simbólicos. A função da expressão está em relação com o ato do falante, que, ao falar, reflete a si mesmo e seu mundo subjetivo. A função da comunicação define, no encontro com os outros, a dimensão comunicativa da experiência linguística. Toda outra classificação proposta remete a estas três funções linguísticas de base.[230]

De um estudo das funções da linguagem se determina um reconhecimento da natureza da linguagem e se explicita a necessidade de um processo de aprendizado centrado no desenvolvimento das funções da linguagem, como a única possibilidade oferecida ao indivíduo de ter acesso à plena posse da língua que usa e de dominar seus significados. Porque "o homem dotado de uma disciplina intelectual é aquele que domina as várias funções da linguagem, que possui a sensibilidade e a capacidade de variá-las e dizer aquilo que deseja dizer a si mesmo e aos outros".[231] A linguagem

---

229 *O Círculo linguístico de Praga* fora fundado em outubro de 1926, por iniciativa de V. Mathesius. Desde o início da sua constituição, das suas atividades participaram linguistas e filósofos de diversos países, além dos de Praga. Entre outros estrangeiros que participaram estavam os linguistas K. Bühler, É. Benveniste, A. Martinet. Particularmente significativa foi a participação de três linguistas russos: S. Karcevskiy, N. S. Trubeckoi e R. Jakobson. As teorias principais da escola estão documentadas nos oito volumes dos *Travaux du Cercle Lingustique de Prague*, editados entre 1929 e 1938. As *Teses de 1929* (*Tesi del '29*, edição italiana de E. Garroni e S. Pautasso. Nápoles: Guida, 1979) constituem uma espécie de manifesto da Escola de Praga, no qual estão enunciadas as principais linhas de pesquisa. Ver LEPSCHY, G. C. *La Linguistica Strutturale,* cit. pp. 54-75. Ver também MOUNIN, G. *Storia della Linguistica del XX Secolo,* cit. pp. 113-118; VACHEK, J. *The Linguistic School of Prague.* Bloomington: Indiana University Press, 1966.
230 Pode-se lembrar a subdivisão diferente das funções proposta por Ogden e Richards. As funções são reduzidas a duas: a simbólica e a emotiva. Eles afirmam que a confusão entre estas duas funções está na origem de muitas controvérsias científicas, "sendo empregadas as mesmas palavras ao mesmo tempo para fazer afirmações e para provocar atitudes. Não é possível evitar equívocos tão assentados sem compreender quais são as funções da linguagem" (OGDEN, C. K.; RICHARDS, I. A. *Il Significato del Significato,* L. Pavolini (org.). Milão: Il Saggiatore, 1966, p. 17).
231 BRUNER, J. S. *Verso una Teoria dell'Istruzione,* cit. p. 47.

não serve apenas para comunicar em geral, serve também para catalogar as experiências de modo que sejam socializáveis, serve para filtrá-las e ordená--las, serve para elaborar os pensamentos mais abstratos e toda aquisição do saber. Conhecer as funções da linguagem significa estar em condições de usar melhor a linguagem, servindo-se dela de uma variedade de modos determinados de vez em quando pelas circunstâncias, pelas expectativas dos indivíduos e pelas finalidades do agir dos falantes.

O estudo da linguagem, em relação às suas funções, feito por Roman Jakobson, na esteira do funcionalismo praguense,[232] a partir de fatores reconhecidos como constitutivos de todo processo comunicativo, permite um primeiro esclarecimento do problema. Jakobson constrói seu esquema sobre as funções da linguagem, utilizando para isso o modelo proposto, no âmbito da teoria da informação, por dois engenheiros norte-americanos, Claude Shannon e Warren Weaver, no final da década de 1940.[233] Esse modelo se estruturava em torno de uma série de elementos, como um *emissor* e um *receptor* (ouvinte), ligados entre eles através de um *canal* de transmissão para a passagem de uma *mensagem* particular, construída sobre um determinado *código*, com o fim de transmitir algo pessoal (*referente*) do emissor. Seguindo o modelo de Shannon e de Weaver, Jakobson fala de seis funções da linguagem, ligadas cada uma delas aos seis elementos da teoria da informação: um *emissor* (função expressiva ou emotiva) envia uma *mensagem* (função poética) a um *destinatário* (função conativa). A recepção da mensagem e sua compreensão seriam excessivamente difíceis sem a presença

---

[232] Roman Jakobson, depois de ter estudado na Universidade de Moscou e na Universidade de Praga, ensinou filologia russa na Universidade di Brno (1933-1939), foi professor na Universidade de Copenhagen, Oslo e Uppsala (1939-1941), desde 1941 ensinou línguas e literatura eslavas e linguística nas maiores universidades americanas, em Columbia, em Yale, em Harvard, no MIT. Para a teoria das funções linguísticas elaborada por Jakobson ver seu título: *Saggi di Linguistica Generale*, tradução italiana por L. Heilmann e L. Grassi. Milão: Feltrinelli, 1976, pp. 181-218; *Lo Sviluppo della Semiotica*, tradução italiana de A. La Porta, E. Picco e U. Volli. Milão: Bompiani, 1978, p. 86. Sobre Jakobson ver: Vários. *Roman Jakobson*. Roma: Editori Riuniti, 1990; e, também, COSERIU, E. *Linguistica del Testo*, cit. pp. 81-97. Segundo Mounin (*Storia della Linguistica del XX Secolo*, cit. pp. 114-127), as seis funções identificadas por Jakobson se baseariam na função de comunicação da linguagem, a única existente, enquanto as outras que Jakobson chama de funções, corresponderiam a outros tantos usos da linguagem.

[233] SHANNON, C. L. E.; WEAVER, W. *La Teoria Matematica della Comunicazione*, tradução italiana de P. Cappelli. Milão: Etas Kompass, 1971. O texto publicado na edição norte-americana em 1949 retoma três artigos publicados em 1946 no *Bell System Technical Journal*.

de certas condições que definem outras funções, de modo a tornar possível uma verdadeira relação comunicativa. O processo comunicativo postula uma referência a um *contexto* (função referencial), no qual a mensagem possa ser captada; a participação em um *código* (função metalinguística) comum ao emissor e ao destinatário; e, enfim, um *contato* (função fática), que permite alguma conexão de tipo psicológico entre o emissor e o destinatário.

O esquema de Jakobson, por sedutor que possa parecer, não consegue compreender todos os possíveis usos da linguagem. Mounin pensa que ele seja "insatisfatório", não encontrando nele traço, por exemplo, da "função lúdica" e tendo Jakobson separado a função poética da estética. A atenção de Jakobson se concentraria na função de comunicação da linguagem, a única função verdadeira, enquanto o que é chamado pelo linguista russo de função corresponderia, na realidade, aos *usos* particulares da linguagem, que podem estar mais ou menos presentes em todo ato de comunicação.[234] Não menos pesadas são as críticas de Coseriu, segundo o qual o esquema jakobsoniano não é outra coisa que uma extensão em negativo do modelo de Bühler. O problema não estaria relacionado apenas ao papel tão indistinto atribuído à "função poética", porque:

> *é a moldura teórica inteira, na qual Jakobson chegou a tal concepção, que não pode ser aceita. Termos como código, mensagem, contato, emissor, destinatário, traem sua proveniência da ciência da comunicação. Desde o princípio é sugerido que a comunicação é o fundamento da linguagem. Também no caso da chamada "função poética", também em textos poéticos, algo é comunicado, ocorre uma comunicação. Por outro lado, na definição mais precisa de "função poética" é depois admitido – pelo menos assim parece – que a transmissão de conteúdos tem na poesia um papel subordinado.*[235]

---

234 MOUNIN, G. *Storia della Linguistica del XX Secolo*, cit. p.122. "As funções de Jakobson, ao contrário da função de comunicação, definida rigorosamente, não explicam linguisticamente nem o funcionamento, nem a evolução da linguagem" (*ibid.*, p. 122). Mais pertinente parece a crítica feita por Auroux, segundo o qual o limite principal das funções de Jakobson estaria "em pressupor que a linguagem humana possui a estrutura de um código e que se trate sempre de codificar mensagens preestabelecidas de modo absolutamente apriorístico: uma concepção da linguagem não estranha à teoria tradicional da linguagem-tradução" (AUROUX, S. *La Filosofia del Linguaggio*, cit. p.35).
235 COSERIU, E. *Linguistica del Testo. Introduzione a una Ermeneutica del Testo*, D. Di Cesare

Apesar de todas as possíveis críticas ao modelo jakobsoniano das funções da linguagem, Coseriu, no entanto, reconhece mérito a Jakobson pela sua intuição em ter trazido uma correção significativa ao modelo bühleriano. Jakobson teria compreendido que em Bühler as funções não são "simplesmente funções do signo linguístico, mas funções *no seu uso*, portanto, funções do ato linguístico, não do signo".[236]

Na vertente de um uso mais social da linguagem se coloca, em vez disso, o esquema das funções da linguagem elaborado por Firth. As funções firthianas podem ser consideradas integrativas em relação às de Jakobson.[237] Em Firth se encontra a tentativa de corrigir a noção de "contexto situacional" de Malinowski, considerada inadequada, vendo-a mais como parte do aparelho da linguística da mesma maneira que as categorias gramaticais. O contexto é apenas "um vasto construído esquemático", que pode ser aplicado aos acontecimentos linguísticos na descrição do seu significado.

Partindo de uma releitura das teorias de Malinowski, e considerando a linguagem como um fenômeno social, Firth estende o estudo das funções da linguagem ao campo linguístico propriamente dito. Toda descrição linguística se torna uma descrição semântica, no pressuposto de que não se dá alguma oposição entre o estudo do significado e o da linguagem, entre fonologia e gramática, entre pensamento e linguagem. Fazendo referência aos valores sociais dos atos linguísticos, Firth afirma que no ato de linguagem atuariam forças como a *comunhão fática* (*phatic communion*), em função do conseguimento e da conservação da solidariedade do grupo; a *eficiência pragmática* (*pragmatic efficiency*), entendida como trabalho de acompanhamento das diversas ações (caçar, pescar, construir utensílios em colaboração etc.); o *plano e o acompanhamento da ação*, enquanto determinação de uma ação que se deve realizar (ações de paz, guerra); a *alocução*, como o recurso a conveniências, cumprimentos, adaptação das relações,

---

(org.) Roma: La Nuova Italia Scientifica, 1997, p. 89.
236 *Ibid.*, p. 93.
237 John Rupert Firth toma de Malinowski a noção do "contexto situacional" da linguagem, considerando-a, porém, insuficiente. Ver, de Firth, a coletânea de escritos *Papers in Linguistics* 1934-1951, Oxford University Press: Londres, 1957; Selected Papers of J. R. Firth 1952-1959, F. R. Palmer (ed.). Londres-Bloomington: Longman-Indiana University Press, 1968. Sobre Firth ver PALMER, F. R. *Introduzione alla Semantica*, tradução italiana de A. Pessina. Milão: Mondadori, 1982, pp. 67-70. Ver também ROBINS, R. H. *Storia della Linguistica*, tradução italiana de E. T. Saronne. Bolonha: il Mulino, 1972.

apreciações recíprocas; e, enfim, o *falar* como *um ato de compromisso*, no sentido de dar vida no falar a certas formas de cortesia, promessas, tomadas de responsabilidade.

Maior importância tem a classificação das funções da linguagem proposta por Halliday, na esteira de Malinowski e de Firth,[238] dos quais toma, respectivamente, as duas noções de "contexto cultural" e de "contexto situacional". A abordagem que Halliday faz das funções da linguagem comporta um conhecimento maior da linguagem e da própria estrutura social. Ao referir a natureza da linguagem a uma perspectiva mais social, se contribui para esclarecer também as características da estrutura social através da linguagem. Na consideração de Halliday, as funções estão intimamente ligadas a um "uso" social da linguagem e a um nível contextual. O funcionalismo hallidayano tem uma marca de tipo sociológico e liga seu autor à tradição etnográfica e, em particular, a Malinowski e a Firth, ainda que em um quadro mais amplo.[239] "A linguagem permite que os seres humanos construam uma imagem mental da realidade para entender o que acontece em redor e dentro deles". A proposição desempenha nesse âmbito um papel decisivo:

> porque representa um princípio geral para modelar a experiência [...]. A nossa percepção mais forte da experiência é que consiste em

---

[238] M. A. K. Halliday ensinou, desde 1976, linguística na Universidade de Sydney, depois de ter ensinado em muitas universidades dos Estados Unidos. Nas suas pesquisas ele se interessou amplamente pelo estudo das funções da linguagem, voltando mais vezes ao tema. Uma primeira formulação mais breve da sua concepção está contida no seu ensaio Struttura Linguistica e Funzione Linguistica, em: LYONS, J. (org.) *Nuovi Orizzonti della Linguistica*, cit. pp. 169-193. De Halliday, ver *Explorations in the Functions of Language*. Londres: Edwards Arnold, 1973 e, em tradução italiana, *Lo Sviluppo del Significato nel Bambino*, tradução italiana de M. Scati. Bolonha: Zanichelli, 1983; *Il Linguaggio come Semiotica Sociale. Un'Interpretazione Sociale del Linguaggio e del Significato*, tradução italiana de D. Calleri, ibid., 1983; *Sistema e Funzione nel Linguaggio*, tradução italiana de R. Sornicola. Bolonha: il Mulino, 1987; *Lingua Parlata e Lingua Scritta*, tradução italiana de A. Dionisi. Florença: La Nuova Italia, 1992. São importantes os estudos de Halliday sobre a língua inglesa e sobre a língua chinesa. Ver as duas coletâneas de ensaios: *Studies in English Language*, J. J. Webster (ed.). Londres: Continuum International Publishing Group Ltd., 2009; *Studies in Chinese Language*, ibid. Sobre Halliday ver THOMPSON, G.; COLLINS, H. Entrevista con M. A. K. Halliday, Cardiff, jul. 1998, em: *Revista de Documentação de Estudos em Linguística Teórica e Aplicada*, 17 (2001), 1, pp. 131-153.
[239] HALLIDAY, M. A. K.; WEBSTER, J. J. *The Essential Halliday*. Londres: Continuum International Publishing Group Ltd., 2009.

> *"acontecimentos" – acontecer, fazer sentir, significar, ser e tornar-se. Todos esses acontecimentos são ordenados pela proposição. Portanto, além de ser um modo de agir, de dar e de pedir bens, serviços e informações, a reflexão é também um método de pensar.*[240]

De modo diferente de Jakobson, mais atento à fonologia e, por isso, ao estudo da linguagem infantil nas suas manifestações ligadas ao som e nas suas "formas limite" como a afasia, Halliday estuda e examina o aspecto ligado ao desenvolvimento da linguagem na criança e as manifestações que atestam o percurso da criança do plano da linguagem para o significado. Halliday, mais interessado em considerar o plano semântico da linguagem e a significação do que o plano fonológico, estuda como a criança "aprende a significar", deixando para trás a ideia de Malinowski de que a origem da linguagem se desenvolveu, em sentido filogenético, a partir do homem primitivo.[241]

No estudo das funções, Halliday parte da observação direta da linguagem da criança pré-escolarizada. A multiplicidade quase infinita de usos possíveis da linguagem na criança o leva a afirmar que esses usos, ou funções, não podem ser universalizados; são universalizáveis aquelas outras funções do adulto, chamadas pelo linguista de "macrofunções".

> *Deveremos buscar identificar os modelos da linguagem da qual a criança normal está dotada no tempo em que se apresenta à escola com a idade de cinco anos, dando como certo que a concepção da linguagem "recebida" pelo próprio docente é em alguns aspectos menos rica e menos diversificada, o que será irrelevante para a tarefa educativa.*[242]

Da observação do comportamento linguístico de uma criança de cinco anos, Halliday identifica sete modelos (ou funções) da linguagem: *instrumental, reguladora, interacional, pessoal, heurística, imaginativa* e *representacional*. Trata-se de determinados "usos" da linguagem, correspondentes a

---

240 HALLIDAY, M. A. K. *An Introduction to Functional Grammar.* Londres: Arnold, 1994, p. 106.
241 HALLIDAY, M. A. K.; WEBSTER, J. J. *Language and Education.* Nova Iorque: Continuum Publishing Corporation, 2010.
242 HALLIDAY, M. A. K. Relevant Models of Language, em: *The State of Language* (Educational Review), 22 (1969), 1, p. 28.

outros tantos tipos de "ações" que a criança realiza mediante a comunicação verbal na fase de aquisição da linguagem.

> *Quando a criança adquiriu em alguma medida a habilidade de usar a linguagem em uma dessas funções, independentemente da amplitude dos recursos gramaticais e lexicais que ela pode chegar a explorar, dizemos que construiu uma rede de opções, um potencial de significado, para aquela função, e pode manipular algumas configurações estruturais, até elementares, de unidade em relação com a função em questão.*[243]

Segundo Halliday, a função *instrumental* denota o uso da linguagem por parte da criança com vistas a satisfazer suas necessidades materiais. A essa função está ligada a função *reguladora*, como capacidade de regular, mediante o uso da linguagem, seu comportamento e o dos outros e manipular as pessoas e os objetos que estão no ambiente circunstante. A função *interacional* está habilitada à criação de uma relação social entre o falante e o ouvinte, enquanto a função *pessoal* é diretamente redutível à área específica da individualidade do falante como à sua forma particular de expressão, da qual a criança faz uso para tomar consciência de si, da sua personalidade e dos desenvolvimentos que está realizando. A essas primeiras funções são acrescentadas outras: a *heurística* serve à criança para a solução dos problemas, para o exame da realidade, para o aprendizado. A *imaginativa* é usada pela criança para criar, para inventar, para a produção de um mundo não real, mas possível. A *representacional*, ou *ideacional*, enfim, para descrever a realidade, criar verdadeiras proposições e para comunicar-se com os outros em torno de algum assunto.[244]

A presença dessas funções já na linguagem da criança pré-escolarizada mostra como a capacidade linguística, em forma também complexa, está enraizada nos estratos iniciais da personalidade do indivíduo e é decisiva para as finalidades do desenvolvimento sucessivo do ser humano.

> *As funções instrumental, interacional e representativa envolvem a capacidade de socialização, ou antes, dão acesso a ela; a função reguladora está ainda mais estreitamente ligada a esse âmbito. As funções*

---
243 HALLIDAY, M. A. K. *Sistema e Funzione del Linguaggio*, cit. p. 71.
244 HALLIDAY, M. A. K. La Forma di una Grammatica Funzionale, em: idem, *Sistema e Funzione nel Linguaggio*, cit. pp. 59-82.

> *pessoal, imaginativa e heurística nos remetem ao potencial cognitivo (em sentido perceptivo, lógico, psicológico) do qual cada um de nós está dotado: empregá-las significa também dotar-se de instrumentos mais adequados para o conhecimento de si e das coisas. A função pessoal, ainda, está ligada à elaboração de uma imagem de si, tanto do ponto de vista individual como da sua pertença a uma cultura específica.*[245]

O passo seguinte de Halliday foi definir as funções da linguagem no adulto, pesquisando aquelas funções de tipo "maior", ou seja, as "macrofunções", que agrupam em um sistema universalmente identificável a infinidade das funções presentes na linguagem do adulto. Entre a linguagem da criança e a do adulto há uma continuidade substancial, só que:

> *No curso do amadurecimento [...] se desenvolve um processo que poderemos definir como 'redução funcional', na qual a diversidade funcional original da linguagem da criança – um conjunto de funções discretas, cada uma com seu potencial de significado e, portanto, com sua gramática – é substituída por um sistema funcional com uma organização muito mais elevada e muito mais abstrata, mas também mais simples.*[246]

São assim identificadas as "macrofunções", às quais o homem adulto recorre e que estão presentes em todo enunciado seu, que Halliday chama de macrofunção ideativa, interpretativa e textual.

De importância não menor é a contribuição de Jerome Bruner, a propósito das funções da linguagem e do desenvolvimento da linguagem na criança.[247] Com respeito às pesquisas de Piaget e de Vygostky, Bruner procura dar uma interpretação psicopedagógica global da função da linguagem para a cognitividade humana. O ponto de partida da sua concepção é a admissão da centralidade da inteligência, como pensamento estruturado, que interioriza os "utensílios" próprios de uma dada cultura,

---

245 SIMONE, R. L'Educazione Linguistica dalla Lingua al Linguaggio, em: *Scuola e Città*, 1976, 27, pp. 59-82.
246 HALLIDAY, M. A. K. *La Forma di una Grammatica Funzionale*, cit. p. 73.
247 Bruner desenvolveu suas concepções sobre os processos cognitivos e sobre o aprendizado da linguagem da criança em numerosas obras. Sobre Bruner ver: ANOLLI, L. Sviluppo del Linguaggio e Interazione Sociale nella Prospettiva di Bruner, em: LIVERTA-SEMPIO, O. (org.), *Vygotsky, Piaget, Bruner.Concezioni dello Sviluppo*, cit. pp. 273-294.

antropologicamente entendida, e, portanto, geográfica e historicamente determinada. Retomando e sintetizando as fases genéticas, identificadas por Piaget, Bruner afirma que o desenvolvimento cognitivo do indivíduo passa através de três modalidades de representação: a endoativa (que corresponde aos estágios senso-motor e pré-operativo de Piaget), a representação icônica (que corresponde ao estágio operatório de Piaget) e a simbólico-conceitual. A primeira põe em ação os poderes através dos quais se representa o mundo "agindo-o"; a segunda se serve principalmente da mediação da imagem (icônica); a terceira é aquela que corresponde ao pensamento formal do qual Piaget também fala (abstração, generalização, formalização e simbolização). Nesse nível de representação os dados e as experiências vividas podem ser transformados na linguagem ou em outras formas simbólicas. Mas as três modalidades não estão totalmente separadas na atividade dos indivíduos; de vez em quando há a predominância de uma sobre a outra. Na fase inicial, caracterizada pela manipulação e pela ação, já existe alguma forma de conceitualização e de representação, como na fase da organização da percepção e da imaginação, se registra também a presença da manipulação e da ação; e, enfim, na terceira há a copresença das formas precedentes.

O homem se exprime, comunica e aprende através da atividade, da imagem e do símbolo.

> No início, o mundo da criança é conhecido principalmente por meio das ações habituais, que ela usa para encará-lo. Em seguida, acrescenta-se uma técnica de representação através da imagem que é relativamente livre da ação. Gradualmente se acrescenta um novo e poderoso método de traduzir ações e imagens na linguagem, que fornece um terceiro sistema de representação.[248]

A linguagem é um instrumento, um utensílio, um "símbolo". Ela é uma das funções de que o sujeito se serve. Como instrumento, a linguagem é polivalente: a linguagem verbal com uma única palavra (conceito) consegue categorizar toda uma série de detalhes. Como símbolo, a linguagem é, para

---

248 BRUNER, J. S. et al. *Studi Sullo Sviluppo Cognitivo*, tradução italiana de E. Riverso. Roma: Armando, 1968, p. 17.

Bruner, o mais perfeito sistema de aprendizagem e de comunicação. Como utensílio, enfim, a linguagem representa o objeto melhor que a humanidade conseguiu criar no curso da sua evolução. Entre palavra e coisa não há separação, só na educação há o risco de serem apresentadas separadamente. Na realidade:

> *a escola separa a palavra e a coisa e destrói o realismo verbal apresentando pela primeira vez uma situação na qual as palavras estão contínua e sistematicamente lá, sem suas referências. [...] Quando os nomes e os símbolos, em geral, não pertencem mais às suas referências, devem ir para algum outro lugar, e seu local lógico é a psique de quem usa a linguagem. Assim, a separação entre as palavras e as coisas exige a noção de que as palavras estão na cabeça das pessoas, não nas suas referências.*[249]

A atenção à linguagem e aos modelos psicolinguísticos é fundamental. É através da linguagem que se realiza a passagem para a última e mais elaborada fase de madureza cognitiva: a da representação simbólico-conceitual (Bruner) ou do pensamento formal (Piaget). A linguagem serve de mediação categorizadora e intervém, através de modelos psicolinguísticos exatamente na fase perceptiva. A comunicação exige o recurso desse ou daquele termo linguístico e cada termo, por sua vez, deve poder ser interpretado, depois de ter sido disposto nas categorias fornecidas pela linguagem.

---

249 BRUNER, J. S. *Il Significato dell'Educazione*, cit. p. 82.

3
Gênese e desenvolvimento da linguagem

1. No desenvolvimento ontogenético do pensamento e da linguagem encontramos, igualmente, raízes diferentes para um e para o outro processo. 2. No desenvolvimento da linguagem da criança podemos constatar sem dúvida um "estágio pré-intelectivo", bem como, no desenvolvimento do pensamento, um "estágio pré-verbal". 3. Até certo momento os dois desenvolvimentos seguem linhas diferentes, independentes uma da outra. 4. Em certo ponto, as duas se intersectam, depois de o pensamento se tornar verbal, a linguagem se torna intelectiva.

(VYGOTSKY, L. S. *Pensamento e linguagem*)

A grande distância temporal que separa a linguagem, assim como a conhecemos hoje, da linguagem das origens não é sem significado na determinação da própria linguagem e na tomada de consciência por parte do homem. Contrariamente ao que sustentam alguns estudiosos, que veem uma homologia de estrutura entre a linguagem infantil e a linguagem original do homem, fica bastante evidente como o desenvolvimento da primeira é outra coisa em relação à linguagem original do homem. Assim, "devemos admitir, muito francamente, ter um conhecimento escasso e apenas exterior da essência da linguagem".[250] A ignorância sobre o que constitui a origem da linguagem leva a delimitar bastante a pesquisa linguística limitando-se a parafrasear e destacar os fenômenos fundamentais da linguagem.[251] Por isso, "podemos apenas examinar o que a linguagem é agora e como ela aparece ao olhar que a observa nos poucos séculos em que é dado indagá-la em documentos". Pode-se estar certo de uma coisa, ou seja, de que "a linguagem é uma obra do homem, de tal modo que não pode subsistir separada dele, mas só pode ter existência e vida no ato da sua produção. A linguagem existe no falar".[252]

A evolução da espécie, no seu longo período de desenvolvimento, implicou uma série de transformações no homem, que incidiram profundamente no plano do desenvolvimento mental e no plano da expressão linguística. Já no decorrer do processo da evolução biológica do ser humano, que marcou a passagem da animalidade para a humanidade, pode-se observar como progressivamente, em seguida e por causa de certas mudanças que ocorreram no aparelho fonador proto-humano, começaram a surgir fenômenos de natureza anatômica, fônica e simbólica. Ocorreu o aparecimento de uma variedade de sons no homem, primeira e elementar forma de comunicação, e a sucessiva afirmação da linguagem articulada, o aperfeiçoamento de algumas funções linguísticas, melhor que outras, e, sobretudo, a diferenciação entre os vivos e os outros. O homem chegou, enfim, ao vértice do mundo dos vivos porque estava dotado da linguagem, instrumento que permitiu que ele desenvolvesse a atividade simbólica. Só o homem, entre todos os seres vivos mais próximos biologicamente dele, alcançou o plano da linguagem, no qual linguagem é também pensamento. A bipolaridade de significado, presente já no próprio étimo de *logos*, leva a colocar em um

---

250 HEIDEGGER, M. *L'Essenza della Verità*, edição italiana de F. Volpi (org.). Milão: Adelphi, 1992, p. 79.
251 K. Jaspers escreve: "Nós não sabemos como a linguagem surgiu nem tampouco como pode ter surgido. No momento em que começa a consciência que historicamente adquirimos da história linguística, uma língua acabada já está presente. As hipóteses sobre a origem da linguagem ou são banais, ou tentam demonstrar aquilo que é um arcano" (*Il Linguaggio*, cit. p. 88).
252 *Ibid.*, p. 106. Exatamente por isso Agostinho, no De Musica (6, 9, 24), podia afirmar que não era o caso de se preocupar com as palavras, porque são "algo que depende de nós, (visto que) são impostas pelo arbítrio e não pela natureza".

mesmo eixo pensamento e linguagem, mente e palavra, atividade linguística e atividade mental, que confluem em uma unidade na realidade do homem. O "eu penso" apresenta a consciência de tal unidade.

3.1. A linguagem e o início da cultura

Uma pesquisa sobre a linguagem apresenta hoje limites evidentes, porque nunca pode ser considerada concluída total e definitivamente. O campo de investigação permanece demasiado vasto, porque compreendendo o homem e todas as suas manifestações, está destinado a alargar-se para explicar o esforço do homem por alcançar um nível mais alto de humanidade. Essa pesquisa permanece uma questão aberta, destinada a receber novos estímulos e solicitações e adquirir ulteriores contribuições. Fenômenos nunca antes considerados no seu valor linguístico são agora reconsiderados enquanto portadores de significado e redutíveis a um âmbito mais semiótico. As conclusões de tantos pesquisadores nunca são definitivas enquanto surgirem outras perguntas e outras questões, em relação à diversidade dos múltiplos contextos históricos, geográficos e culturais, nos quais se coloca hoje a pesquisa contemporânea sobre a linguagem.

Trata-se de uma pesquisa que vem de longe. Suas raízes mergulham naquele primeiro e longínquo momento em que o homem, no curso da evolução, por uma modificação qualquer acontecida no aparelho de fonação, do qual era dotado o homem primitivo, conseguiu, depois de um longo e complexo aprendizado, emitir sons articulados e falar, chegando, em seguida, a tomar consciência de si como ser falante com relação a todos os outros seres vivos desprovidos da palavra.[253] Essa consciência do homem de possuir de modo exclusivo a linguagem fez com que ele separasse seu destino do destino de todos os outros seres vivos, privados da linguagem. O início da cultura, como sistema complexo de relações entre

---

253 Sobre o problema da evolução genética e da evolução linguística da espécie humana, ver também as notáveis e sugestivas contribuições de CAVALLI-SFORZA, L. L. Genes, Peoples and Languages, em *Scientific American*, 1991, 265, pp. 104-110. Do mesmo autor, junto com outros, ver o mais recente *Geni, Popoli e Lingue*, tradução italiana de G. Matullo e outros. Milão: Adelphi, 1996.

o homem e o meio ambiente natural e entre os homens entre si, determinado e governado pelo próprio homem, está exatamente na descoberta e no uso da linguagem nas diversas situações vitais. Foi exatamente a posse da linguagem que permitiu que o homem tomasse distância dos outros dois chimpanzés que o tinham precedido na escala biológica,[254] tornando-se ele, como *animal symbolicum*, um criador de formas simbólicas (mito, religião, linguagem, arte, história, ciência), um ser continuamente em colóquio consigo mesmo, segundo a conhecida afirmação de Ernst Cassirer.[255]

No decorrer do tempo e na variação das culturas, essa pesquisa sobre a linguagem sempre foi apresentada sob a forma de uma pergunta do homem e de uma série de respostas sobre o que define a linguagem enquanto tal e suas múltiplas expressões e, ainda, sobre as leis e as modalidades que regulam sua existência e o funcionamento no indivíduo e na sociedade humana. A importância de uma pesquisa sobre a linguagem é evidente. Mediante a pesquisa, ganha corpo uma pergunta de sentido que o homem, antes de dirigir os "objetos" da sua experiência, dirige a si mesmo, porque ele, em relação aos outros seres vivos e de modo diferente deles, só pode se autocompreender como o único ser que tem o dom e o poder da linguagem. A presença da linguagem no homem e a consciência, da parte do homem, de poder dispor dessa prerrogativa humana, são, de fato, a própria condição da humanidade.

A presença da palavra no homem representa o início das relações entre os homens, a abertura para o mundo e, ainda, a criação de mitos, gerações de acontecimentos, chamada à existência, fundação e reconhecimento de toda identidade e de toda alteridade, sistema de regras e normas, constituição da comunidade humana. A pronúncia da palavra se coloca no próprio início do processo de construção da identidade de cada indivíduo, bem como, também, da alteridade e está na origem de toda cultura, entendida como sistema de significados, de valores e de normas, que habitam na língua, da qual se origina, afinal de contas, a comunidade dos indivíduos como comunidade de falantes. Os indivíduos e os povos nascem e vivem na palavra da língua materna. A própria noção grega de hospitalidade (*xenia*),

---

254 DIAMOND, J. Il *Terzo Scimpanzé. Ascesa e Caduta del Primate Homo Sapiens*, tradução italiana de L. Sosio. Turim: Bollati-Boringhieri, 1994, pp. 74-75.
255 CASSIRER, E. *Saggio sull'Uomo. Introduzione ad una Filosofia della Cultura*, tradução italiana de C. D'Altavilla. Roma: Armando Editore, 1968, p. 80.

relida por Jacques Derrida como reconhecimento de um destino comum que liga homens tão diferentes, mora na palavra, porque, em sentido mais geral, a língua, sobretudo a materna, é a verdadeira "pátria" do homem, que o acompanha sempre e por toda parte. Dessa morada original nenhum indivíduo pode jamais se afastar, sob pena de perder sua identidade pessoal e suas raízes.[256] Ou então, a memória da língua de cada homem, como observa Derrida, se transforma em nostalgia para todos aqueles que foram obrigados a abandonar a pátria, porque todos "continuam, muitas vezes, a querer reconhecer a língua, a dita materna, como sua última pátria, ou seja, a última morada".[257]

A longa história do debate filosófico sobre a linguagem constitui um capítulo bastante importante da história do homem no mundo e do nascimento da cultura. O homem e a cultura nascem, de fato, na e com a linguagem. Foi, realmente, a linguagem que acompanhou o homem na trabalhosa tomada de consciência de si diante do mundo dos "objetos" da sua experiência, distanciando-se deles e no seu colocar-se diante do outro na relação comunicativa. A simbolização do universo dos objetos do mundo, realizada pelo homem, fazendo uso da linguagem, tornou possível esse processo através do qual o homem estendeu seu poder sobre o mundo, objeto da sua experiência. Depois de tudo, é exatamente a linguagem, como ser que compreende tudo (*Umgreifendes*), no sentido de que falou Jaspers,[258] o lugar originário da consciência nascente do homem, na qual o homem faz experiência do outro e do mundo, antes ainda que de si mesmo. Fora da posse da linguagem haveria apenas o caos primordial no qual se encontrava o mundo do homem das origens, impossibilitado-o de sair dele. O aparecimento da linguagem no homem representou o fim do caos e o início da cultura.

Fazer de novo a pergunta tradicional sobre a linguagem se torna hoje ainda mais atual, e também mais necessária, em seguida também, ao emergir

---

256 DERRIDA, J. *Sull'Ospitalità*, tradução italiana de I. Landolfi. Milão: Baldini & Castoldi, 2000, p. 53. Aqui Derrida se refere ao pedido de reconhecimento do nome do estrangeiro: "Ao me dizer como te chamas, respondendo à minha pergunta, ficas responsável perante a lei e perante os teus hóspedes, és um objeto de direito" (*ibid.*, p. 54). Aliás, a língua materna seria como uma segunda pele, "mas também uma casa inamovível, visto que se desloca conosco" (*ibid.*, p. 92).
257 *Ibid.*, p. 91.
258 CESARE, DI D. *Il Linguaggio nella Filosofia di Jaspers. Introduzione* a Jaspers, *Il linguaggio*, cit. p. 40.

de algumas consciências de compreensão e de controle relativas ao fenômeno da linguagem. Por um lado, como consequência da queda de sentido e de significado, que hoje se percebe, tornaram-se maiores as exigências e as expectativas de compreensão dos indivíduos em relação ao fenômeno linguístico. Por outro lado, aparece mais claro como o uso mais desenvolto da palavra tende a assumir uma função de domínio contra o homem, que se tornou vítima do poder linguístico da ideologia dominante. A palavra se torna então uma "armadilha", como sustentaram alguns semanticistas na esteira do ensinamento de Korzybsky.[259] A busca e a manutenção do consenso das massas, mediante a sugestão da palavra, realizadas nos regimes totalitários do século XX e, mais em geral, na sociedade de massa das últimas décadas, são a prova mais evidente disso.

Em uma outra vertente da questão, permanece verdadeiro que, em consequência dos desenvolvimentos das pesquisas das ciências neurobiológicas e linguísticas, chegou-se a um conhecimento acerca da unicidade da capacidade linguística própria do ser do homem. No entanto, ainda não estamos bastante seguros sobre o modo como essa capacidade pode concretamente desenvolver-se no longo processo evolutivo da espécie humana. O problema não diz respeito tanto ao plano da simples execução linguística por parte do indivíduo quanto da sua competência linguística. Se a aprendizagem da linguagem no indivíduo acontece através de uma série de passos, mais ou menos facilmente reconstrutíveis, como se pode ver observando, por exemplo, o desenvolvimento da linguagem na criança. Torna-se muito mais difícil determinar como no homem pôde desenvolver-se aquela competência linguística particular. É uma competência que permite que o homem fale, ainda que após certo período de aprendizado, e depois de ter alcançado uma madureza de tipo biológico, relativamente ao desenvolvimento dos órgãos da fonação. As certezas científicas obtidas a esse respeito não são suficientes para manter fechada a questão. O desenvolvimento da ciência biológica contemporânea não esclareceu ainda a fundo a unicidade

---

259 Segundo esse ponto de vista, era o mau uso da linguagem que determinava uma série de fenômenos como a intolerância, o fanatismo, a incompreensão e a incomunicabilidade, as controvérsias político-sociais e as disputas filosóficas. Daí a necessidade de uma terapia linguística para devolver a linguagem a um uso normal. Chase, um aluno de Korzybsky, podia afirmar que "as palavras são cheias de armadilhas" (CHASE, S. *Il Potere delle Parole*, tradução italiana de G. Civiletti. Milão: Bompiani, 1966, p. 313).

do fenômeno da linguagem. Permanece ainda envolto no mistério o momento do seu aparecimento no mundo humano, bem como as circunstâncias que tornaram possível sua manifestação e o posterior desenvolvimento exclusivamente no ser humano. Entre os próprios estudiosos não há sequer segurança sobre uma localização exata em uma zona particular do cérebro e sobre seu funcionamento em particular.[260]

Resta apenas considerar o desenvolvimento da linguagem no homem, problema que tanto interesse suscitou no século XX por obra, sobretudo, de Piaget, Vygotsky e Bruner.

3.2. O desenvolvimento da linguagem infantil: a contribuição de Piaget e de Vygostky

A linguagem da criança é diferente da linguagem do adulto, assim como o pensamento da criança é diferente do pensamento do adulto. São diferentes as formas e as manifestações; são diferentes os objetivos, as intenções e o próprio significado. As funções, as atuações e os comportamentos assumidos por cada indivíduo na sociedade desenham os limites dos diferentes campos linguísticos dos respectivos falantes, de modo que cada indivíduo vive dentro de um campo linguístico determinado; os próprios campos, assim desenhados, são pertinentes à madureza biológica e, sobretudo, ao desenvolvimento psíquico alcançado por cada falante, seja ele uma criança, seja um adulto. O desenvolvimento psíquico é determinado também pelas influências do ambiente sobre o indivíduo e pelas oportunidades sociais oferecidas a cada um. A diferença, que separa a linguagem da criança da do adulto não é apenas de ordem quantitativa, mas, sobretudo, qualitativa, porque é diferente a lógica subjacente e diferentes são os usos e os objetivos dos falantes. Não foi fácil reconhecer e aceitar essa diversidade, a não ser quando, sob o impulso da renovação pedagógica e superando velhas concepções, se chegou a considerar a criança por si e não como adulto

---

260 Vários. *Neuroscienze e Scienze Cognitive.* Nápoles: Cuen, 1994. Para a questão relativa à localização da linguagem, ver o meu *La Comunicazione Difficile*, cit. p. 54. Sobre a evolução do cérebro ver: ECCLES, J. C. *Evoluzione del Cervello e Creazione dell'io*, tradução italiana de L. Lopiano. Roma: Armando, 1995²; MONTALCINI, R. L. *La Galassia Mente*, cit.

deficiente ou como em miniatura. Pensamento e linguagem da criança podiam e deviam exigir uma compreensão diferente, não mais referida ao pensamento e à linguagem do adulto.

Sobre esse ponto da questão, foi decisiva a contribuição de Jean Piaget e de Lev Semenovich Vygotsky,[261] psicólogos que colocaram no centro dos seus interesses o problema da relação entre pensamento e linguagem, vista do lado da criança, ainda que diferentes e, sob certos aspectos, suas soluções tenham sido opostas. São contribuições que abriram não apenas para o estudo da linguagem, mas também para uma nova compreensão, que favorece um debate, que teve início nos anos 1920-1930, envolvendo linguistas, filósofos, antropólogos, psicólogos e educadores atentos às problemáticas linguísticas.

O problema da linguagem da criança foi enfrentado por Jean Piaget em 1923 em uma de suas primeiras obras, *Le Langage et la Pensée Chez l'Enfant*.[262]

---

261 Sobre os problemas mais gerais colocados por Piaget e por Vygostky, em referência, sobretudo, à gênese do pensamento e da linguagem, ver TRYFON, A.; VONÈCHE, J. *Piaget-Vygotsky. La Genesi Sociale del Pensiero*, tradução italiana de M. P. Viggiano. Florença: Giunti, 1998. Entre os ensaios publicados na coletânea, ver, sobretudo, o de VILA, I. *Intenzionalità, Comunicazione e Linguaggio*, pp. 202-214. Sobre o pensamento de Vygotsky, em referência às concepções mais gerais do desenvolvimento da mente e do problema da comunicação, ver, sobretudo, os estudos publicados por WERTSCH, J. V. (ed.) *Culture, Communication and Cognition: Vygotskian Perspectives*. Nova Iorque: Cambridge University Press, 1985.

262 PIAGET, J. *Il Linguaggio e il Pensiero del Fanciullo*, tradução italiana de C. Musatti Rapuzzi. Florença: Giunti-Barbera, 1962. No *Prefácio*, Claparède definia este livro como "obra notável, cuja importância merece ser sublinhada: é uma obra nova tanto pelos resultados a que chega, como pelo método com que eles são obtidos" (*ibid.*, p. 8). No decorrer dos anos, o pensamento de Piaget foi sempre mais se modificando, até sob o impulso das críticas recebidas. Às críticas feitas a ele por Vygotsky em *Pensamento e linguagem*, Piaget responde com os *Comments on Vygotsky's Critical Remarks Concerning the Language and Thought of the Child and Judgment and Reasoning in the Child*. Cambridge, MA: MIT, 1962 (tradução italiana no apêndice a *Pensiero e Linguaggio* (1962), cit. pp. 233-253). Sobre Piaget ver: FLAVELL, J. H. *La Mente dalla Nascita all'Adolescenza nel Pensiero di Jean Piaget*, tradução italiana. Roma: Astrolabio, 1971; BOYLE, D. G. *Guida a Piaget. Per le Scuole*, tradução italiana de S. Legnante Andreani. Florença: La Nuova Italia, 1977; SCHWEBEL, M.; RAPH, J. *Piaget in Classe*, tradução italiana de A. Sciaky. Turim: Loescher, 1977; COHEN, D. *Piaget al Rogo?* tradução italiana de E. Coccia. Roma: Armando, 1987; FURTH, H. G.; WACHS, H. *Il Pensiero va Scuola. Un'Applicazione della Teoria di Piaget*, tradução italiana de F. Tessari. Florença: Giunti, 1980²; SIME, M. *Leggiamo i Pensieri del Bambino. Lo Sviluppo Intellettuale dalla Nascita a Sei Anni Secondo le Tappe di J. Piaget*, tradução italiana de N. Ponzanelli e E. Di Girolamo. Brescia: La Scuola, 1985; DOLLE, J. M. *Per Capire Jean Piaget*, M. Amann Gainotti e L. Picone (org.). Pádua: CEDAM, 1995.

Piaget fazia uma correlação estreita entre linguagem e pensamento, chegando a sustentar a existência de uma forma de dependência da linguagem em relação ao pensamento. A partir disso, tinha começado a estudar o pensamento infantil, analisando as expressões verbais das crianças, propositadamente colocadas sob a sua observação. Exatamente porque a linguagem "é modelada sobre os hábitos do pensamento",[263] era possível remontar da linguagem infantil ao pensamento infantil, pondo à luz as relações existentes entre esses dois aspectos da vida psíquica. A razão do interesse piagetiano era verificar uma modalidade particular da vida infantil – o egocentrismo – que caracterizaria tanto uma atividade mental como a expressão linguística da criança. O pensamento infantil, pelo menos antes dos sete aos oito anos, seria caracterizado, segundo Piaget, pelo egocentrismo, uma espécie de via média entre o pensamento autista – um pensamento individual com leis internas próprias – e o pensamento controlado – um pensamento social influenciado pelas leis da experiência.[264] O pensamento egocêntrico seria acompanhado pela linguagem egocêntrica, embora essa última não se confunda com o primeiro, considerado que "ele constitui provavelmente em toda idade uma faixa mais ou menos importante, no tocante a uma linguagem desde o princípio socializada, formada de ordens e de pedidos, de palavras-frases ou frases que exprimem desejos, e mais tarde de perguntas e de constatações".[265]

Com o termo "egocentrismo", Piaget queria indicar uma espécie de tendência natural, presente na criança, pela qual a criança assumiria nos seus comportamentos, no seu ponto de vista como o único possível, sem levar em conta o dos outros. Ao egocentrismo estariam estreitamente ligadas outras duas características do pensamento e da linguagem infantil: o *sincretismo* e a *justaposição*. Na percepção, *há a tendência* de perceber certas partes da realidade de modo global (sincretismo), enquanto, ao mesmo tempo, se pode notar uma espécie de "excesso de laços subjetivos". A criança, não sendo ainda capaz de fazer um relato e fornecer uma explicação logicamente articulada, o subdivide em uma série de afirmações fragmentárias, que não estão ligadas entre elas nem por nexos causais, nem temporais, nem lógicos, mas unidas simplesmente pela conjunção

---

263 PIAGET, J. *Il Linguaggio e il Pensiero del Bambino*, cit.
264 *ibid.*, pp. 64-70.
265 *Ibid.*, pp. 64-65.

"e" (justaposição). Essa tendência se reflete na linguagem verbal infantil, que é também de tipo egocêntrico. No decorrer do desenvolvimento, essa linguagem será substituída por uma forma mais evoluída– a linguagem socializada –, que é a dos adultos.

O modo diferente de considerar a linguagem egocêntrica e a socializada da criança levou a uma oposição entre Piaget e Vygotsky. De modo diferente de Piaget, a primeira forma de linguagem na criança, segundo Vygotsky, seria a social, dado que a comunicação com o adulto é fundamental para a criança. Só mais tarde essa forma de linguagem se articula em linguagem egocêntrica e comunicativa. A linguagem egocêntrica aparece quando a criança consegue interiorizar as formas de comportamento social. As conversações da criança consigo mesma em voz alta são típicas dessa fase. Da linguagem egocêntrica se chega à linguagem interior, pela qual a linguagem egocêntrica se coloca entre a linguagem interior e a comunicativa. O psicólogo russo:

> *elabora seu tema concernente à interiorização do diálogo na linguagem interior e no pensamento, contrapondo-o à tese de Piaget sobre o desenvolvimento da linguagem como superação do egocentrismo e fornecendo, tanto à psicologia quanto à linguística, análises mais profundas do pensamento interior.*[266]

Aqui está o reconhecimento do papel decisivo, que a linguagem desempenha no desenvolvimento do pensamento. Em polêmica com Piaget, segundo o qual a linguagem egocêntrica não teria nenhuma função de utilidade no desenvolvimento cognitivo infantil, representando apenas uma fase provisória, destinada a desaparecer no curso do seu desenvolvimento, Vygotsky reivindica sua utilidade, para os fins mais gerais do desenvolvimento. Isso porque colocaria a criança em condições de enfrentar e resolver problemas difíceis, ligados ao desenvolvimento. É uma forma de linguagem que, em um primeiro momento, se encontra no fim de uma atividade, depois é concomitante a ela e, finalmente, a precede como programação e

---

266 BRUNER, J. S. *Introduzione* a L. S. Vygotsky, *Pensiero e Linguaggio* (1962), cit. p. 7. Nessa obra, publicada em Moscou em 1934, Vygotsky expusera suas concepções em polêmica, sobretudo, contra o behaviorista norte-americano dos anos trinta. A obra influenciou enormemente a psicologia soviética, contrapondo-se também à psicologia de derivação piagetiana. Ver BRUNER, J. S. *Lo Sviluppo Cognitivo*, cit.

invenção. A linguagem egocêntrica desempenharia, desse modo, um papel fundamental no desenvolvimento mental da criança.

A polêmica entre Piaget e Vygotsky não deixa de ter importância para a determinação da função da linguagem no desenvolvimento do pensamento e da importância do ambiente social no amadurecimento da linguagem infantil e da sua caracterização em sentido egocêntrico e socializado. As duas posições estão distantes, embora, assim que ficou sabendo das contestações feitas por Vygotsky nos primeiros anos da década de 1930, Piaget revisse suas concepções iniciais. Ele reviu o conceito de egocentrismo e preferiu, por sua vez, empregar o termo "centrismo", afastando-se do significado que muitos lhe tinham atribuído. Mais tarde, na década de 1960, Piaget teria conseguido ver na linguagem egocêntrica não uma limitação, mas o ponto de partida para o desenvolvimento da linguagem interna que, em um estágio posterior, fornece a base para o nascimento e a consolidação do pensamento lógico.

Mediante a palavra, o adulto procura exprimir-se e comunicar aos outros as diversas modalidades do seu pensamento. Simples afirmações, sejam comandos e prescrições, desejos e pedidos, ameaças e medos, a própria capacidade de influir sobre os outros e de despertar sentimentos, são comunicados mediante a palavra. Na criança tudo isso acontece de modo diferente. As necessidades que a criança tende a satisfazer quando fala, constituem, de fato, um problema que não é estritamente linguístico, nem estritamente lógico. É, antes, um problema de "psicologia funcional", que dá testemunho da complexidade das funções da linguagem e da impossibilidade de referir a uma única função, a de comunicar o pensamento. A linguagem obedece na criança a uma série de motivações, não diretamente assimiláveis àquelas do mundo dos adultos.[267]

Do resultado das suas pesquisas, feitas com o método considerado "clínico" da observação direta de crianças,[268] Piaget construiu um mo-

---

267 PIAGET, J. *Il Linguaggio e il Pensiero del Bambino*, cit. p. 1.
268 Vygotsky reconhece a Piaget o mérito de ter usado um método – o método clínico –, "um instrumento insubstituível para o estudo das formações complexas, unitárias, do pensamento infantil na sua transformação e no seu desenvolvimento". Piaget "com audácia insólita e com profunda e larga extensão, pela primeira vez submeteu à análise sistemática as particularidades da lógica infantil de um ponto de vista absolutamente novo" (*Pensiero e Linguaggio*, cit. p.23). Sobre o método diagnóstico de Piaget, ver: PETTER, G. *Lo Sviluppo Mentale nelle Ricerche di Jean Piaget*. Florença: Giunti, 1972; INHELDER, B. I *Disturbi*

delo de desenvolvimento da linguagem. Ele identificou, em particular, dois tipos de linguagem, presentes nos indivíduos: a "egocêntrica" e a "socializada".[269] A primeira caracteriza, sobretudo, a linguagem da criança; a segunda, a do adulto. Formas de linguagem egocêntrica e de linguagem socializada já estão presentes na criança e podem existir juntas na linguagem do adulto, não ainda suficientemente consciente das suas prerrogativas de adulto. O desenvolvimento linguístico pressupõe uma passagem da linguagem egocêntrica para a linguagem socializada.

O psicólogo genebrino chegara a essa conclusão depois de ter interpretado o material recolhido nas suas pesquisas de observação e de registro das expressões verbais de duas crianças. As expressões linguísticas, assim identificadas, foram depois dele divididas e classificadas em oito grupos, dos quais os primeiros três (ecolalia, monólogo e monólogo coletivo) constituem a linguagem egocêntrica, ao passo que os outros cinco (informação adequada, crítica, ordens, pedidos e ameaças, perguntas e respostas) constituem a linguagem socializada, para a qual tende a linguagem do adulto.[270]

Segundo Piaget, é a linguagem egocêntrica que caracteriza a linguagem da criança. No seu falar, ela usa frases curtas, interrompidas por silêncios prolongados e não se preocupa em saber nem a quem fala, nem em ser escutada, nem em exprimir palavras com um significado efetivo (ecolalia, ou repetição). A criança fala, sobretudo, para si, como se estivesse sozinha: "monologa coletivamente", como diria Piaget, e sem se preocupar com os outros, que se tornam espectadores, totalmente supérfluos, do manifestar-se da sua egoidade. Usando esse tipo de linguagem, a criança realiza uma série de ações linguísticas: pede, manda, ameaça, dá informações, faz perguntas. Isso é, fala seja a si mesma (monólogo), seja pelo prazer de associar

---

dell'Intelligenza. Metodi e Criteri Diagnostici Piagetiani. Milão: Franco Angeli, 1985².
269   A base experimental de Piaget é demasiado limitada para ser considerada mais do que digna de atenção. O psicólogo suíço e seus colaboradores trabalharam "apenas com duas crianças de seis anos, recolhendo seus discursos integralmente, mas apenas por um mês e durante algumas horas cada dia" (*ibid.*, p. 4). O material assim coletado foi ordenado e classificado segundo alguns critérios. A novidade do método de observação de Piaget consiste, como observa Claraparède, "em deixar a criança falar e registrar o modo como seu pensamento se desenrola" (*ibid.*, p. 11).
270   "Podemos dividir, afirma Piaget, todas as frases dos nossos dois sujeitos em dois grandes grupos, que chamaremos de egocêntrico e socializado" (*ibid.*, p. 8). Feita essa distinção, Piaget passa a caracterizar melhor as duas formas de linguagem, dividindo a linguagem egocêntrica em três categorias e a linguagem socializada em cinco.

um ouvinte qualquer à sua ação imediata (monólogo a dois ou coletivo). Só mais tarde, quando a criança tiver adquirido formas de linguagem socializada, começará a levar em conta o interlocutor e procurará fazer-se entender por ele (informação adequada), reconhecendo, desse modo, a presença de outros pontos de vista, diferentes do seu, fazendo observações sobre o comportamento dos outros (crítica), exercendo uma ação direta sobre outro (ordens, pedidos e ameaças) e estabelecendo, enfim, uma relação direta na busca de informações ou em dar explicações (perguntas e respostas). Na criança, o interesse imediato em se fazer entender constitui o estímulo para a aquisição de uma linguagem semelhante à do adulto. "Pode-se, portanto, dizer que o adulto pensa socialmente também quando está só, e a criança abaixo dos sete anos pensa e fala egocentricamente também quando está em companhia".[271]

A linguagem está ligada ao pensamento, e Piaget não ignora essa relação. Das pesquisas e dos experimentos da escola piagetiana pareceria que a linguagem, mais que determinar o desenvolvimento cognitivo dos indivíduos, apenas o reflete. Por trás dessa concepção está a premissa, retomada pela psicanálise, segundo a qual o pensamento da criança é original e naturalmente "autista" e se transforma em pensamento realista apenas mais tarde, depois, sobretudo, de uma longa e acentuada pressão social do ambiente familiar. A distinção entre pensamento realista, ou controlado, e pensamento autista é fundamental.

> *O pensamento controlado é consciente, ou seja, persegue fins que estão presentes ao espírito daquele que pensa; é inteligente, ou seja, é adequado à realidade e procura agir sobre ela; é suscetível de verdade e de erro (verdade empírica e verdade lógica) e é comunicável através da linguagem. O pensamento autista é inconsciente, ou seja, persegue fins ou se coloca problemas que não estão presentes na consciência. Não está adaptado à realidade exterior, mas cria para si uma realidade de fantasia ou de sonho; tende não mais a estabelecer verdades, mas a satisfazer desejos e permanece estritamente individual e sem ser comunicável, assim como é através da linguagem. Ele procede, de fato, por imagens e, para poder*

---

271 *Ibid.*, p. 39. São duas as razões desse fato: a ausência de vida social duradoura nas crianças abaixo de 7-8 anos e a utilização no jogo, visto como atividade fundamental da criança, de uma linguagem feita também de gestos, movimentos e mímicas, além de palavras.

se tornar comunicável, deve recorrer a processos indiretos, evocando por meio de símbolos e de mitos os sentimentos que o dirigem.[272]

Enquanto a linguagem controlada ou realista é substancialmente social, a linguagem autista é, ao contrário, individualista e não obedece a leis da experiência ou da lógica propriamente dita, mas a suas próprias regras. Entre a lógica do pensamento autista e a do pensamento inteligente se insere, segundo Piaget, uma lógica diferente, a do pensamento egocêntrico, acompanhado sempre pela linguagem egocêntrica.[273] O pensamento da criança é fortemente egocêntrico: tem seu auge no início do desenvolvimento e tende a diminuir no início da idade escolar. Sua função é a satisfação de necessidades pessoais, embora contenha já uma adaptação e uma orientação à realidade, características do pensamento dos adultos. São determinantes as relações e as referências que a criança instaura com o ambiente social circundante e, sobretudo, com os coetâneos. São essas últimas relações que favorecem a afirmação e a consolidação de práticas sociais de comportamento linguístico como a discussão e a cooperação, práticas, porém, que não encontram maneira de se afirmar nas relações com os adultos, cuja superioridade é sentida. A linguagem infantil não depende apenas do seu desenvolvimento natural, mas principalmente do tipo de relação social que a criança consegue instaurar, em sentido lato, com o outro. "O egocentrismo verbal da criança não poderia, portanto, constituir uma medida precisa do seu egocentrismo intelectual, mas simplesmente o indício mais ou menos aparente e móvel de atitudes ao mesmo tempo sociais e epistêmicas mais profundas".[274]

---

272   *Ibid.*, pp. 41-42.
273   O termo "lógica" é usado por Piaget em uma acepção particular. Com efeito, por lógica, o linguista de Genebra entende "o conjunto de hábitos que o espírito adota na condução geral das operações [...] diante das regras especiais que condicionam toda proposição, cada movimento" (*ibid.*, pp. 44-45). Piaget sustenta que a lógica egocêntrica não é comunicável, ao passo que a lógica da inteligência é por sua natureza comunicável. São notáveis as divergências que Piaget identifica no seu funcionamento. A lógica egocêntrica é intuitiva, insiste pouco na demonstração, usa esquemas pessoais de analogia e esquemas visíveis e é condicionada por juízos de valor pessoais. Em vez disso, a inteligência comunicativa é mais dedutiva, insiste mais na prova, tende a eliminar os esquemas da analogia e os esquemas visíveis e se refere a juízos de valor coletivos, mais próximos do senso comum. Ver *ibid.* pp. 45-46.
274   *Ibid.*, p. 69.

O egocentrismo infantil pode ser considerado como um caso particular do egocentrismo epistêmico: a criança descobre as pessoas como descobre as coisas e conhece ambas do mesmo modo. O termo egocentrismo haveria de ser oposto ao termo objetividade, a qual é entendida como relatividade no plano físico e reciprocidade no plano social. Nesse aspecto, a linguagem egocêntrica não cumpre nenhuma função realisticamente útil no manifestar-se do comportamento da criança. Ela constitui, antes, apenas uma etapa do desenvolvimento infantil, destinado a atrofiar-se e a regredir assim que a criança se aproxima da idade da escolarização, quando a linguagem egocêntrica é substituída por uma primeira forma de linguagem socializada. Depois dos sete, oito anos, quando o pensamento socializado começa a tomar uma forma mais madura, as características egocêntricas não desaparecem imediatamente, ou melhor, desaparecem das operações perceptivas da criança, mas permanecem como que cristalizadas na esfera mais abstrata do pensamento puramente verbal. Só então, "na linguagem, como na percepção, o pensamento vai todo para os pormenores, de sincretismo para a análise, e não em sentido inverso. Se as coisas são assim, esse fenômeno de sincretismo deve ser encontrado na compreensão da linguagem".[275]

O modelo elaborado por Vygotsky no início da década de 1930 é diferente e oposto ao piagetiano. A linha divisória é representada pela função diferente atribuída à linguagem egocêntrica. Essa função, depreciada e considerada provisória por Piaget, assume, ao contrário, grande importância na consideração de Vygotsky, atento em fornecer um quadro diferente do desenvolvimento infantil, no qual a linguagem egocêntrica e a socializada não representam duas fases sucessivas do processo de aquisição linguística, mas coexistem na criança, bem como no adulto, como duas modalidades da linguagem e na sua articulação constituem a linguagem propriamente dita, da qual o indivíduo dispõe. Segundo Vygotsky, a função inicial da linguagem é a da comunicação, do laço social que se estabelece entre os que se comunicam, da ação recíproca sobre aqueles – adultos e crianças – que participam da mesma ação. Portanto, sendo a primeira linguagem da criança puramente social, não poderia não ser chamada de socializada. Se não fosse assim, se chegaria a atribuir à primeira forma da linguagem infantil a ideia de algo que não é imediatamente social no início, mas se torna social apenas no

---

275   *Ibid.*, p. 172.

decorrer do processo da sua mudança e do seu desenvolvimento. Entre Piaget e Vygotsky, portanto, há uma concepção diversa do desenvolvimento do indivíduo, em referência à linguagem e ao pensamento, bem como ao comportamento, que faz a diferença, concepção que será retomada e aprofundada por Luria e por Leontiev, da escola de Vygotsky.[276]

Contra Piaget, Vygotsky reconsidera, em perspectiva crítica, a relação entre pensamento e linguagem. Essa relação não é considerada em termos de *identificação/união* ou, de modo oposto, em termos de *disjunção/separação*.

> *O pensamento e a palavra não estão ligados entre eles por um laço originário. Esse ligame aparece, se modifica e cresce no próprio curso do desenvolvimento do pensamento e da palavra. Seria, no entanto, falso, [...] representar-se o pensamento e a linguagem como dois processos externos um ao outro, como duas forças independentes, que procedem e agem paralelamente ou que se intersecam em pontos particulares do seu comportamento e entram em uma interação mecânica.*[277]

O psicólogo russo julga, ao contrário, necessário partir da *análise por unidade*, do significado da palavra, enquanto ele "contém em si, na forma mais simples, as propriedades inerentes ao pensamento (como unidade global). [...] Essa unidade componente, que reflete na forma mais simples a unidade global de pensamento e linguagem, (está) no *significado* da palavra".[278] Esse significado é um fenômeno de pensamento semantizado ou de linguagem conceitualizada; é unidade entre palavra e pensamento. "O significado da palavra [...] – como afirma Vygotsky – representa em si tal unidade global

---

276 Luria escreve a respeito disso: "O desenvolvimento inicia da mobilização das tendências naturais mais primitivas, da sua utilização natural, portanto passa através da fase de aprendizagem, na qual, sob a pressão das condições externas, o processo modifica sua estrutura, começa a transformar-se de processo natural em processo 'cultural' e instaura, graças a uma série de procedimentos externos, uma nova forma de comportamento e, enfim, chega ao estágio em que esses métodos auxiliares externos são superados, são rejeitados como inúteis e o organismo sai dessa evolução transformado, possuindo novas formas e procedimentos de comportamento" (VYGOTSKY, L. S.; LURIJA, A. R. *La Scimmia, l'Uomo Primitivo, il Bambino. Studi sulla Storia del Comportamento,* tradução italiana de R. Grieco. Florença: Giunti, 1987, p. 217).
277 VYGOTSKY, L. S. *Pensiero e Linguaggio,* cit. pp. 323-324. Do mesmo Vygotsky, ver também *Il Processo Cognitivo,* tradução italiana de C. Ranchetti. Turim: Bollati Boringhieri, 1987.
278 *Ibid.,* p. 325.

não mais decomponível dos dois processos, dos quais não se pode dizer o que representa, se um fenômeno de linguagem ou um do pensamento".

> *Uma palavra sem significado não é uma palavra. É um som vazio, portanto o significado é um sinal distintivo necessário, constitutivo da própria palavra. É a própria palavra tomada no seu aspecto interno [...]. Mas, do ponto de vista psicológico, o significado da palavra [...] não é outra coisa senão uma generalização ou um conjunto. Generalização e significado da palavra são sinônimos.*[279]

Daí se segue que o método mais adequado na consideração da relação entre pensamento e linguagem não pode ser o da síntese, mas o da análise, em referência àquilo que a linguagem e o pensamento são efetivamente na vida dos indivíduos.

A relação entre pensamento e linguagem não é algo estático, mas um processo, um movimento contínuo do pensamento para a palavra e da palavra para o pensamento. Quer dizer, ela passa por mudanças que podem ser consideradas como as diversas fases de um único processo de desenvolvimento, que acompanha o indivíduo, a ser entendido não só no sentido de "crescimento", mas também no de uma verificação de certas modificações funcionais em certas condições ambientais. No desenvolvimento da linguagem da criança há uma fase pré-intelectual que precede o próprio desenvolvimento da linguagem.

> *Também no ponto superior do desenvolvimento animal – nos antropoides –, a linguagem, sob o aspecto fonético totalmente semelhante ao do homem, não está ligada absolutamente ao intelecto, também ele semelhante ao do homem. E no estágio inicial do desenvolvimento infantil pudemos constatar inegavelmente a existência de um estágio pré-intelectivo no processo de formação da linguagem e de um estágio pré-verbal no desenvolvimento do pensamento.*[280]

---

279 Ibid.
280 Ibid., p. 323. Assim, "o grito, o balbucio e até as primeiras palavras da criança são estados totalmente evidentes no desenvolvimento da linguagem, mas são estados pré-intelectivos. Não têm nada em comum com o desenvolvimento do pensamento" (*ibid.*, p. 110).

Na primeira fase de desenvolvimento da criança, o pensamento não é verbal e a linguagem não é intelectual. Só pelos dois anos as curvas do desenvolvimento do pensamento e da linguagem se encontram e dão vida a uma nova forma de comportamento. No âmbito da linguagem em particular, Vygotsky distingue dois aspectos: um *interno* ou *interior* (ou semântico, significativo) e um *externo* ou *exterior* (ou fonético, físico). O primeiro segue um percurso que vai do todo à parte, da frase para a palavra e é uma linguagem para si mesmo; o segundo é um percurso inverso, procedendo da parte para o todo, da palavra para frase e é uma linguagem para os outros. Entre esses dois aspectos da linguagem não há nenhuma cisão, nem tampouco uma relação de autonomia e de independência recíproca: ao contrário, eles fundamentam a unidade intrínseca da linguagem, em virtude do seu direcionamento oposto. A passagem, porém, do plano interno para externo da linguagem comporta uma transformação complexa e dinâmica de uma linguagem predicativa e idiomática para uma sintaticamente articulada e compreensível aos outros. A linguagem externa é um processo de transformação do pensamento na palavra, um materializar-se e objetivar-se do pensamento; a linguagem interna é um processo inverso de sua interiorização no pensamento. Assim, "se na linguagem externa o pensamento se encarna na palavra, então, na interna, a palavra desaparece, dando origem ao pensamento".[281]

A linguagem interna é tão importante que levou alguns psicólogos a identificá-la com o próprio pensamento. Vygotsky sublinha como a linguagem se torna interna, porque no processo de desenvolvimento muda sua função: a interna seria uma linguagem para si mesma, ao passo que a externa seria uma linguagem para os outros.

> *A linguagem externa é um processo de transformação do pensamento na palavra, sua materialização e objetivação. Aqui temos um processo que vai em direção inversa, ou seja, do externo para o interno, um processo de "volatilização" da linguagem no pensamento. Daí a estrutura dessa linguagem e todas as suas diferenças com respeito à estrutura da linguagem externa.*[282]

---

281 *Ibid.*, p. 387.
282 *Ibid.*, p. 347.

Se Piaget registrava um atrofiamento da linguagem egocêntrica, e seu progressivo desaparecimento, no início da idade escolar como prova de um desenvolvimento alcançado pela criança no plano da aquisição da linguagem socializada, Vygotsky, ao contrário, pensava que a linguagem egocêntrica não estava destinada a desaparecer, e sim a transformar-se em linguagem interna. A evolução psíquica da linguagem no seu desenvolvimento seguiria, portanto, três fases principais: a fase da linguagem social, a da linguagem egocêntrica e, enfim, a da linguagem interna. O egocentrismo infantil representaria então não um estado de limitação da criança, mas apenas um dos fenômenos de transição das funções interpsíquicas àquelas intrapsíquicas, ou melhor, uma passagem de uma forma de atividade social a uma forma de atividade mais individual. Como observa Vygotsky, a linguagem egocêntrica "se desenvolve debaixo de nossos olhos, passando de uma idade a outra, e assim, à medida que a linguagem egocêntrica se aproxima da linguagem interna no limiar da idade escolar, ela alcança seu máximo".[283] Por outro lado, o próprio Vygotsky, na formalização da sua concepção, não ignora que uma das características da linguagem egocêntrica, a tendência à abreviação, como conservação do predicado com prejuízo do sujeito, seja também uma das características da linguagem falada, como, também, da própria linguagem interna.

A diferença em relação às conclusões de Piaget é nítida, não apenas com respeito à relação entre linguagem e pensamento, mas, sobretudo, em relação ao papel do egocentrismo no desenvolvimento da linguagem e do pensamento. Referindo-se a esse último, se Piaget considerava o egocentrismo em uma posição intermédia entre o pensamento autista e o pensamento controlado, Vygotsky sustentava que a linguagem infantil era, desde o início, socializada e comunicativa e que o chamado "egocentrismo expresso tipicamente pelo falar sozinho em voz alta" constitui apenas uma fase da transição para a "linguagem interna". Com a linguagem interna a linguagem adquiriria uma função nova e diferente, a função da regulação interna do comportamento e da orientação mental da criança. A linguagem egocêntrica não se resolveria em uma mera função de acompanhamento, aliás provisória, da atividade da criança, mas em uma modalidade determinante a evolução para a meta da linguagem interna. São decisivas as condições ambientais e o papel dos adultos,

---

283 *Ibid.*, p. 364.

mais que a idade da criança. Segundo Vygotsky, o pensamento tem uma natureza de tipo interindividual, que, no confronto dialógico, mediante as trocas linguísticas, se interioriza no plano intraindividual. Assim:

> Cada função no desenvolvimento cultural da criança aparece duas vezes ou em dois planos. Primeiro aparece no plano social e depois no psicológico. Primeiro aparece entre pessoas como categoria interpsicológica e depois na criança como categoria intrapsicológica. [...] É que a interiorização transforma o processo e muda sua estrutura e função.[284]

A linguagem interna, assim como é entendida por Vygotsky, determina uma mudança significativa na própria reestruturação da linguagem egocêntrica. "Desde o início, a linguagem egocêntrica ainda se confunde completamente com a linguagem social sob o aspecto estrutural. Mas dependendo do seu desenvolvimento e da sua diferenciação funcional em qualidade de forma autossuficiente e autônoma de linguagem, ela manifesta uma tendência sempre maior para a abreviação, a atenuação da articulação sintática, para a condensação. No momento de sua parada e da sua passagem para a linguagem interna, já dá a impressão de uma linguagem fragmentária, porque já quase totalmente submetida a uma sintaxe puramente predicativa".[285] Paralelamente a essa primeira mudança ocorre outra, ou seja, a tendência a unir mais palavras em torno de uma raiz comum e, portanto, a tendência a formar palavras compostas. Aqui existe uma aproximação progressiva da linguagem egocêntrica e da linguagem interna.

As duas concepções – a de Piaget e a de Vygotsky – não são, portanto, assimiláveis uma à outra. Já no plano educativo remetem a duas estratégias diferentes: a um desenvolvimento espontâneo da criança, como suposto por Piaget, sobre a qual é necessário não intervir, se opõe, para Vygotsky, um desenvolvimento intencional, que é dirigido pelo mundo dos adultos e, inicialmente, pela mãe. Segundo Bruner:

> Para Piaget, o desenvolvimento procede por si, contanto que a criança tenha um adequado 'alimento' de experiência ativa com o mundo.

---

284 VYGOTSKY, L. S. The Genesis of Higher Mental Functions, em: WERTSCH, J. V. (ed.) *The Concept of Activity in Soviet Psichology.* Armonk: Sharpe, 1981, p. 163.
285 VYGOTSKY, L. S. *Pensiero e Linguaggio*, cit. p. 377.

> *Basta apenas esperar. Os estágios de desenvolvimento se sucederão na mesma ordem, ainda que acelerados por uma experiência mais rica. Como era possível liquidar a Zona de Desenvolvimento Proximal de Vygotsky com tanta desenvoltura? Dados a uma criança os meios conceituais para dar o salto para um nível mais elevado, com toda probabilidade ela saberá generalizar e transferir por iniciativa própria esse conhecimento para novos problemas. É possível que os estágios fossem monolíticos até esse ponto?*[286]

A pergunta de Bruner se refere à concepção de Vygotsky sobre o plano do valor social da aprendizagem, sobre o qual realmente o indivíduo realiza todo tipo de desenvolvimento e se realiza como pessoa.

Por outro lado, como prova da importância e da validade das concepções de Vygotsky está o fato de que no ato concreto do falar, o pensamento e a linguagem se identificam: a nossa palavra é, de fato, o nosso pensamento, assim como o nosso pensamento é a nossa palavra. Não é sustentável afirmar que o pensamento seja anterior à linguagem, nem que as palavras estejam diante de nós como imagens puramente verbais, sem referência ao pensamento, o qual elas exprimem. A palavra não traduz o pensamento feito, mas o realiza: a palavra é o corpo do pensamento, é o próprio pensamento no seu realizar-se concreto. "Não há pensamento que seja completamente pensamento e que não peça às palavras o meio de estar presente a si mesmo. Pensamento e palavra se antecipam reciprocamente, se substituem continuamente um pelo outro. Todo pensamento vem das palavras e a elas retorna; toda palavra nasceu nos pensamentos e neles termina".[287] Em outros termos:

> *A palavra não é o sinal do pensamento, se com isso se entende um fenômeno que anuncia outro, como a fumaça anuncia o fogo. A palavra e o pensamento admitiriam essa relação exterior só se fossem ambos tematicamente dados; na realidade, eles se envolvam reciprocamente; o sentido é tomado na palavra e a palavra é a existência exterior do sentido. É necessário que em um modo ou no outro a palavra e o falar*

---

286 BRUNER, J. S. *Alla Ricerca della Mente. Autobiografia Intellettuale*, tradução italiana de S. Chiari. Roma: Armando, 1984, p. 152.
287 MERLEAU-PONTY, M. *Segni*, cit. p. 40.

*cessem de ser uma maneira de designar o objeto ou o pensamento para se tornar a presença desse pensamento no modo sensível e não sua veste, mas seu emblema ou seu corpo.*²⁸⁸

3.3. Desenvolvimento efetivo e desenvolvimento potencial da criança: o papel da linguagem

A linguagem tem uma atuação de primeiro plano no desenvolvimento mais geral da criança, a nível cognitivo e comunicativo, bem como a nível emotivo e em nível das operações prático-operatórias. A esse respeito foi decisiva a contribuição de Vygotsky e da escola de Moscou.²⁸⁹ Fazendo referência a uma série de pesquisas específicas realizadas com crianças com desenvolvimento diferente, Vygotsky, junto com Luria e Leontiev, sustentam que a linguagem, através de um lento, mas progressivo, processo de interiorização, se torna desde o início um fator decisivo de desenvolvimento da personalidade do indivíduo e, ao mesmo tempo, um instrumento fundamental para o controle do comportamento. A linguagem constrói e modela o indivíduo, até dar a ele uma identidade precisa e determinar seu comportamento. Daí se segue que um desenvolvimento falho, ou até carente, da linguagem pode comprometer de maneira mais ou menos irreversível o desenvolvimento geral do indivíduo, barrando a ele o alcance daqueles objetivos de crescimento que todo indivíduo, em situação normal, poderia alcançar.

A diferença entre Piaget e Vygotsky, a propósito do desenvolvimento da linguagem infantil, é bastante nítida e está na origem de duas concepções, nas quais se refletem duas opções diferentes no âmbito do desenvolvimento infantil. Diferente é o papel da linguagem sobre o comportamento cognitivo do indivíduo e sobre seu comportamento em geral. Se Piaget negava à linguagem infantil uma ação de controle sobre o comportamento, Vygotsky colocava, ao contrário, esse tipo de ação da linguagem sobre o

---

288 MERLEAU-PONTY, M. *Fenomenologia della Percezione*, cit. pp. 252-253.
289 Ver as diversas contribuições publicadas em VYGOTSKY-LURIJA-LEONTJEV. *Psicologia e Pedagogia,* tradução italiana de M. Boffo. Roma: Editori Riuniti, 1974. Veja também: DIXON-KRAUSS, L. *Vygotsky nella Classe. Potenziale di Sviluppo e Mediazione Didattica,* tradução italiana de G. Loiacono. Trento: Centro Studi Erickson, 1998.

comportamento no centro da sua concepção da relação entre linguagem e pensamento e do reconhecimento da sua importância tirava, depois, as conclusões para a determinação de uma estratégia educativa orientada para o desenvolvimento da linguagem.

Contra Vygotsky, Piaget sustentava que a linguagem egocêntrica e sincrética da criança entre os três e os quatro a seis anos não tinha como objetivo o controle do comportamento, e sim o objetivo de comunicar. O nível de desenvolvimento alcançado pela criança dessa idade não permitiria que a criança possuísse a capacidade de descentramento, como capacidade de considerar contemporaneamente seu ponto de vista e o do seu interlocutor, fazendo, se fosse necessário, prevalecer esse último sobre o seu. A aquisição e o desenvolvimento da linguagem não são condições necessárias para o desenvolvimento do pensamento operatório concreto, que deriva, ao contrário, da interiorização das ações reversíveis. Pensamento e linguagem seguem dois percursos diversos de desenvolvimento.

Segundo Vygotsky, embora linguagem e pensamento tenham origem autônoma e não se possa reivindicar qualquer relação de dependência entre eles, a linguagem exerce uma função reguladora e de estímulo sobre os mecanismos mentais que presidem o nascimento do pensamento e seu desenvolvimento. Sem a presença de alguma forma de linguagem verbal no homem, o desenvolvimento do pensamento seria problemático e bastante difícil. Demonstra isso a observação de crianças com incapacidades linguísticas, cuja atividade mental nas suas formas mais diversas pode estar comprometida mais ou menos gravemente, de acordo com a gravidade da incapacidade. Segundo Vygotsky, na criança, até os três anos, o controle e o estímulo sobre seus mecanismos mentais são exercitados pela linguagem do adulto, da qual a criança depende; mais tarde, no período que vai dos três aos seis anos, a linguagem do adulto toma, em função de controle, o lugar da linguagem egocêntrica e sincrética pronunciada em voz alta, modalidades de linguagem produzidas pela própria criança, não para se comunicar com o adulto, mas para dirigir seu comportamento. Na fase ulterior do seu desenvolvimento, que se completa pelos seis a sete anos, a criança interioriza a linguagem egocêntrica e sincrética e começa a usar uma linguagem em voz alta, mais apta para a comunicação interpessoal. A aprendizagem da linguagem, favorecida também pelas primeiras formas de socialização e pela progressiva escolarização da criança, representa a condição necessária, a partir, sobretudo, dos três anos, para o desenvolvimento do pensamento.[290]

Alexander Luria, retomando e desenvolvendo as concepções de Vygotsky, coloca no primeiro plano o problema do controle do comportamento, controle que no indivíduo se realiza mediante a linguagem. No plano do comportamento linguístico dos indivíduos ele distingue três formas de controle da linguagem sobre o comportamento, falando de um controle da linguagem sobre o reflexo de orientação, e um controle mediante a função de código (*naming*) e, enfim, de um controle mediante a função de generalização ligada ao significado da palavra. Essa terceira forma de controle, que se desenvolve na criança entre os quatro e os seis anos, permite que a criança controle o comportamento cognitivo-motor não mais com base na presença-ausência da palavra, mas antes com base no significado da própria palavra, que assume uma função diretiva (*directive funtion*) no plano do comportamento mais geral do indivíduo. Segundo Vygotsky e Luria, na criança, no período que vai dos quatro aos seis anos, se deveria verificar dois fenômenos convergentes: de um lado, a organização da *directive funtion* e, do outro, a interiorização dessa linguagem.[291]

A linguagem é decisiva para o desenvolvimento de uma série de habilidades que se referem à esfera mental do indivíduo. Só a aprendizagem da linguagem não basta para os fins do desenvolvimento mental e da sua consolidação: são necessárias condições, referíveis ao estado de "bem-estar" pessoal do indivíduo e do seu "estar bem" no grupo social de pertença. Mais em particular, para o desenvolvimento da atividade mental da criança parece decisiva e determinante a presença de relações sociais variadamente estruturadas, ricas emotivamente e gratificantes no plano das expectativas pessoais e sociais, a começar por aquelas com a mãe e com os adultos de sua família de origem. Não menos importantes são as relações com os coetâneos e, mais tarde, em idade escolar, com os professores e com o grupo dos colegas. São as relações com os outros que determinam e condicionam

---

290 VYGOTSKY, L. S. Apprendimento e Sviluppo Intellettuale nell'Età Scolastica, em: VYGOTSKY-LURIJA-LEONTJEV. *Psicologia e pedagogia*, cit. pp. 25-40. Ver também: WERTSCH, J. V. *Vygotsky and the Social Formation of Mind*. Cambridge, MA: Harvard University Press,1985.
291 LURIJA, A. R. *Linguaggio e Comportamento*, tradução italiana de S. Jahier. Roma: Editori Riuniti, 1971.

o desenvolvimento linguístico dos indivíduos, seja em sentido positivo, seja em sentido negativo.

O indivíduo adquire a linguagem no período que vai de zero a dois anos, um período de máxima dependência que a criança tem dos adultos, vivido em uma espécie de tentativas de imitação das figuras adultas por parte da criança, que envolvem sua dimensão afetiva e não apenas a intelectiva e motora.

> *Toda a experiência adquirida pela humanidade é transferida para a criança pelos adultos; para o gênero humano todo, o fato de dominar essa experiência (através da qual a criança adquire não só novos conhecimentos, mas também novas modalidades de comportamento) se torna a principal forma de desenvolvimento mental, desconhecida pelos animais.*[292]

A aquisição da linguagem poderia ser considerada uma espécie de fenômeno de identificação com a mãe por parte da criança. Desde o início, a criança observa os vários movimentos da mãe no falar e procura reproduzi-los, e ao conseguir reproduzi-los, depois de muitos esforços, percebe que fala como os outros e é do mesmo modo um deles. Não faltam confirmações de tipo empírico, das quais surgiria com suficiente certeza que muitos distúrbios linguísticos, presentes nas crianças, são redutíveis a certos fenômenos relacionais devastadores, vividos tragicamente na idade infantil, como a separação da mãe e o abandono nas suas formas mais diversas, fenômenos a compreender como uma forma de luto não suficientemente reelaborado. A ausência da mãe da vida da criança, ou sua não presença ou não importância no plano afetivo, desempenha um papel negativo. Acerca da incidência desses fenômenos sobre o desenvolvimento infantil, Bettelheim afirma que "o extremo isolamento emotivo unido a experiências vividas como pavorosamente ameaçadoras está, com toda probabilidade, na origem de um comportamento que, nas formas mais graves, se exprime no autismo infantil".[293]

---

292 *Ibid.*, p. 6. Ver também HALLIDAY, M. A. K. *Lo Sviluppo del Significato nel Bambino*, cit. pp. 1-61.
293 BETTELHEIN, B. *La Vienna di Freud*, tradução italiana de A. Bottini. Milão: Feltrinelli, 1990, p. 210. No plano linguístico, Bettelheim faz uma distinção nítida entre "pronunciar em tom submisso, incerto, quase ecolálico, palavras individuais isoladas, possivelmente

A relação original mãe-criança e a qualidade da relação se tornam fundamentais para o desenvolvimento linguístico e mental da criança, com fortes repercussões sobre os processos de amadurecimento do indivíduo. Uma relação ótima entre mãe e filho favorece o desenvolvimento e a consolidação de certas habilidades, sem as quais não se dá nem desenvolvimento linguístico, nem mental. A aprendizagem linguística, como o próprio desenvolvimento mental, se dá na criança como no resultado de uma série de atividades de aprendizagem que têm em um processo de imitação seu ponto de partida, e que se consolidam no âmbito das relações intersubjetivas. Os modelos mais fortes de imitação, sobre os quais se mede toda aprendizagem infantil, são as figuras dos adultos e, de modo particular, a figura da mãe, verdadeiras referências insubstituíveis da criança.

Pode-se citar o esquema de desenvolvimento infantil elaborado por Luria, construído sobre o modelo das primeiras relações que a criança instaura com a mãe e com as outras figuras adultas, ligadas à sua família, para compreender seus mecanismos subjacentes e esclarecer alguns aspectos mais problemáticos: afinal, é a aprendizagem da linguagem que coloca em movimento na criança uma série de aprendizagens de tipo mental e não mental, que garantem que o indivíduo alcance sua maturidade como pessoa humana, inserida plenamente na sociedade. Para Luria, os laços entre a criança e a mãe são, em um primeiro momento, diretos e emocionais; em seguida, são representados pela linguagem. Desse modo, a criança não só enriquece sua experiência, mas adquire novas modalidades de comportamento e novos modos de organização das suas atividades mentais. Ao dar um nome aos vários objetos circunstantes e dando à criança ordens e instruções, a mãe modela seu comportamento.

Com base nessa primeira experiência, que consiste em observar os objetos nomeados pela mãe e saber distinguir um do outro, "a criança, quando começa a falar, dá ativamente um nome a esses objetos e aprende assim a organizar sua atividade perceptiva e sua atenção deliberada". Ao fazer o que lhe é dito pela mãe, a criança conservou na sua memória "traços das instruções verbais maternas". Apenas seguindo e reelaborando esses "traços", ela "aprende a formular os seus desejos e suas intenções de modo independente,

---

breves, que caracteriza a linguagem das crianças autistas" e a "linguagem que se desenvolve do normal, alegre balbucio infantil" (*Ibid.*, pp. 197-198).

primeiro na linguagem externa, depois na linguagem interior, chegando, enfim, a criar formas superiores de memória intencional e de atividade deliberada. Agora a criança está em condição de sozinha fazer o que anteriormente podia realizar unicamente com a ajuda dos adultos. Esse fato é a lei fundamental do desenvolvimento de uma criança". É nessa direção que a criança desenvolve sua atividade mental. "Todas essas complexas atividades mentais, ligadas estreitamente como são à linguagem, inicialmente tornadas difíceis pelo fato de dever serem expressas através da palavra, adquirem em seguida uma agilidade sempre maior e se tornam, enfim, a forma principal da atividade mental da criança".[294]

Ao falar de desenvolvimento da criança, não se pode não considerar uma ulterior distinção feita por Vygotsky. Ele falara de um desenvolvimento efetivo e de um desenvolvimento potencial, como de dois estados diferentes de desenvolvimento, em que um papel decisivo é desempenhado pela linguagem, que permite à criança aquela passagem necessária do plano potencial para o plano efetivo de desenvolvimento.[295] De modo diferente do ser vivo não humano, a criança, colocada em condições particulares e usufruindo de determinadas oportunidades, pode realizar certo número de ações que ultrapassam os limites das suas capacidades, presentes em um dado momento do seu desenvolvimento. Sob a guia dos adultos e na cooperação do grupo de pertença, a atividade da criança supera o plano da atividade puramente autônoma, alcançando níveis sempre mais altos na aprendizagem. A diferença entre os resultados alcançados pela criança ao usar suas capacidades linguísticas e cognitivas e os obtidos com a ajuda

---

294 LURIJA, A. R. *Linguaggio e Comportamento*, cit. pp. 6-7 *passim*. Do mesmo Luria ver também *Linguaggio e Sviluppo dei Processi Mentali del Bambino* (tradução italiana de L. Medri. Florença: Giunti-Barbèra, 1975), escrito junto com F. I. Yudovich, e, ainda, *Come Lavora il Cervello: Introduzione alla Neuropsicologia*, trad. it. de P. Bisacchi e D. Salmaso. Bolonha: il Mulino, 1977.

295 VYGOTSKY, L. S. *Apprendimento e Sviluppo Intellettuale nell'età Scolastica*, cit. Vygotsky escreve: "É preciso determinar pelo menos dois níveis de desenvolvimento de uma criança, caso contrário não se conseguirá encontrar a relação entre desenvolvimento e capacidade potencial de aprendizagem em cada caso específico. Chamo o primeiro desses níveis de *desenvolvimento efetivo* da criança. Entendemos aquele nível de desenvolvimento que foi alcançado como resultado de um processo específico de desenvolvimento já acabado [...]. A diferença entre o nível das tarefas executáveis com a ajuda dos adultos e o nível das tarefas que podem ser realizadas como uma atividade independente define a área de *desenvolvimento potencial* da criança" (*ibid.*, pp. 34-35 *passim*).

dos adultos define, segundo Vygotsky, a área de desenvolvimento potencial da criança, a chamada Zona do Desenvolvimento Proximal, conhecida nos Estados Unidos na forma abreviada de Zo-ped (*Zone of Proximal Development*). O psicólogo russo chegara a essas conclusões considerando a diversificação dos êxitos escolares de muitos alunos, resultados correlacionados, em grande parte, aos fatores socioambientais de cada um.

Sob esse aspecto impõe-se uma consideração relativa à inabilidade. A criança incapacitada e com problemas de certa gravidade no plano mental e linguístico, abandonada, dificilmente poderá alcançar níveis mais altos de desenvolvimento, dada a menor ou insuficiente qualidade e quantidade de estímulos aos quais estaria submetida sua área de atividade potencial. Esse problema diz respeito também aos que são normalmente dotados, quando o ensino é orientado na direção de um estágio de desenvolvimento já conseguido, que se revela frustrante e quase punitivo. O indivíduo gira sobre si mesmo, mantido longe de objetivos de nível superior, em teoria possíveis de alcançar, mas, de fato, impedidos. "O único bom ensino é aquele que antecipa o desenvolvimento",[296] não aquele que retarda sua obtenção. A tarefa da educação seria não tanto tomar posição nos níveis de desenvolvimento já alcançados ou, de qualquer maneira, acompanhar ou seguir as capacidades da criança, mas o de funcionar como fator "antecipador" e como fator "facilitador" do desdobramento das diversas potencialidades próprias de cada um.

Todo processo de aprendizagem da linguagem se inicia na criança a partir de uma atividade mental inicial e se desenvolve ao se por em ação uma série de atividades mentais ulteriores, que determinam o desenvolvimento do indivíduo.[297] Esse processo é acompanhado pela linguagem e se caracteriza linguisticamente. No curso do seu desenvolvimento, a linguagem, de meio de comunicação entre a criança e os outros, se torna linguagem interna e "se transforma em função mental interna que fornece os meios fundamentais

---

[296] *Ibid.*, p. 37.
[297] A aprendizagem linguística remete sempre a uma atividade mental. "A criança aprende a emitir com a perfeição oportuna os sons específicos da sua língua e ao mesmo tempo aprende a combinar esses sons com uma série mais complexa e delicada de operações psicológicas que transformam os sons em signos, ou seja, em elementos participantes da estrutura linguística" (FRANCESCATO, F. *Il Linguaggio Infantile. Strutturazione e Apprendimento*. Turim: Einaudi, 1973, p. 47).

ao pensamento da criança".²⁹⁸ A linguagem concorre para definir uma série de comportamentos e de relações, que constituem a trama na qual se entretecem os vividos de cada um. Nesse plano se estrutura a relação decisiva entre linguagem e pensamento; relação dentro da qual nasce, vive e se desenvolve o indivíduo enquanto tal.

A relação que se constitui entre a linguagem e o pensamento não é algo estático, mas um processo, um movimento contínuo, que do pensamento vai para a linguagem e da linguagem para o pensamento. A linguagem se torna fenômeno intelectivo e o pensamento se torna fenômeno verbal no momento em que a criança descobre que cada coisa tem um nome.²⁹⁹ Só quando simultaneamente presentes no indivíduo, linguagem e pensamento adquirem uma compreensão e um sentido mais pleno, no seu constituir-se como o âmbito específico do ser do homem. Porque, "ainda que o pensamento exista 'não linguisticamente', ou seja, ocorre em todos os comportamentos não verbais, ou porque são mudos, ou porque usam códigos diferentes dos códigos da língua, apesar de tudo isso, o pensamento existe prevalentemente no uso da língua".³⁰⁰ Tampouco é possível encontrar uma linha clara de divisão entre linguagem e pensamento: "Quem crê em um pensamento que cozinha por sua conta suas iguarias e depois toma a via da expressão, já distinguiu entre um dentro e um fora e já privilegiou o dentro".³⁰¹

O pensamento não se exprime simplesmente na palavra, mas vem à luz através dela, porque se pensa sempre em palavras. A palavra privada do pensamento seria uma palavra morta, um puro som sem qualquer sentido. Todo pensamento se move, cresce e se desenvolve como um movimento interior através de uma série de planos que marcam a passagem contínua do pensamento para a palavra e da palavra para o pensamento. A palavra não é apenas uma espécie de rótulo aposto a uma ideia ou a um conjunto de

---

298   *Ibid.*
299   Como já foi observado, foi sobretudo Vygotsky que sustentou que no desenvolvimento do intelecto há uma fase pré-verbal e uma fase pré-intelectiva no desenvolvimento da linguagem. Portanto, "o grito, o balbucio e até as primeiras palavras da criança são estados totalmente evidentes no desenvolvimento da linguagem, mas são estados pré-intelectivos. Isso não tem nada em comum com o desenvolvimento do pensamento. [...] Pesquisas recentes [...] mostraram que no primeiro ano de vida da criança, ou seja, exatamente no estágio pré-intelectivo do desenvolvimento da sua linguagem, encontramos um rico desenvolvimento da função social da linguagem" (VYGOTSKY, L. S. Y. *Pensiero e Linguaggio,* cit. p. 110).
300   ROSSI-LANDI, F. *Semiotica e Ideologia,* cit. p. 181.
301   *Ibid.*, p. 282.

coisas, de acontecimentos ou de emoções, sem qualquer incidência sobre a consistência cognitiva e emotiva do conteúdo mental: uma palavra é o núcleo de condensação das experiências cognoscitivas e emotivas dos indivíduos; é o ponto de referência simbólico em torno do qual se organizam as experiências individuais e sociais de cada um; é o fio que liga e faz reviver os sonhos, os desejos e as emoções dos indivíduos, dando a eles o espaço para existir. Enfim, a palavra retoma na sua generalidade, o chamado universal no qual se encerram todos os aspectos mais gerais e mais significativos da existência de cada um.

Entre pensamento e linguagem existe uma unidade orgânica. A falta de pensamento condena o ser humano a permanecer para sempre no nível de um idiota; um desenvolvimento limitado da linguagem reduz a possibilidade de desenvolvimento do pensamento. Isso, a menos que, como no caso dos que não ouvem, não se definam estratégias de reeducação da área linguística interessada, que terão repercussões também no plano do desenvolvimento mental. Os mecanismos de tais conexões, que ligam linguagem e pensamento, não estão ainda totalmente esclarecidos, embora se possa afirmar que "o desenvolvimento do pensamento conceitual está indubitavelmente ligado ao da função linguística".[302]

O falar exprime o que já foi formulado de maneira não linguística, e essa maneira não linguística é o pensamento. A gramática de cada língua não é apenas um instrumento de reprodução para exprimir conceitos e ideias, mas ela dá forma aos conceitos e às ideias, é o programa e a guia da atividade mental do indivíduo, da análise das suas impressões, da síntese dos objetos mentais com que se ocupa. O mundo se apresenta como um caleidoscópio de impressões que deve ser organizado pelas nossas mentes, mas, isso pode ser realizado utilizando o sistema linguístico de cada falante. Nós secionamos a natureza, a organizamos em conceitos e lhe damos determinados significados porque somos participantes de uma convenção para organizá-la de certo modo, convenção que vigora na cultura e é codificada na língua de pertença dos falantes. Sem a língua, a nossa relação com a natureza e com o mundo seria diferente, porque o homem seria apenas um ser vivo entre outros seres vivos, perdido em um universo imenso.

---

302 SCHAFF, A. *Linguaggio e Conoscenza*, tradução italiana de D. Angeli e A. Marchi. Roma: Editori Riuniti, 1973, p. 111.

O homem "tem" a palavra, que está na origem de toda conceitualização, e é esse seu "ter a palavra" que o diferencia de todos os outros seres vivos e o coloca em um plano absolutamente superior, determinado exatamente pela linguagem.

> *O fundamento do desenvolvimento da linguagem humana e da sua organização superior e singular pode ser buscado na maior capacidade de conceitualização do homem em relação aos outros seres vivos, mas não se deve esquecer que muitas dessas capacidades superiores são, sem dúvida, dependentes da própria linguagem, embora seja talvez exagerado interpretar o sistema específico humano como uma consequência e não como uma causa do aparecimento da linguagem na noosfera.*[303]

"O homem é o ser vivo que tem o *logos*", onde *logos* significa "discurso, linguagem", prestação de contas e, definitivamente, tudo o que é expresso no discurso, ou seja, "pensamento e razão".[304] *Logos* é "discurso" no sentido da palavra que se permita na relação comunicativa. Por isso não pode ser considerado "um cúmulo de vocábulos que, como fragmentos de palavras, são classificáveis na fragmentação e formam o chamado vocabulário. O *logos* é, antes, um ordenar palavras na unidade de sentido, do sentido do discurso".[305] A falta de linguagem como *logos*, que é acompanhada da limitação, quando não da carência, de imagens mentais, representa a linha discriminante dentro do mundo vivo e explica o porquê daquela distância, verdadeiramente insuperável, que separa o homem de todos os outros seres vivos. No homem, a existência de uma fase pré-linguística no desenvolvimento do pensamento e das raízes pré-intelectuais da linguagem infantil atestam como os dois processos de desenvolvimento do pensamento e da linguagem, a partir de uma base biológica comum, seguem linhas diferenciadas, às vezes também independentes uma da outra, para depois se encontrar sucessivamente, assim que o pensamento se torna verbal e a linguagem se torna racional. Tudo isso acontece no homem, sob o signo do *logos*.

---

303 HEILMANN, L. Natura e Linguaggio, em: *Civiltà delle Macchine*, 22 (1974), 5-6, pp. 41-42.
304 GADAMER, H. G. *Elogio della Teoria*, cit. p. 19.
305 *Ibid.*

O reconhecimento da relação estreita entre linguagem e pensamento se refere também àquela linguagem particular que é a linguagem interna ou exterior, identificada por muitos psicólogos com o próprio pensamento. Sua importância no desenvolvimento do pensamento é evidente, como Vygotsky já sublinhara na sua polêmica contra Piaget. A linguagem interna não se dá na criança como algo de que se possa dispor, algo já formado e acabado. Ela se desenvolve através de um lento acúmulo de mudanças estruturais e funcionais, que interessam ao indivíduo desde o início do seu crescimento nos planos cognitivo e linguístico. A linguagem interna representa uma forma de especialização da própria linguagem externa e se afirma simultaneamente com a diferenciação das funções sociais e egocêntricas da criança. As estruturas da linguagem da criança modelam-se, de fato, sobre as estruturas fundamentais do seu pensamento. O desenvolvimento do pensamento, por sua vez, é determinado pela linguagem, ou seja, pelos instrumentos linguísticos do pensamento, que fazem parte da sua bagagem biológica, e da experiência sociocultural da criança. São os fatores externos, redutíveis às relações interpessoais e à capacidade dos indivíduos de categorizar as experiências significativas, que determinam o desenvolvimento da linguagem interna. O desenvolvimento intelectual da criança depende em grande medida da sua capacidade de dominar os meios sociais do pensamento, ou seja, a linguagem. É no significado da palavra que linguagem e pensamento se encontram, chegando a constituir uma unidade inseparável, à qual se refere todo processo cognitivo e todo tipo de comunicação.

O significado de uma palavra diz respeito ao âmbito dos processos cognitivos e linguísticos do indivíduo, como resultado de um aprendizado já conseguido, e representa uma unidade ulteriormente não decomponível. Ele se manifesta ao mesmo tempo como fenômeno linguístico e como fenômeno intelectual. O significado da palavra é um fenômeno de pensamento, ou intelectual, à medida que o pensamento está incorporado na palavra como o seu "emblema", ou "corpo verbal",[306] e, vice-versa, é um fenômeno

---

[306] O tema da linguagem como "corpo verbal" tem por trás uma longa tradição, sobretudo em âmbito fenomenológico. Realmente, a expressão "corpo verbal", referida à linguagem, é de Sartre, que na obra *Situations II* escrevia: "quem fala está em situação na linguagem, investido da palavra [...], ele as dirige do interior, as sente como o seu corpo" (SARTRE, J. P. *Situations II*. Paris: Gallimard, 1963, p. 66). Ver também MERLEAU-PONTY,

linguístico à medida que a linguagem traduz o pensamento em sons e em articulações vocais, é associada a ele e é iluminada por ele. É um fenômeno de pensamento semantizado ou de linguagem conceitualizada; é unidade de palavra e de pensamento. A unidade aí estabelecida não é fixa, porque todo pensamento tende a estabelecer conexões e relações entre dois ou mais termos. Representa, antes, um fenômeno dinâmico em contínua evolução. O pensamento nunca coincide de maneira imediata com sua expressão verbal: ele revela uma totalidade que não é a soma das palavras individuais que entram em uma determinada expressão, assim como, por outro lado, a própria linguagem é muito mais, no plano da compreensão e da extensão, do que uma única palavra ou de uma série de palavras colocadas junto. Pensamento e palavra remetem a uma totalidade de significados, que é o próprio mundo do homem, que tende a englobar em si novas experiências e novos significados.[307]

A passagem do pensamento para a linguagem é um processo muito complexo, uma passagem que pressupõe um fracionamento do pensamento nas suas unidades significativas e uma reconstrução e expressão dele em mais palavras no plano do discurso. Dá-se uma verdadeira tradução do plano mental para o plano linguístico. A linguagem do homem em si já é a realização desse processo, embora frequentemente em formas divergentes. E é por causa dessas divergências do pensamento com respeito à palavra e aos significados das palavras, nas quais ele se exprime, que o percurso da palavra para o pensamento passa através do significado. Por trás de nossas palavras há sempre um pensamento latente. A inadequação das palavras a exprimir o pensamento nasce da dificuldade de uma passagem imediata do pensamento à palavra, quando, em vez disso, se trata de uma transposição completa e mediata, na qual podem entrar em jogo outros fatores, que tornam mais problemática a realização da própria passagem. O pensamento nunca é o equivalente imediato do significado da palavra; o significado, por sua vez, é o elemento que medeia o pensamento no seu

---

M. *Fenomenologia della Percezione*, cit. pp. 252-253. Também em: LAVELLE, L. *La Parole e l'Écriture* (Paris: P.U.F., 1942, p. 20), fala da linguagem como "corpo do pensamento".
307   VYGOTSKY, L. S. *Pensiero e Linguaggio*, cit. p.335. O psicólogo russo distingue na linguagem dois planos, um interno e outro externo, e observa que "o aspecto interno, dotado de sentido semântico da linguagem e o aspecto externo, sonoro, físico, embora formando uma unidade autêntica, cada um tem suas leis de movimento. A unidade da linguagem é uma unidade complexa, mas não homogênea e congênere" (*ibid*).

caminho para a expressão verbal. O percurso possível, que do pensamento vai para a palavra, é, portanto, indireto e mediado pelo pensamento interno, sendo ele mesmo um fato mais estritamente de consciência.

O pensamento não se origina de outro pensamento, mas da esfera das motivações mais profundas da nossa consciência, das experiências significativas de cada um, da cultura, da qual se é depositário e da qual se frui. A passagem para a linguagem é inevitável, porque realiza o pleno domínio do pensamento sobre os objetos da experiência, que são transformados em objetos mentais, materiais de pensamento retraduzidos de novo em palavra, segundo um movimento contínuo de um campo ao outro. Só na linguagem o mundo nasce para a consciência, porque, onde se estende o poder humano de nomear e dizer, onde se estende a riqueza humana de expressão e de interpretação, se estende também a consciência humana do mundo. A nossa linguagem é a nossa consciência, a nossa consciência do mundo ou o nosso mundo consciente; ela pode sê-lo porque não é instrumento, não é simplesmente mundo de signos puros. A linguagem é o pensamento que vem à expressão, de modo que o próprio pensamento permaneceria como aprisionado e não poderia sequer ocorrer, se no seu caminho para a consciência não encontrasse a linguagem, na qual depositar-se e exprimir-se.

"Falar é realizar operações mentais elementares (os componentes semânticos), organizar em estruturas complexas (as configurações semânticas) e depois traduzir essas estruturas cognitivas em uma forma superficial acessível ao ouvinte".[308] Na criança a aprendizagem da linguagem é a condição necessária para o desenvolvimento mental, porque o conteúdo da experiência histórica do homem, a experiência histórico-social não está consolidada apenas nas coisas materiais: ela é generalizada e refletida em forma verbal na linguagem. Desenvolver as capacidades linguísticas dos indivíduos significa desenvolver suas capacidades de elaboração cognoscitiva das suas experiências e das experiências dos outros e de intervenção prática no mundo e, ainda, a possibilidade de poder entrar em relação com a sociedade e a cultura não como simples espectadores, mas como protagonistas.

---

308 PARISI, D. *Il Linguaggio Come Processo Cognitivo*. Turim: Boringhieri, 1975, p. 190.

3.4. A atividade da mente e a função da linguagem

Ao contrário do que se crê, não existe um mundo real que preexista e que seja independente da atividade mental humana e da linguagem simbólica. O que chamamos de mundo é o produto da atividade de uma mente e dos seus procedimentos simbólicos. A linguagem no seu articular-se na vida dos indivíduos implica uma atividade da mente, suficientemente côngrua e adequada às operações e aos desempenhos exigidos; do mesmo modo, a mente implica uma forma de linguagem, capaz de levar à expressão o fluxo da atividade da mente, de maneira que a atividade da mente e a expressão linguística se mantêm juntas na unidade do ser vivo. Essa é a conclusão a que se chega refletindo sobre os mecanismos que presidem a reação da mente com a linguagem no homem.

Por um lado, a linguagem "penetra profundamente na nossa percepção e na memória, no pensamento e na ação. Ela organiza o nosso mundo interior" e, ainda "com a ajuda da linguagem penetramos nas profundidades do mundo percebido, distinguimos o essencial, nos desviamos do não essencial, generalizamos determinadas impressões em categorias gerais, pensamos...".[309] O pensamento não nasce de outro pensamento, mas da esfera das motivações da consciência do indivíduo, aquela consciência do homem, que se constitui em base linguística, tendo como matérias na sua constituição as necessidades e as paixões, os interesses e os impulsos, os afetos e as emoções de cada um. A consciência que o homem tem de si mesmo e do mundo tem sempre uma valência linguística, além de mental, e chega a ela exatamente mediante a linguagem.

Na unidade da consciência do ser humano se experimenta a unidade entre mente e linguagem. Está fora de discussão que a linguagem tende ao plano do pensamento como se fosse uma orientação original rumo ao seu fundamento; de outro modo não se explicaria o sentido de todas as operações linguísticas que se originam sempre por um ato do pensamento e a ele se referem. Por outro lado, é igualmente pacifico que a

---

309 LURIJA, A. R. *Un Mondo Perduto e Ritrovato*, tradução italiana de L. Mecacci. Roma: Editori Riuniti, 2001³, p. 40.

mente tem necessidade da linguagem para exprimir-se e para manifestar-se. O pensamento tende para a linguagem porque, só se manifestando e se realizando no plano da expressão linguística, sai de si para viver fora e para se tornar, ao mesmo tempo, objeto de conhecimento e objeto de troca entre os falantes. A linguagem, por sua vez, deve fazer referência ao pensamento, para encontrar seu fundamento mais sólido sobre o qual construir as frases e os discursos, para que tenham um sentido cabal, utilizável dentro de uma comunidade linguística. Na própria atividade linguística há como que refletida uma atividade mental, porque "toda língua é um vasto sistema estrutural, diferente dos outros, no qual estão ordenadas culturalmente as formas e as categorias com que a pessoa não só comunica, mas também analisa a natureza, nota ou negligencia tipos de relações ou de fenômenos, canaliza seu raciocínio e constrói o edifício da consciência".[310] Fica difícil distinguir e separar o que é simplesmente linguístico do que é apenas mental. As atividades linguísticas hão de ser entendidas como atividades mentais, que se situam no plano da expressão. Se o pensar permanece sempre uma atividade complexa, cujos mecanismos são, ainda, em grande parte, desconhecidos, o estudo da linguagem, que é a mesma coisa que a mente, pode levar a um esclarecimento da atividade da própria mente e do seu funcionamento. A afirmação whorfiana coloca a ênfase na importância da linguagem no estudo da atividade mental e dos processos cognitivos. O pensar remete sempre ao falar e o falar remete ao pensar.

O pensamento, no seu transformar-se para ter acesso ao plano da linguagem, sofre uma mudança na sua estrutura mais profunda, bem como no seu aspecto mais externo. Ao se exteriorizar, não se exprime simplesmente na palavra, mas se realiza nela tornando-se discurso como conjunto de frases, ligadas entre elas, para exprimir um sentido cabal e determinado. Um mesmo pensamento pode ser expresso com frases diversas, assim como uma mesma frase pode servir de veículo para a expressão de uma série de pensamentos diferentes. O pensamento não coincide de maneira imediata com sua expressão verbal, em razão de um excesso de significado que não chega ao mundo da linguagem e, ainda, o que no plano do pensamento está contido como uma corrente simultânea de um único fato, no plano da

---

310   WHORF, B. L. *Linguaggio, Pensiero e Realtà*, cit. p. 211.

linguagem se explica segundo certa ordem de sucessão. Se o pensamento, ao se colocar, parece sintético, a linguagem, ao contrário, parece analítica.

> *O pensamento poderia ser comparado a uma nuvem ameaçadora que derrama uma chuva de palavras. Por isso, o processo de passagem do pensamento para a linguagem é um processo extremamente complexo de decomposição do pensamento e da sua reconstituição em palavras. Exatamente porque o pensamento não coincide não apenas com as palavras, mas tampouco com os significados das palavras em que se exprime, o caminho do pensamento para a palavra passa através do significado.*[311]

Daí a inadequação, bastante frequente, da palavra para exprimir o pensamento. A inadequação não é tanto do sujeito falante quanto da própria palavra, incapaz de conter e de levar à expressão a riqueza do pensamento. A diferença entre pensamento e linguagem significa como a linguagem não é senão uma espécie de roupa, que cobre o pensamento, mas apenas parcialmente.

A compreensão das vivências de cada um e dos objetos mentais, bem como dos fatos da experiência e das relações entre as coisas, se dá ao indivíduo através dos seus portadores materiais, que são as palavras de uma língua dada, aquela língua própria do sujeito falante, possuída em comum com os outros componentes da comunidade linguística de pertença. A língua não é outra coisa que um sistema integrado, instrumento de conhecimento e veículo de comunicação, no qual determinados significados estão associados, e se fazem acompanhar de determinados vetores materiais, ou seja, de grupos fônicos, sem os quais não haveria realmente significado. Há, portanto, na língua, como que uma unidade entre pensamento e linguagem, unidade que é captada exatamente no significado da palavra. "Um ser que

---

311 VYGOTSKY, L. S. *Pensiero e Linguaggio*, cit. p. 390. Vygotsky esclarece com um exemplo essa sua afirmação: na realidade, "se eu quiser transmitir o pensamento de que hoje vi um rapaz com uma blusa azul correndo descalço pela rua, não vejo separadamente o garoto, separadamente a blusa, não vejo separadamente que ela é azul, separadamente que está sem sapatos, separadamente que ele corre. Verei tudo isso junto em um só ato de pensamento, mas o decomponho no pensamento em palavras separadas. O pensamento representa sempre um todo, bastante maior em extensão e volume do que a palavra separada" (*ibid*).

realiza certos sons, mas não como portadores de significado [...] não usa nenhuma língua, e nesse sentido não fala".[312] Ao mesmo tempo, o indivíduo não poderia pensar, nem poderia agir, se não dispusesse de uma língua para realizar os pensamentos pensados e colocá-los no ser, no plano do agir, os mesmos pensamentos.

As teorizações a esse respeito são múltiplas, ligadas ao esforço de esclarecer aspectos particulares da questão. Sobre um aspecto, relativo à relação linguagem-pensamento, se pode afirmar como o significado de uma palavra não é uma simples associação entre um conteúdo e uma expressão, mas o resultado de uma espécie de fusão, para a qual concorrem fatores e situações diversas, de caráter individual e de caráter social. Os valores, as expectativas, as necessidades e as censuras próprias de uma cultura, os registros linguísticos possuídos pelos indivíduos e os códigos à sua disposição, a posição do falante na sociedade, seu papel social, o plano das intenções de cada um, o sistema das expectativas, das motivações e das avaliações da sociedade e de cada um dos falantes, tudo isso determina, de fato, a ordem do significado da palavra, que por isso passa por flutuações de significado ligadas às particularidades dos falantes, aos múltiplos contextos de referência e à diversidade das situações culturais. Como prova a própria psicopatologia da linguagem:

> *nos ensina que a frase não é a mera repetição de uma sequência de unidades significativas isoladas, mas é determinada por um modelo que domina o todo e que é configurado pelo falante desde o início do enunciado. Em um doente, esse todo pode estar perdido, com um consequente enfraquecimento na capacidade de formar frases, mas sem qualquer deterioração aparente do seu controle sobre elementos individuais da sua língua.*[313]

No desenrolar-se da atividade verbal, a primazia deve ser vista da parte da evolução intelectual do indivíduo e não tanto da parte do desenvolvimento dos órgãos de fonação: esse último seria totalmente inútil sem

---

312 SCHAFF, A. *Linguaggio e Conoscenza*, tradução italiana de D. Angeli, A. Marchi. Roma: Editori Riuniti, 1973, p. 100.
313 MALBERG, B. *La Linguistica Contemporanea*, tradução italiana de F. Brioschi. Bolonha: il Mulino, 1972, p. 295.

uma evolução intelectual do falante.

> *Na estrutura anatômica dos órgãos da palavra talvez possamos encontrar uma explicação do por que a expressão linguística tenha assumido aquela forma particular (porque nos fazemos compreender através daqueles sons e porque aqueles sons específicos), mas não uma explicação da origem e da evolução da função comunicativa enquanto tal.*[314]

A única explicação possível para o desenvolvimento da linguagem no homem é em referência a uma atividade mental em ato, que determina suas formas e seu funcionamento.

A linguagem determina a nossa imagem do mundo e é fator que transforma o mundo. "A língua é a visão do mundo não apenas porque sua dimensão o coloca no mesmo plano do mundo, mas também porque espírito, mediante a transformação da realidade operada pela linguagem, pode colher a unidade do mundo".[315] A linguagem transforma ou cria o mundo porque objetos, experiências, ideias, sentimentos, estados de espírito, tudo é condicionado, no tocante à existência e à compreensão, pela linguagem. Não se trata de uma existência material, mas de uma chamada à existência que se realiza exatamente no plano da linguagem. E é por isso que a linguagem representa também um limite da nossa experiência, um obstáculo do qual não podemos nos livrar.

> *Se é verdade que não podemos experimentar o que é externo a nós ou que está dentro de nós a não ser na forma com que a linguagem o reveste, então isso não representa apenas uma condição indispensável para toda a*

---

314 Ibid., p. 303. Falando de Zasetsky, no protagonista de *Um mundo perdido e reencontrado*, Luria escreve assim: "Antes de ser ferido, cada palavra tinha seu significado exato, que vinha à superfície imediatamente assim que a ouvia. Cada palavra era uma partícula do mundo vivo ao qual estava ligado por meio de milhares de fios. Cada palavra despertava um enxame de recordações vivas, cambiantes, intuitivamente perceptíveis. Possuir essas palavras significava despertar qualquer impressão do passado, fazer relação com as coisas, gerar conceitos, possuir a vida. E isso tinha desaparecido nele e de maneira irremediável" (LURIJA, A. R. *Un Mondo Perduto e Ritrovato*, cit. p. 117). Essa mudança era devido à falta de uma parte do cérebro, após o ferimento, ao passo que os órgãos da fonação permaneceram intactos.

315 SCHAFF, A. *Linguaggio e Conoscenza*, cit. p. 19.

> existência, mas também um obstáculo que nos impede de penetrar além disso, uma prisão da qual não podemos nos livrar.³¹⁶

O nosso conhecimento do mundo e de nós mesmos é sempre um conhecimento mediado pela linguagem, e isso constitui o nosso recurso e o nosso limite.

Era consciente disso o próprio Humboldt quando afirmava que:

> *como o som singular se insere entre o objeto e o homem, assim a língua inteira se insere entre o homem e a natureza, que sobre eles exerce uma influência interna e externa. O homem se rodeia de um mundo de sons para acolher em si e elaborar o mundo dos objetos. Essas palavras realmente não ultrapassam o signo da verdade pura e simples. O homem vive principalmente com os objetos e, mais ainda, visto que nele sofrer e agir depende das suas representações, ele vive com os objetos percebidos fugidiamente no modo como lhe estende a língua. Com o mesmo ato, por força do qual tece a partir de dentro a rede da sua língua, ele se desenvolve, e toda língua traça em torno do povo ao qual pertence um círculo do qual não é possível sair senão passando, no mesmo instante, pelo círculo de outra língua. O aprendizado de uma língua estrangeira deveria ser, portanto, a aquisição de uma nova perspectiva na visão do mundo até então vigente, e é isso de fato em certo grau, dado que cada língua contém a trama inteira dos conceitos e da maneira de representação de uma parte da humanidade.*³¹⁷

A problemática linguística é estendida do plano do indivíduo para o plano da nação. A língua se torna como uma forma *a priori*, não só do indivíduo, mas de uma nação inteira, que nela se autocompreende como o resultado de um processo determinado, acompanhado pela língua.³¹⁸

---

316   MALBERG, B. *La Linguistica Contemporanea*, cit. p. 296.
317   VON-HUMBOLDT, W. *La Diversità delle Lingue*, cit. p.47.
318   Tinha sido Hamann, seguido também por Herder, que considerou a linguagem como uma forma, *a priori*, pressuposto do próprio pensamento, contra a lição kantiana, segundo a qual o pensamento é o pressuposto da linguagem. Ele, na sua *Metakritik über den Purismus der Vernunft* (1784) escrevia: "Não só a faculdade do pensar repousa na linguagem [...], mas a linguagem é também o ponto central do mal-entendido da razão consigo mesma, em parte por causa da frequente coincidência do conceito maior com o menor, da vacuidade e

Não basta reconhecer a estreita correlação entre processos cognitivos e processos linguísticos. É necessário anotar os problemas que se levantam no plano da transmissão dos conhecimentos e das trocas comunicativas e ativar, ao mesmo tempo, aquelas estratégias para que ambos os processos aconteçam dentro de um projeto formativo do homem, orientado para o desenvolvimento integral da personalidade dos indivíduos. É, na vertente educativa, ou seja, através de uma ação consciente, que os dois processos podem e devem desenvolver-se, interagindo também com os fatores socioambientais que incidem na evolução desses processos, chegando a determinar os próprios percursos e sua qualidade. A língua não é apenas o instrumento, mas também o "cofre" e a forma do pensamento. As experiências e os conhecimentos das gerações precedentes estão acumulados na língua e são retransmitidos às gerações através de determinados processos culturais. A língua dá forma ao processo de pensamento e, em certo sentido, o delimita. Essa "forma" é determinada pela língua materna, lugar da "consciência nascente", adquirida pelo indivíduo através de um processo de imitação dirigido pelos adultos.

Ao reconhecer a importância da linguagem na estruturação do pensamento do indivíduo, trata-se de elaborar estratégias adequadas, capazes de romper o determinismo de certas situações, que limitam, de fato, o indivíduo, sequestrando-o de uma vida de relações rica de significados. Permanecer fechados dentro de circuitos linguísticos restritos, privilegiar o uso do dialeto em prejuízo da língua nacional, recorrer ao *slogan* e a estereótipos, usar formas de linguagem implícitas, perseguir no falar significados vagos não mais presentes na consciência linguística dos falantes, significa impedir para si o acesso a experiências significativas mais amplas, não desenvolver absolutamente as capacidades linguísticas e, consequentemente, aquelas cognitivas, permanecendo, enfim, sujeito da força dos mitos e das ideologias. Contra essa redução do homem a objeto entre os objetos, Paulo Freire reivindicou com força a ideia de uma espécie de "conscientização", como capacidade do indivíduo, a partir da reconquista

---

da plenitude do conceito em proposições ideais; em parte devido ao que há de indefinido nas figuras de palavras com respeito às figuras silogísticas, e semelhantes" (HAMANN, J. G. Metacritica sui Purismi della Ragion Pura, em: CROCE, B. La Metacritica dello Hamann Contro la Critica Kantiana, *em: Ibid., Saggio sullo Hegel Seguito da Altri Scritti di Storia Della Filosofia*. Bari: Laterza, 1927, p. 299).

do seu universo linguístico, de "ler" e "escrever" seu mundo, onde "ler" significa compreender e interpretar o mundo e "escrever" significa transformar o mundo. A meta da conscientização é chegar à emancipação do homem, como resultado de um ser "mais", que lhe é subtraído, mas que está no destino de todo homem alcançar.[319]

A transformação do mundo em um sentido mais humano exige uma compreensão e uma interpretação do mesmo mundo; mas nem uma, nem a outra são possíveis sem um instrumento linguístico ancorado em um pensamento, que na linguagem vem se manifestar e crescer junto com ele. O falar é sempre associado a um pensar, de modo que falar de uma coisa significa pensar uma coisa, enquanto o pensar é sempre pensar em uma língua determinada. O esforço é de desenvolver aqueles processos cognitivos do indivíduo através de um uso mais apropriado do meio linguístico. De maneira mais simples, põe-se a exigência de uma educação que saiba reconhecer o valor e a importância da linguagem no processo de desenvolvimento do ser humano. De resto, como afirma Halliday, "a natureza da linguagem está em estreita relação com os rendimentos que nós exigimos dela, com as funções a que deve servir".[320]

Fazendo referência aos estudos de Leontiev, se poderia supor uma ação, especificamente de tipo linguístico, que visa ao desenvolvimento da atividade mental dos indivíduos. O recurso à linguagem para a determinação de uma ação sobre o desenvolvimento das operações mentais ressalta como a linguagem e a mente são dois âmbitos do ser do homem não assimiláveis uma à outra, porque juntas constituem a própria unidade do homem.

Momento inicial dessa ação sobre a linguagem é o reconhecimento da função reguladora da linguagem sobre o comportamento do indivíduo. A linguagem, no início, a do adulto, depois a da criança, exerce uma função reguladora sobre o comportamento do indivíduo. Leontiev identifica os três possíveis momentos do processo de formação das operações de pensamento, tornadas possíveis e favorecidas pelo uso do instrumento linguístico, que tem essa finalidade. A um primeiro momento, que consiste em mostrar as ações a executar e seu resultado, a fim de orientar a criança para assumir

---

319 Sobre Paulo Freire, ver o meu *Paulo Freire: la Liberazione Possibile*. San Prospero: CPE, 1977 e, ainda, *Comunità, Comunicazione ed Emancipazione*, cit. pp. 85-114.
320 HALLIDAY, M. A. K. *Struttura Linguistica e Funzione Linguistica*, cit. p. 169.

uma determinada tarefa, segue-se um segundo, no qual as ações mostradas e realizadas devem poder ser traduzidas no plano da linguagem. Enfim, no terceiro momento, essas ações devem ser interiorizadas pela criança, até que possam adquirir os caracteres de uma operação interna do pensamento. Somente "nesse estágio ela pode, naturalmente, ser controlada e corrigida pelos adultos, o que exige que ela se exteriorize ainda, por exemplo, transferindo-se para o plano da linguagem falada".[321] Nos três momentos desse processo permanece decisivo o papel da linguagem, porque é através da linguagem que a atividade da mente determina e acompanha o desenvolvimento das operações de pensamento.

Uma ação sobre a mente, mediante a linguagem, assim como proposta por Leontiev, poderia ter consequências positivas sobre o plano da aprendizagem linguística e do aprendizado mais em geral do indivíduo. Do suceder-se das várias fases do desenvolvimento linguístico se pode entender como a compreensão das palavras por parte da criança é o resultado de um longo processo, que inicia já nos primeiros meses de vida da criança, como atestam os estudos da *neonate cognition*.[322] Só pelos dois anos o mundo dos objetos se transforma para a criança, e isso acontece quando ela começa a aprender que todos os objetos têm um nome e se distinguem um do outro exatamente porque têm um nome. Dos nomes se passa depois aos discursos, que são percebidos e permanecem mais tempo impressos se forem referidos à experiência de cada um.

> Desde a primeira infância a criança começa a assimilar os discursos que lhe são dirigidos. No princípio compreende apenas o tom geral, depois as palavras distintas e, finalmente, o conteúdo das combinações complexas, ou seja, a informação que o adulto lhe comunicou. Durante os primeiros estágios do desenvolvimento a informação é percebida apenas

---

321 LEONTJEV, A. N. *I Principi dello Sviluppo Mentale e il Problema del Ritardo Mentale*, cit. p. 93.
322 A referência é a uma série de pesquisas feitas por Karen Wynn no *Infant Cognition Laboratory* da Universidade do Arizona. De maneira diferente das teorias de Piaget, Wynn demonstra que já no recém-nascido estão em ação processos cognitivos muito sofisticados. "Os recém-nascidos – afirma ela – elaboram e interpretam ativamente os sinais provenientes do mundo externo, demonstrando saber pensar aquilo que ocorre em redor deles" Ver WYNN, K. Addiction and Subtration in Human Infants, em: *Nature*, 1992, 358, pp. 749-750.

nos casos em que o discurso do adulto é incluído em situação em que a criança é testemunha.[323]

O desenvolvimento dos processos cognitivos e dos linguísticos é, por conseguinte, também de um tipo de ação que esteja em condições de envolver diretamente a criança, tornando-a consciente e participante dos processos em ato. Ou seja, é necessário que a criança se torne sujeito de experiências significativas, mesmo se, pelo menos no início, devam ser orientadas e guiadas pelo adulto.

3.5. Desempenhos linguísticos, comportamentos individuais e estilos familiares

A complexidade do fenômeno da linguagem não se deixa definir facilmente em uma fórmula simples, mais ou menos compreensiva e exaustiva. O espaço ocupado pela linguagem no mundo humano é demasiado extenso para que possa ser compreendido em uma definição aceitável. Sua compreensão deve passar por uma pesquisa que se constitua como uma análise detalhada do papel da linguagem nos processos formativos dos indivíduos, dos usos (ou funções) que o homem faz da linguagem nas mais diversas situações da sua existência, como são as relações que ligam a linguagem ao ambiente sociocultural do falante e, ainda, do comportamento, não só do comportamento verbal, dos falantes, determinado em grande medida exatamente pela linguagem. De uma análise assim realizada se poderá partir para chegar, enfim, à determinação de uma espécie de mapa linguístico, sobre o qual relacionar as questões e os aspectos mais relevantes da linguagem com os problemas mais em evidência, sendo o primeiro de todos o da influência que a linguagem exerce no comportamento dos falantes e o da correlação entre desempenhos linguísticos dos indivíduos e estilos familiares de cada um dos falantes.

A linguagem não nasce de improviso e em um terreno totalmente neutro, como algo absolutamente imprevisível, independentemente dos fatores

---

323   LURIJA, A. R. *Il Ruolo del Linguaggio nella Formazione di Connessioni Temporali e la Regolazione del Comportamento dei Bambini Normali e Oligofrenici*, cit. pp. 101-102.

ligados ao ambiente socioeconômico e cultural. Se a capacidade de falar, própria do homem, tem raízes biológicas, o exercício dessa capacidade está ligado à aprendizagem, que é sempre de natureza cultural. O processo da aquisição, que ocorre sempre em base imitativo-interativa, passa por uma série de fases sucessivas, observadas e repetidas continuamente, enquanto na evolução histórica, da qual a linguagem participa, sobre o condicionamento por parte do ambiente social, desde o mais amplo da sociedade até o mais limitado da família de pertença, que determina seu plano de significados e sua estruturação externa. A linguagem e o ambiente social, por sua vez, influenciam a percepção da realidade e o comportamento dos homens. Fica difícil distinguir, no âmbito da linguagem, o que é estritamente um fato da herança biológica e o que é, ao contrário, o resultado da influência social. Não existem, nem podem existir, fatos linguísticos independentemente dos fatores sociais que determinam e estruturam sua existência.

Por um lado, o ambiente humano, e também o físico, e, mais em geral, as condições materiais de vida, exercem sobre a linguagem uma influência decisiva, chegando a modelá-la de algum modo, adaptando-a às condições da existência material, à penúria ou à abundância de bens, bem como de relações humanas significativas; por outro lado, o comportamento dos indivíduos e sua percepção da realidade são determinados, em grande parte, pela língua da comunidade linguística de pertença. As próprias atividades mentais, como a percepção, a memória intencional, a atenção ativa e deliberada, são, na realidade, o resultado de uma longa evolução do comportamento do indivíduo, aquele comportamento sobre o qual a linguagem exerceu sua influência, determinando suas direções de desenvolvimento, desde as primeiras fases de aprendizagem por parte da criança. Os comportamentos dos homens são frequentemente condicionados pela língua, à medida que ela produz impulsos intelectuais que movem o pensamento em uma direção determinada, suscitando assim certos movimentos de espírito, certa força de vontade. O preconceito e o estereótipo, bem como os valores e as crenças dos indivíduos, o sistema de expectativas e a própria percepção dos fatos, próprios de uma cultura, não são compreensíveis sem fazer referência à língua, que veicula certos significados e certas orientações, próprios de um determinado sistema social, que se afirma e se consolida exatamente através deles.

O sistema linguístico de referência dos indivíduos, refletindo a realidade social de um contexto particular na sua complexidade, influi mais diretamente sobre o modo de pensar e de agir dos falantes, porque "influi sobre a percepção e articulação do mundo e, consequentemente, também sobre sua interpretação do mundo".[324]

> *A linguagem não pode ser considerada nem como um fato puramente natural, nem como o reflexo, baseado em relações de causa e efeito, de estímulo e resposta, de uma realidade objetivamente definida, determinada em si, distinta em objetivos e acontecimentos; nem como algo não natural, convencional, cujas regras são semelhantes às de um jogo. As línguas se constituem, ao contrário, na relação dialética entre o sujeito e o seu ambiente natural e social, e a sua gênese deve ser buscada nas necessidades humanas.*[325]

O plano material da língua (sonoridade, formas expressivas) se interseca com o plano espiritual (intenções, significados) e só sob essa condição se dá o significado.

A linguagem não se relaciona apenas com o pensamento, como capacidade lógico-conceitual, mas com todo o ser do indivíduo humano, visto na sua inteireza, na sua relação com o ambiente histórico-social e familiar e, por isso também, com todo o seu comportamento, linguístico e extralinguístico, influenciado profundamente pelo próprio contexto ambiental. O estudo da natureza e das funções da linguagem, bem como a consciência da estreita ligação entre aquisição linguística e desenvolvimento da atividade mental, permite poder afirmar que o crescimento psíquico-intelectual da criança, sem considerar o papel exercido pelos fatores individuais de cada um, se realiza em um processo de interação com o ambiente social. Esse processo de socialização é objeto de atenção por parte dos estudiosos, sobretudo pelas implicações que um processo adequado de socialização apresenta para o desenvolvimento dos indivíduos. A formação das atividades mentais de base e das formas de comportamento não ocorre segundo um processo inevitável de amadurecimento das funções mentais da criança, ou segundo um processo incoerente de aquisição de novas conexões e associações. Os processos de desenvolvimento devem ser promovidos e governados por ações

---

324   Ibid., p. 141.
325   PONZIO, A. *Produzione Linguistica e Ideologia sociale*, cit. p. 34.

educativas específicas e intencionais. Educar significa "organizar essa interação, orientar a atividade da criança para o conhecimento da realidade e para o domínio – por meio da palavra – do saber e da cultura da humanidade, desenvolver concepções sociais, convicções e normas de comportamento moral".[326]

O estudo do homem, enquanto ser social, pressupõe o estudo da linguagem, que representa para os indivíduos a memória da sociedade e o meio principal de transmissão cultural. "Linguagem e cultura se implicam mutuamente", antes, "a linguagem deve ser entendida como parte integrante da vida social".[327] O homem é um centro em torno do qual se reúne um conjunto de relações humanas, que no seu todo definem o conteúdo do seu comportamento social. Fato ainda mais significativo é que o comportamento dos seres humanos em relação ao seu ambiente social é em grande parte comportamento linguístico, ou é redutível a ele.[328] Considerar o homem como indivíduo social implica sempre um estudo da linguagem no qual e através do qual se exprime todo comportamento humano. "Falar uma língua significa comprometer-se com uma forma de comportamento muito complexa, governada por regras. Aprender e dominar uma língua é (entre outras coisas) aprender e dominar tais regras".[329]

A linguagem é aquilo que o falante pode fazer, porque falar é um agir, um exercer uma atividade. Afirmar que falar é agir significa afirmar que pelo, no, e/ou com o falar se faz sempre alguma coisa. São ainda mais interessantes, a esse respeito, algumas indicações dadas por Halliday sobre os atos de fala, que incorporam elementos retirados da filosofia, e os desenvolvendo de forma mais estritamente educacional. Além do que o falante pode fazer e do que pode dizer, Halliday considera um nível intermédio, no qual o potencial de comportamento se transforma em comportamento linguístico. Esse terceiro nível é o que o falante pode significar. O potencial linguístico é de significado e representa a realização linguística do potencial de comportamento, que se exprime também no sistema linguístico como léxico-gramatical.[330]

---

326 KOSTJUK, G. S. Alcuni Aspetti della Relazione Reciproca tra Educazione e Sviluppo della Personalità, em: VYGOTSKY-LURIJA-LEONTJEV. *Psicologia e Pedagogia*, cit., pp. 41-42.
327 JAKOBSON, R. *Saggi di Linguistica Generale*, cit. p. 6.
328 HALLIDAY, M. A. K. Il Linguaggio in una Prospettiva Sociale, em: GIGLIOLI, P. P. (org.) *Linguaggio e Società*. Bolonha: il Mulino, 1973, p. 237.
329 SEARLE, J. R. *Atti Linguistici. Saggio di Filosofia del Linguaggio*, cit. p. 36.
330 CAPPELLO, E. Dire e Poter Dire: i Potenziali Linguistici. L'influenza Teorica di

Esse potencial de significado indica aquilo que o falante pode fazer no sentido particular daquilo que pode fazer linguisticamente e, por conseguinte, pode ser definido em termos de cultura. Ele representa ainda a gama de variações significativas no interior do discurso à disposição do falante.

> *Se considerarmos a linguagem no seu contexto social, podemos descrevê-la como um potencial de comportamento ou, mais em particular, como um potencial de significados, entendendo o significado como uma forma de comportamento. Chegamos assim à ideia de representar a linguagem sob a forma de opções, de conjuntos de significados alternativos que coletivamente explicam o potencial global de significado. Cada opção é realizável em um contexto específico.*[331]

Esse contexto de referência é exatamente o sociocultural, no qual o falante se encontra e é esse contexto particular, sobretudo o familiar e escolar, que torna possível a realização das diversas opções disponíveis a cada falante.

Estudar a linguagem como comportamento social não é apenas importante para a compreensão da estrutura social, que é tomada como estrutura determinada linguisticamente, mas também para a compreensão da natureza da própria linguagem. A linguagem está organizada de certo modo por causa também da sua função na estrutura social; por conseguinte, a organização dos significados comportamentais deveria poder oferecer alguma forma de elucidação dos fundamentos sociais da linguagem e das estratégias a adotar, caso se pretendesse intervir sobre a linguagem. O comportamento linguístico efetivo pode ser explicado:

> *como o resultado da interação entre competência linguística e certas condições periféricas, tanto sociológicas como psicológicas, que limitam a aplicação da competência. Se, por um lado, o sistema das regras linguísticas determina mais ou menos a exatidão de uma sequência de expressões, por outro lado, são essas condições restritivas que determinam*

HALLIDAY, M. A. K. su B. Bernstein: un Approccio Sociale e Funzionale al Linguaggio, em: *Sociologia della Comunicazione*, 2001, 31, pp. 115-150.
331   HALLIDAY, M. A. K. Il Linguaggio in una Prospettiva Sociale, em: GIGLIOLI, P. P. (org.) *Linguaggio e Società*, cit. p. 244.

se uma expressão formada de modo correta seria mais ou menos aceitável em determinada situação.[332]

A linguagem é um bom indicador da mudança social, se não for também um dos fatores mais decisivos. A origem da linguagem coincide com a origem da sociedade, visto que um sistema de comunicação linguística é um requisito necessário para a existência de qualquer grupo humano, ao passo que a própria linguagem escrita pode ser considerada como linha divisória entre as sociedades primitivas e as intermédias.[333] Daqui o interesse pelo estudo do papel social da linguagem, interesse que está na origem de pesquisas sobre a influência que a pertença como grupo familiar em uma classe social particular comporta para cada falante, com vistas ao domínio do próprio sistema linguístico. A referência às pesquisas de Basil Bernstein e de Martin Deutsch, das quais resulta que a classe social do falante, ou grupo social de pertença, representa, de um ponto de vista sociológico, a influência mais importante no âmbito dos processos de socialização do indivíduo e é também causa não secundária da diferente distribuição do conhecimento e do saber entre os homens.[334] A família é o ponto decisivo de comportamentos, de significados e de intenções, ao redor do qual se estrutura positiva ou negativamente a personalidade do indivíduo.[335]

---

332 HABERMAS, J. Alcune Osservazioni Introduttive a una Teoria della Competenza Comunicativa, em: GIGLIOLI, P. P. (org.) *Linguaggio e Società*, cit. p. 110.
333 A linguagem escrita, afirma Talcott Parsons, "marca o fim da condição primitiva, aumenta a diferenciação fundamental entre o sistema social e o sistema cultural, e estende em muito o campo e a forma deste último" (PARSONS, T. Sistemi di Società, I. Le Società Tradizionali, tradução italiana de D. Pianciola. Bolonha: il Mulino, 1971, p. 53). Como diz Gadamer, "A palavra e a linguagem estão claramente no início da história humana e da história da humanidade" (GADAMER, H. G. *Elogio della Teoria*, cit. p. 18).
334 BERNSTEIN, B. Classi Sociali e Sviluppo Linguistico: una Teoria dell'Apprendimento Sociale, em: CERQUETTI, E. (org.) *Sociologia dell'Educazione*. Milão: Angeli, 1975, pp. 21-49; Struttura Sociale, Linguaggio e Apprendimento, em: PASSOW, A. H.; GOLDBERG, M.; TANNENBAUM, A. *L'Educazione degli Svantaggiati*, tradução italiana de F. Scaparro: *Ibid.* Milão, 1971, pp. 90-117; Classe Sociale, Linguaggio e Socializzazione, cit. pp. 215-36; *Class, Codes and Control*, I-III. Londres: Routledge and Kegan Paul, 1971-1975; DEJTSCH, M. Il Ruolo della Classe Sociale nello Sviluppo del Linguaggio e nella Cognizione, em: PASSOW-GOLDBERG-TANNENBAUM. *L'Educazione Degli Svantaggiati*, cit. pp. 74-89.
335 É mérito de Meltzer e Harris ter estudado esse aspecto, identificando nos estilos comunicativos da família um impacto diferente na formação dos indivíduos. Os estudos comunicativos são, segundo o modelo elaborado pelos dois sociólogos, classificáveis em duas categorias: a primeira tem características introjetivo-evolutivas; a segunda, projetivo-regressivo-distintivas. Ver MELTZER, D.; HARRIS, M. *Il Ruolo Educativo della*

Os processos cognitivos dos indivíduos acabam sendo condicionados pelo grupo social de pertença, bem como pela aprendizagem linguística e pelo comportamento mais geral. Atenção particular merecem as pesquisas de Basil Bernstein. Ele afirma que no decorrer da história, e isso vale também para a época contemporânea, apenas uma pequena parte da população foi socializada no conhecimento até o nível mais alto das metalinguagens de controle e de inovação, enquanto a grande massa da população foi socializada no conhecimento em nível das operações mais ligadas ao contexto. Não são poucas as disparidades de nível verificáveis entre os grupos sociais no âmbito do conhecimento, considerando que o acesso aos princípios da mudança intelectual foi quase sempre prerrogativa de poucos, em razão da sua classe social de pertença, ao passo que as classes sociais mais pobres foram penalizadas e, por isso, marginalizadas. Dois fatores concorrem para determinar essa limitação do significar do indivíduo pelo seu fazer, que investe a personalidade no seu conjunto, a saber: o contexto geral da cultura da sociedade e o contexto da situação. Enquanto a cultura da sociedade se refere geralmente a uma determinada população, o contexto da situação se refere à classe social ou ao grupo social de pertença. É no contexto da sua situação que o indivíduo se relaciona com a cultura da sociedade, fazendo suas experiências significativas, aprendendo a língua, assumindo comportamentos, agindo.[336]

Basil Bernstein fala de duas ordens de significado que se manifestam na linguagem dos indivíduos, uma de caráter "universalista", a outra de caráter mais "particularista". São "universalistas" aqueles significados cujos princípios e cujas operações são tornados explícitos pelos falantes no plano linguístico; em vez disso, são "particularistas" aqueles significados cujos princípios e cujas operações estão apenas implícitas de um ponto de vista linguístico. Os primeiros estão menos ligados ao contexto, e os indivíduos, mediante a posse e o uso desses significados, têm acesso aos fundamentos da sua experiência e estão em condições, por isso, de mudá-los mais facilmente. Possuindo os segundos significados, mais ligados ao contexto, ou seja, a uma dada estrutura social, os indivíduos estão em

---

Famiglia. Un Modello Psicanalitico dei Processi di Apprendimento, tradução italiana de M. Noziglia. Turim: Centro Scientifico Editore, 1990.
336 É essa a base da concepção bernsteiniana. Ver BERRUTO, G. *Sociolinguistica ed Educazione Linguistica*. Bolonha: Zanichelli, 1977, p. 140.

condições de transmitir o saber a todos aqueles que compartilham um contexto restrito comum. Onde, ainda, os códigos são mais elaborados, o indivíduo socializado goza de uma maior liberdade de um agir deliberado, tem maior acesso às bases da sua socialização e pode assim estabelecer uma relação crítico-reflexiva com o ambiente sociocultural no qual está inserido e, eventualmente, mudá-lo. Onde, porém, os códigos não são elaborados, a relação com o ambiente é certamente diferente, menos articulada e mais pobre, e menores são as capacidades de ação. Enfim, uma posição mais distanciada em relação ao mundo, que caracteriza a primeira ordem, corresponde, na segunda, a uma atitude de submissão. Tanto em um caso como no outro, encontramo-nos diante de um indivíduo qualitativamente diferente, diversamente caracterizado no plano do agir intencional e no plano das relações interpessoais.

Entre estrutura social e expressão linguística há uma correlação estreita; ou melhor, a estrutura social se realiza no seu conjunto como estrutura significativa exatamente através e mediante a linguagem. É através da linguagem que os papéis da estrutura social são definidos e tornados manifestos, e os valores são transmitidos e aceitos; mas é verdade também que a linguagem, como fato comunicativo, adquire seu valor real no âmbito social, do qual faz parte, tanto que sem ele não haveria nenhuma linguagem. A estrutura social determina a linguagem e é determinada, por sua vez, pela própria linguagem.

O ambiente sociocultural no qual o falante se encontra inserido influencia certamente o desenvolvimento da personalidade do indivíduo. Os estudos de Bernstein e de Deutsch, mesmo com todas as reservas pelos limites que apresentam, tiveram o grande mérito de ter destacado a influência exercida pelo ambiente, a se considerar em cada caso, decisiva para o desenvolvimento da linguagem. A habilidade linguística, embora dependente da inteligência, é condicionada de maneira determinante, quanto ao seu uso e à sua consolidação, pelos fatores ambientais e pelos estilos familiares comunicativos. A suposição de Bernstein, que constitui depois o ponto fraco da sua concepção, é a distinção feita entre uma *linguagem pública*, própria da classe operária, e uma *linguagem formal*, própria da classe média, tipos de linguagem chamados posteriormente de *código restrito* e *código elaborado*. Trata-se de dois tipos de linguagem, que conotam a pertença dos indivíduos a duas classes sociais diferentes e acabam condicionando a percepção do real por parte dos falantes singulares e, por isso, também seu modo de se representar o real e de falar ele.[337]

Esse esquematismo, rejeitado por muitos por causa também das incertezas terminológicas presentes, não deve levar a esquecer da importância de uma concepção, com a qual se quer afirmar a estreita correlação entre estrutura social e articulação linguística.[338] É uma correlação que se faz sobre o modelo das relações recíprocas entre indivíduo e sociedade.

A *linguagem pública* ou *código restrito* é caracterizada por frases breves e muitas vezes incompletas, por um uso frequente de conjunções, por um uso rígido e limitado dos adjetivos e dos advérbios, por frequentes repetições e expressões do tipo "verdade", "entendeu?", "pensa um pouco!". O léxico é pobre e fragmentário e a sintaxe, elementar. Mais grave ainda, porém, são as consequências no plano da aprendizagem. Porque:

> *Essa forma de expressão linguística é acompanhada por um nível relativamente baixo de conceitualização, por uma tendência a subestimar a causalidade, por um desinteresse por todo tipo de processo, pelo interesse pelo que é imediato mais do que pelas consequências de um complexo de relações: isso condiciona, em parte, a intensidade e o alcance da curiosidade, além de estabelecer certos tipos de relações.*[339]

Esse tipo de linguagem exerce uma influência sobre os conteúdos e sobre os modos de aprendizagem e, mais em geral, sobre as estruturas mentais do indivíduo. De modo diferente da *linguagem formal* ou *código restrito*, que se caracteriza por oposição à *linguagem pública* como linguagem mais articulada, sintaticamente correta, lexicalmente mais rica, esse tipo de linguagem *formal* impediria, segundo Bernstein, uma comunicação real de ideias e de

---

337 Ver BERNSTEIN, B. *Classi Sociali e Sviluppo Linguistico: una Teoria dell'Apprendimento Sociale*, cit. p. 219.

338 Sobre Bernstein e os problemas complexos de interpretação que suas teorias apresentam, ver. PINTO, A. *Svantaggio Linguistico, Ambiente Sociale, Educazione. Critica a Bernstein*. Roma: Bulzoni, 1980. Diversas críticas foram feitas às concepções de Bernstein: CHOMSKY, N. (*Intervista su Linguaggio e Ideologia*, tradução italiana de P. Caracciolo. Bari: Laterza, 1977, p. 56) faz uma avaliação muito severa. Ver ROSEN, H. *Language and Social Class: a Critical Look at the Theories of B. Bernstein*. Bristol: Falling Wall Press, 1972; DITTMAR, N. *Manuale di Sociolinguistica*, cit. p. 3.

339 BERNSTEIN, B. *Classi Sociali e Sviluppo Linguistico: una Teoria dell'Apprendimento Sociale*, cit. p. 54.

experiências, que, ao contrário, precisaria de uma formulação mais precisa e mais articulada, enquanto não permitiria um crescimento real dos indivíduos, bloqueados nos níveis individuais de aprendizagem, bastante medíocres e escassamente sociais. Daí a necessidade de uma ação educativa destinada a limitar e a diminuir o peso da herança cultural nos processos de aprendizagem e de socialização. No entanto, a solução buscada – uma forma de compensação linguística – é bastante criticável, porque não parece capaz de resolver os problemas que deveria resolver.

O modelo elaborado por Deutsch é diferente. Ele sublinha como a habilidade cognitiva, a habilidade linguística, o rendimento escolar e a imagem de si, mesmo sofrendo a influência da classe social de pertença do falante, se influenciam mutuamente de maneira dialética. Também aqui o papel da linguagem é fundamental: "Se a linguagem é um mediador do desenvolvimento intelectual e escolar, além de uma consequência do amadurecimento mental, então o desenvolvimento limitado da linguagem dos alunos que provêm de ambientes culturalmente desfavorecidos é obstáculo para a aprendizagem escolar".[340] Aqui se evidencia uma espécie de *déficit cumulativo*, destinado a crescer, sobretudo quando a instituição escola não consegue perceber a diversidade dos processos de aprendizagem e ação, intervindo oportunamente com estratégias mais idôneas.

Uma ação de intervenção linguística sobre as crianças por parte dos adultos é decisiva.

> *Como prova de que a influência que age no desenvolvimento da criança é dada pelo empenho verbal ativo das pessoas que a circundam, podem ser aduzidas provas bem fundamentadas. A estruturação desses empenhos verbais, em termos de condições e de estilos de vida familiar, e a ulterior relação entre o estilo de vida e a pertença à classe social, conduz à análise das capacidades linguísticas das crianças e do comportamento verbal em termos de status socioeconômico e familiar.*[341]

Segundo Deutsch, no estilo cognitivo da família das classes inferiores, a linguagem, mais do que ser usada de modo divergente e elaborativo, é usada de

---

340 DEUTSCH, N. *Il Ruolo della Classe Sociale nello Sviluppo del Linguaggio*, cit. p. 74.
341 *Ibid.*, p. 76.

modo convergente ou restritivo e se caracteriza com exclamações ou imperativos, com frases incompletas que certamente não ajudam a criança na estruturação da sua personalidade mediante a aquisição de capacidades linguísticas e cognitivas. "O *feedback* não é tal que dê à criança os apetrechos verbais articulados, que lhe permitem iniciar e desenvolver completamente a classificação normativa e a identificação do ambiente".[342]

---

342   *Ibid.*, p. 77.

4
Educação linguística e educação semântica

A finalidade da educação é criar homens em condições de fazer coisas novas, não simplesmente repetir aquilo que as outras gerações fizeram; homens capazes de criar, inventar, descobrir. A segunda finalidade da educação é formar mentes capazes de criticar, de verificar, e não aceitar qualquer coisa que lhes seja oferecida.

(Jean Piaget)

A comunicação, como sistema de troca e de relação entre os seres, representa o laço mais profundo que mantém juntos os seres do mundo, desde os unicelulares até os mais complexos. Todos os seres se comunicam entre eles segundo uma menor ou maior intensidade e gradação, ajustadas à sua capacidade de comunicação. Além disso, eles se comunicam, intencionalmente, quando, como no caso dos seres humanos, a comunicação acontece na sua forma superior.

A gradação diversa na comunicação dos seres implica, em seus níveis mais altos, um grau diferente de significação. É uma significação tão extensa e ramificada que exige do homem um compromisso mais direto e mais consciente na decifração de tudo isso, que nas relações de comunicação realmente mudou, e das diversas relações que passam a haver entre os indivíduos por seu intermédio. Nem sempre os signos, os vetores materiais com e mediante os quais se comunica, são imediatos e evidentes por si, caracterizados, no tocante à sua recepção e compreensão, por estados de provisoriedade, de incerteza e de ambiguidade, quando eles mesmos, por causas diversas, não são absolutamente obscuros e indecifráveis. No tempo da máxima difusão dos meios de comunicação de massa, quando, relativamente à compreensão dos signos em uso, persiste ainda um estado de opacidade e de obscuridade, a sociedade não se torna, por si, mais "transparente", mais consciente de si, "mais iluminada"; torna-se apenas mais complexa, até mais caótica, uma condição que prefigura cenários diversos de existência, e os indivíduos se encontram como que em equilíbrio instável, suspensos entre a queda na homologação cultural dos modelos sociais predominantes e a luta pela emancipação.[343]

No mundo do homem, o sistema da comunicação se especializa na sua forma mais alta como linguagem verbal articulada, de modo que, hoje, o domínio da palavra se estende de maneira tão difundida no homem e na sociedade que caracteriza todas as expressões do homem e da sociedade, que se estruturam segundo e com referência a um perfil estritamente linguístico, verdadeira chave hermenêutica da existência humana. O valor linguístico do qual o falante dispõe, como capacidade de assumir e de compreender a realidade, referindo-a aos seus aspectos linguísticos, é a condição que permite que as coisas sejam objeto de conhecimento e de troca na comunicação.[344]

Se o homem se comunica com o corpo todo, também é verdade que a linguagem é o instrumento principal da comunicação. "O homem se comunica com todo o seu corpo, mas a palavra é seu principal meio de comunicação.

---

343 VATIMO, G. *La Società Trasparente*. Milão: Garzanti, 1989, p. 11. Certamente a massa de informações de que a sociedade contemporânea dispõe, sofridas passivamente pelos indivíduos, acaba produzindo efeitos de conformismo e de estereotipia culturais. Vatimo observa que "exatamente nesse 'caos' relativo residem as nossas esperanças de emancipação".
344 A distinção bruneriana entre *competência linguística e competência comunicativa* assume grande importância: "enquanto a primeira pode ser entendida como a capacidade de dominar e usar um certo código linguístico, a segunda é dada pelo conjunto de capacidades cognitivas e de conhecimentos que permitem que o indivíduo saiba usar a linguagem de modo contextualmente adequado" (ANOLLI, L. Sviluppo del Linguaggio e Interazione Sociale nella Prospettiva di Bruner, em: LIVERTA-SEMPIO, O. (org.) *Vygotsky, Piaget, Bruner. Concezioni dello Sviluppo*. Milão: Raffaello Cortina, 1998, p. 281).

A comunicação, como o próprio conhecimento, culmina na expressão verbal".[345] A expressão verbal, como dimensão mais significativa da existência do homem, e suas diversas modalidades de realização, devem estar, portanto, no centro de toda prática educativa. O indivíduo se exprime e se realiza na sua totalidade como pessoa no plano da expressão linguística e não há nada, nem no plano do conhecimento nem no da comunicação intersubjetiva, que possa ocorrer fora, ou prescindindo dela. Toda ação educativa deve favorecer o desenvolvimento e a consolidação de todos aqueles processos de aprendizagem do indivíduo, redutíveis direta ou indiretamente à expressão verbal. Ao favorecer o desenvolvimento e a consolidação desses processos, permite-se que o homem possa estar em busca, junto aos outros, de uma identidade pessoal sempre maior, uma identidade a construir em termos de maior conhecimento de si, pressuposto de uma maior realização de si.

Desenvolver as capacidades linguísticas dos indivíduos e suas expressões verbais é uma conquista muito importante e de longa duração, que diz respeito não a uma dimensão só do ser humano, mas a todo o homem, como unidade de razão e linguagem. "Aprender uma língua quer dizer aprender seus usos e potencial de significado associado a eles; as estruturas, as palavras e os sons são a realização desse potencial de significado. Aprender uma língua é aprender a significar".[346]

Propor-se, no âmbito dos processos formativos dos indivíduos, o alcance de tal objetivo, e conseguir alcançá-lo, significa arranjar uma forma de o indivíduo desenvolver, mediante a consolidação e o desenvolvimento dos processos linguísticos, a compreensão do mundo humano e não humano e das relações recíprocas que existem entre os dois mundos; aumentar as necessárias capacidades de construção, de elaboração, de manipulação e de transformação prática da realidade; favorecer a estruturação e a consolidação dos processos emotivos e relacionais de cada um; facilitar a socialização dos indivíduos e o fato de se relacionarem com os outros, com a sociedade e com a cultura do tempo; estar em condições, enfim, de viver autonomamente e de modo criativo a condição humana e de saber orientar e

---

345   ONG, W. J. *La Presenza della Parola*, tradução italiana de R. Zelocchi. Bolonha: il Mulino, 1970, p. 7. Do mesmo Ong, ver também: *Interfacce della Parola*, tradução italiana de G. Scatasta. Bolonha: il Mulino, 1989 e, ainda, *Conversazione sul Linguaggio*, tradução italiana de G. De Veris. Roma-Bolonha: Armando, 1993.
346   HALLIDAY, M. A. K. *Sistema e Funzione nel Linguaggio*, cit. p. 61.

projetar o futuro, buscando a realização daqueles ideais possíveis de humanidade maior, que estão inscritos no ser de cada um. Todas essas operações exigem, no que concerne ao seu planejamento e à sua realização, uma ação consciente e incisiva sobre a linguagem, como condição necessária para que no homem realize um verdadeiro processo de desenvolvimento na direção indicada. No agir comunicativo dos indivíduos toma corpo e se desenvolve uma ideia de homem que postula e impõe a necessidade de realizar as expectativas de um homem que, no curso da história, muitas vezes falhou em alcançar aqueles níveis mais altos de humanidade. São níveis de humanidade que o homem poderia ter conseguido se não tivesse sido impedido por um sistema de comunicação, resultado pouco adequado, senão veículo de preconceitos mistificadores e de falsos valores.

Esses são objetivos de grande significado para o homem contemporâneo, e que, definem as metas de uma educação progressiva, ainda mais consciente em respeito ao passado, nem sempre encontram uma realização efetiva e eficaz. Somente uma educação que, na sua ação, faça referência aos processos linguísticos que estão por trás dos processos cognitivos e relacionais, e à sua incidência sobre os mesmos processos de desenvolvimento mais geral, e saiba adotar as estratégias específicas mais aptas, pode representar a virada necessária para que essas metas possam ser alcançadas por um maior número de indivíduos e de forma mais estável e mais duradoura.

4.1. O problema da educação linguística

Daqui nasce a necessidade e a importância de uma educação linguística diferente, repensada profundamente segundo os critérios e as orientações de uma pesquisa linguística e filosófica mais madura e cientificamente mais válida. O primeiro momento de uma educação linguística é a tomada de conhecimento da grande influência exercida pela linguagem na estruturação dos processos cognitivos dos indivíduos. Como momento sucessivo, ligado ao primeiro, é necessário construir e propor uma série de estratégias educativas, orientar para o desenvolvimento e a consolidação dos processos linguísticos, como fator decisivo para o desenvolvimento dos processos cognitivos e relacionais dos indivíduos. A educação linguística toma uma conotação diferente, certamente mais geral, mas a partir de um ponto de vista mais particular, como aquele dado pela linguagem. A educação contemporânea se torna por isso mesmo educação linguística.

Com referência ao aprendizado da linguagem, um dos objetivos da educação linguística, hão de ser sublinhados dois aspectos, que determinam hoje as condições mesmas da educação linguística. Antes de tudo, essa aprendizagem, como todo outro aprendizado, ocorre sempre mediante relações com o mundo dos adultos e, ainda, ela é tão importante que se torna decisiva para o desenvolvimento mais geral dos indivíduos.

Por um lado, "a linguagem é ensinada e aprendida o mais cedo possível, de outro modo seu desenvolvimento pode ficar retardado e atrasado para sempre, com todos aqueles problemas relativos à habilidade de 'proporcionar' postos à luz por Jackson",[347] uma habilidade muito mais geral que, além do plano estritamente linguístico, investe também o plano mental. Por outro lado, se é verdade que "a linguagem é inata ao homem como faculdade apenas à medida que se herda a estrutura do cérebro e dos outros órgãos" pelos quais todo indivíduo normal, se colocado na condição de aprender, pode aprender a falar; é igualmente verdadeiro que "a linguagem e o discurso articulado e com eles o pensamento, são um produto social transmitido ao indivíduo mediante a educação".[348] Toda aprendizagem é de tipo social, como resultado de uma série de processos biológicos e culturais, no qual esses últimos são em parte de tipo intencional e se referem à mediação dos adultos e do grupo social de pertença. Estudiosos atentos como Kainz e Luria, que seguem concepções e pontos de vista diferentes sobre o homem e sobre a sociedade, concordam em sublinhar a importância decisiva dos processos linguísticos na determinação do desenvolvimento mais geral dos indivíduos.

Entre linguagem e pensamento existe uma unidade orgânica, uma correlação estreita que constitui o específico do ser humano e o próprio eixo de todo processo formativo do homem. Uma educação mais eficaz deve ser capaz de traduzir e de exprimir o alcance da unidade entre linguagem e pensamento em objetivos concretos a perseguir na ação educativa, dotando-se

---

[347] SACKS, O. *Vedere Voci. Un Viaggio nel Mondo dei Sordi*, tradução italiana de C. Sborgi. Milão: Adelphi, 1990, p. 55.
[348] SCHAFF, A. *Linguaggio e Conoscenza*, cit. p. 111.

das estratégias mais oportunas e das metodologias cientificamente mais fundamentadas. Permanece a consciência de que todo aprendizado no homem, mesmo de tipo social, é sempre o resultado de um desenvolvimento homogêneo do plano do pensamento e do da linguagem, que para isso concorrem em medida igual.

> *A falta do segundo (do pensamento) condena a criança a permanecer para sempre no nível de um idiota; o desenvolvimento limitado da linguagem diminui as próprias possibilidades do pensamento. O desenvolvimento do pensamento conceitual está indubitavelmente ligado ao da função linguística, embora o mecanismo de tal conexão não tenha sido ainda totalmente esclarecido.*[349]

No ser humano, pensamento e linguagem são algo único não separável, porque constituem juntos o próprio homem.

De uma primeira consciência das questões inerentes às relações entre pensamento e linguagem segue-se uma série de indicações que podem ser traduzidas em verdadeiras tarefas educativas, úteis para a determinação de uma prática educativa que responda mais às exigências do mundo contemporâneo. São tarefas que podem ser resumidas assim:

1. linguagem e pensamento constituem no seu conjunto o homem na sua unidade orgânica mais originária;

2. o desenvolvimento do pensamento é determinado pelo desenvolvimento da linguagem, como sistema de signos, mesmo se os mecanismos da ação da linguagem sobre o pensamento permanecerem ainda desconhecidos, considerada a grande complexidade que os caracteriza;

3. todo desenvolvimento do indivíduo exige que se atue para que, na criança, ocorra o "despertar" da capacidade de falar, como condição necessária para toda aprendizagem, seja ela cognitiva, relacional ou outra;

4. esse despertar, que deve acontecer já nos primeiros meses de vida, é o resultado da atividade lúdica-prática, de tipo imitativo, realizada pela criança, e é favorecido por uma ação educativa intencional e conscientemente orientada, proposta e dirigida pelos adultos;

---

349   *Ibid.*, p. 111.

5. o desenvolvimento das habilidades mentais e linguísticas da criança ocorre no âmbito de um sistema de relações familiares e sociais gratificantes, sob a guia dos adultos e em um contexto de sociedade, determinado pela língua da comunidade de pertença;

6. a primeira educação da criança deve ser necessariamente educação linguística, porque com ela se inicia e desenvolve todo outro tipo de educação, desde a intelectual até a relacional e motora, e está estreitamente ligada a ela.

A educação linguística adquiriu hoje a categoria de nó central da educação em geral e é decisiva para o desenvolvimento do indivíduo. Ela constitui o terreno de confronto de concepções diferentes, entre a que faz referência a uma concepção autoritária e seletiva e a que, ao contrário, faz referência a uma concepção democrática e progressiva da escola e da sociedade. Uma educação linguística pode ter como meta veicular nos indivíduos certas relações de força e de domínio, uma imagem hierárquica e autoritária da sociedade, uma concepção falsa do homem, ligada a sugestões do passado, como, ao contrário, pode ter a finalidade de representar uma imagem do homem como ser livre e responsável, aberto ao encontro com o outro, solidário com todos na construção de um mundo mais humano, mais livre e mais justo. Nesse contexto, é de grande significado a contribuição de Paulo Freire, que falou de uma "pedagogia dos oprimidos" e de "uma pedagogia da libertação", como das duas modalidades da educação contemporânea, uma orientada para a opressão, a outra para a libertação.[350] As duas opções educativas estão depositadas na língua dos homens e se refletem na própria organização da sociedade, que, através de certos mecanismos de poder, perpetua a divisão entre os homens, entre aqueles que sabem e que não sabem, onde o saber é também falar.

A educação linguística se impõe contra o perigo de um novo poder, ainda mais penetrante, o dos *mass media* e dos seus gestores e dos *opinion-makers*, que cria modelos de identificação e de comportamento que prevalecem sobre as buscas individuais e não dão às pessoas os instrumentos críticos de decodificação, Isso obriga todos a desfrutar de uma linguagem estereotipada, muitas vezes anônima e desconhecida da maioria, criando necessidades efêmeras,

---

350 Sobre esses problemas, com os relativos aprofundamentos e as indicações bibliográficas, ver o meu *Paulo Freire: la Liberazione Possibile*.

projetando o homem sobre um mundo diferente, que acabou por matar o mundo real.³⁵¹ Uma língua reduzida ao uso de estereótipos, de simplificações e de *slogans*, não é certamente o fator mais importante para o nosso conhecimento, para a produção e para a representação das nossas percepções e dos nossos juízos e, até, para a própria sobrevivência das nossas instituições democráticas. O homem da "aldeia global" é mais vulnerável e não faltam as preocupações com a decadência da palavra, que acontece nos âmbitos da comunicação televisiva, da publicidade, da política, do saber médico.³⁵²

O campo da língua cobre todo o ser do homem, estendendo-se a todos os setores da existência humana e às diversas experiências dos indivíduos, desde o sonho e o delírio até as criações artísticas e as ações mais banais da vida cotidiana, experiências que só na forma da expressão linguística encontram sua manifestação. Como condição de um nível mais alto de humanidade, possível de alcançar, para o homem se torna muito necessário um uso consciente e correto da língua e apenas uma educação linguística, orientada para isso, pode dar aos indivíduos os instrumentos mais adequados. A língua, de fato, não existe para si, nem existe para a "comunicação referencial".³⁵³ Ela serve, sobretudo, para o que Sapir chamava de "comunhão", no sentido de um encontro entre os homens, tornado possível exatamente pela participação comum em uma mesma língua de pertença. Se "a vida é muito frequentemente todo o comportamento social do momento",³⁵⁴ isso implica que seja sempre uma dada língua particular que forneça ao homem "uma orientação predeterminada em uma imagem do mundo que é ao mesmo tempo uma imagem de valor e lhe impõe com força sugestiva e praticamente inevitável determinadas formas de representação, de pensamento

---

351   Na época da simulação, a coisa em si tende a desaparecer, substituída pela aparência. Ver BOUDRILLARD, J. *Il Delitto Perfetto. La Televisione ha Ucciso la Realtà?* tradução italiana de G. Piana. Milão: Raffaello Cortina Editore, 1996.
352   BRETON, P. et al. *L'Informazione Tramite i Media,* tradução italiana. Milão: Jaka Book, 1993. Ver também: VATTIMO, G. *La Società Trasparente*, cit.; BALDINI, M. *Il Linguaggio della Pubblicità. Le Fantaparole.* Roma: Armando, 1996³ e GAMBARDELLA, A. P. *Le Sfide della Comunicazione.* Bari: Laterza, 2001. Lembrar também o já clássico PACKARD, V. *I Persuasori Occulti*, tradução italiana de C. Fruttero. Turim: Einaudi, 1958.
353   LYONS, J. *Introduction to Theoretical Linguistics.* Londres-Nova Yorque: Cambridge University Press, 1968, p. 424.
354   PRIDE, J. B. Sociolinguistica, em: LYONS, J. (org.) *Nuovi Orizzonti della Linguistica,* tradução italiana de D. Zancani. Turim: Einaudi, 1975, p. 364.

e de comportamento".³⁵⁵ A língua representa o sistema de referência mais importante do homem, dado que "o 'mundo real' é construído, em grande parte, inconscientemente sobre os hábitos linguísticos do grupo".³⁵⁶

O próprio Piaget, como também Bruner e Gardner, caracterizaram o papel da educação na época contemporânea em sentido linguístico.

> *A finalidade da educação é criar homens em condições de fazer coisas novas, não mais simplesmente de repetir o que as outras gerações fizeram, homens capazes de criar, inventar, descobrir; a segunda finalidade da educação é formar mentes capazes de criticar, de verificar, e não mais de aceitar qualquer coisa que lhes seja oferecida.*³⁵⁷

Jerome Bruner, lendo Piaget à luz de Vygotsky, sublinha a necessidade de conjugar na educação o domínio dos conceitos fundamentais das disciplinas ensinadas com o "amadurecimento de uma aptidão para a aprendizagem e a investigação, para a intuição e a imaginação, para a possibilidade de resolver por própria conta os problemas".³⁵⁸ A perspectiva é um processo de desenvolvimento dos indivíduos, caracterizado nos termos de uma criatividade maior. A meta da indicação bruneriana é contribuir para a construção de modelos, em condições de pesquisar a atividade e os produtos da mente e, ao mesmo tempo, seus:

> *valores simbólicos, os "meios" dos quais a mente se serve para exprimir e comunicar significados. A capacidade de usar para esse fim veículos simbólicos [...] é uma competência tipicamente humana [...]. Aprender a dominar esses veículos simbólicos e, portanto "os sistemas de significado" que eles constroem, é uma tarefa fundamental na abordagem educativa do desenvolvimento da criança.*³⁵⁹

---

355 TOPISCH, E. *A Che Serve l'Ideologia*, tradução italiana de G. Backhaus. Laterza: Bari, 1975, p. 23.
356 SAPIR, E. *Cultura, Linguaggio e Personalità. Linguistica e Antropologia*, cit. p. 58.
357 DUCKWORTH, E. Piaget Rediscovered, em: *Journal of Research in Science Teaching*, 2 (1964), 3, p. 174.
358 BRUNER, J. S. Dopo Dewey. *Il Processo di Apprendimento Nelle due Culture*, cit. p. 60.
359 BRUNER, J. S. *La Cultura dell'Educazione. Nuovi Percorsi per la Pedagogia*, tradução italiana de L. Cornalba. Milão: Feltrinelli, 1997, p. 17.

A educação intelectual, seguindo a "teoria das inteligências múltiplas" de Gardner, deve, por outro lado, referir-se à complexidade da inteligência humana, que é também inteligência linguística, além da musical, lógico-matemática, espacial, corpóreo-cinestésica, intrapessoal e interpessoal. A inteligência linguística, considerando sua própria natureza, constitui a própria base da educação intelectual. Isso porque, de fato, diz respeito às outras inteligências, em sentido estrito, mas também aos "domínios", produtos culturais nos quais se exprimem as competências cognitivas dos indivíduos e os "campos", esse último um construído sociológico que compreende os juízos que pessoas e instituições fazem sobre a qualidade dos produtos cognitivos individuais.[360]

Um programa educativo que leve em conta esses problemas e queira dar a eles uma solução adequada, deve preocupar-se em realizar, mediante uma ação educativa consciente, uma série de objetivos, como a ativação das condições necessárias para o desenvolvimento dos processos cognitivos, a integração da personalidade dos indivíduos através de um processo adequado de socialização, a eficiência da comunicação interpessoal e o desenvolvimento das capacidades linguísticas de base (ler, escrever, falar e escutar), segundo níveis sempre mais altos. É através da realização desses objetivos que se tornará possível para o indivíduo o amadurecimento das suas capacidades de análise crítica em um contexto de socialização como condição do desenvolvimento de toda atividade intelectual. A retomada na reflexão e na prática educativa de algumas indicações formuladas no âmbito da "semântica geral" por Korzybsky, como "a palavra não é a coisa" e "o significado não está nas palavras, mas na pessoa que

---

360 As pessoas são diferentes e conhecem e aprendem segundo modalidades diversas. Elas são dotadas de "diferentes tipos de mente e, portanto, aprendem, recordam, executam e compreendem de modos diversos. Em particular, está amplamente documentado que enquanto a abordagem da aprendizagem de alguns é primariamente linguística, a de outros privilegia um percurso espacial ou quantitativo" (GARDNER, H. *Educare al Comprendere. Stereotipi Infantili e Apprendimento Scolastico,* tradução italiana de R. Rini. Milão: Feltrinelli, 1999, p. 21). Segundo Gardner, a inteligência linguística depende do hemisfério cerebral esquerdo e é constituída por elementos auditivos e visíveis. Ela consiste na capacidade de usar a linguagem de modo criativo, em relacionar-se com o significado das palavras, em estabelecer relações entre as palavras e em privilegiar a comunicação verbal. Ver GARDNER, H. *Frames of Mind.* Nova Iorque: Basic Books, 1993. Do mesmo Gardner, ver também: *Formae Mentis Saggio sulla Pluralità dell'Intelligenza,* tradução italiana de L. Sosio. Milão: Feltrinelli, 1987; *Aprire le Menti. La Creatività ed i Dilemmi dell'Educazione,* tradução italiana de N. Cherubino, *ibid.,* 1991.

as usa", pode dar à educação uma caracterização mais linguística, contribuindo para a formação de uma mentalidade mais aberta e mais democrática. No plano educativo se trata de propor dos modelos que levam os indivíduos a evitar, nas relações interpessoais, toda forma de absoluto e até palavras como "sempre", "nunca", "tudo", "somente", "o mesmo" e ensinar a desconfiar das escolhas entre dois valores apenas: esse ou aquele, e habituar à pesquisa dos referentes e à construção de escalas simples de abstração. Assim se criaria certa imunidade contra os preconceitos, as ideias fixas e os argumentos com "alta pressão".[361] O indivíduo poderia reivindicar sua liberdade diante de um universo de palavras sem significado, ou de palavras cujos significados são desconhecidos pelos falantes. A palavra, ou a "palavra verdadeira",[362] não pode estar ao serviço da opressão do homem, mas da sua emancipação, e sua posse é o resultado de uma conquista. A pedagogia se torna, então, em termos freirianos, uma "pedagogia da esperança", sonho de uma mudança do homem e da sociedade.

A educação linguística corre o risco, porém, de parecer insuficiente se não for acompanhada por uma educação semântica. Essa educação, fazendo apelo ao papel da linguagem na constituição dos processos cognitivos do indivíduo, se coloca como ação apta a pesquisar os significados subtensos às palavras e favorecer a passagem contínua dos processos cognitivos para os linguísticos e vice-versa, no âmbito do desenvolvimento mais geral do indivíduo. Por um lado, a ativação dos processos cognitivos exige um instrumento linguístico mais adequado, que torne possível sua consolidação e sua ampliação. Por outro lado, o desenvolvimento dos processos linguísticos exige uma atividade mental suficientemente adequada, que dê à linguagem conteúdos mentais, para conhecer e para comunicar.

Essa passagem contínua do plano mental para o linguístico e vice-versa, pressuposto de toda educação semântica, é o resultado de uma ação educativa consciente. As palavras, que se entretecem no plano do conhecimento e da comunicação dos indivíduos e constituem a trama da existência de cada um, não são consideradas em si mesmas, mas em relação aos significados e

---

[361] Alfred Korzybsky pensava, de fato, que o abuso das palavras gerava a intolerância e o dogmatismo. A proposta dele era desenvolver graus de consciência com respeito à língua. ANTUSERI, D.; BALDINI, M. *Lezioni di Filosofia del Linguaggio,* cit. pp. 245-278.
[362] FREIRE, P. *La Pedagogia degli Oppressi,* tradução italiana de L. Bimbi. Milão: Mondadori, 1971. Do mesmo Freire, ver também: *Pedagogy of Hope.* Nova Iorque: Continuum, 1994.

às intenções de sentido que veiculam. Agindo, sobretudo, na vertente da dimensão linguística dos processos cognitivos e relacionais, trata-se de levar o indivíduo ao domínio e à consciência da língua que usa, dos significados dos signos, sedimentações de vividos, e dos diversos graus de abstração, que estão presentes em todo processo cognitivo e linguístico e que determinam os níveis efetivos de sentido de cada afirmação. Para o falante:

> *Dominar uma língua ou, mais em geral, um sistema de signos quer dizer dispor de certos ordenamentos, conforme um esquema interpretativo, ordenamentos que aquele que fala tem ainda em seu poder com base em experiências precedentes, ainda que em implicações confusas; como também, por outro lado, poder a cada momento fazer passar esses objetos mentais constituídos na experiência, que ainda estão disponíveis, em atividades reconstruintes, ou seja, poder utilizar como sistema expressivo o sistema de signos experimentado como sistema interpretativo.*[363]

O objetivo final de uma educação semântica é levar os indivíduos a compreender como de um universo virtualmente infinito de objetos e de acontecimentos, para o qual dirigir sua atenção, o falante se limita a abstrair apenas certas partes, sabendo, em cada caso, que essas partes são as únicas disponíveis para as etiquetas ou categorias verbais que podem ser dadas e que constituem os materiais de troca na relação intersubjetiva e nos objetos mentais, à disposição do falante. Tudo o que abstraímos, que vemos, e como o abstraímos ou vemos ou consideramos é, para todos os efeitos, inseparável do modo como falamos a respeito, porque, definitivamente, todo objeto mental é uma criação nossa, resultado de uma reelaboração.

A centralidade da educação semântica adquire um alcance e um significado não contingente, não referível apenas à aquisição de um maior número de palavras ou de significados das palavras ou a uma articulação linguística mais adequada e mais correta. Ela é mais relativa ao comportamento linguístico mais geral do homem, visto nas suas relações consigo mesmo e com os outros. No comportamento linguístico não estão em questão apenas palavras, mas palavras associadas a significados, ou, mais propriamente, o próprio homem que, somente ao falar, é realmente ele mesmo.

---

363   SCHULTZ, A. *La Fenomenologia del Mondo Sociale,* tradução italiana de F. Bassani. Bolonha: il Mulino, 1974, pp. 174-175.

Conseguir ensinar os indivíduos a fazer avaliações certas no plano dos significados, visando à compreensão de fatos ou de acontecimentos ou às escolhas de vida, conseguir desenvolver sistemas cognitivos para reconhecer a exata estrutura, a ordem e as relações existentes entre as coisas ou as pessoas, conseguir estabelecer formas de comunicação correta com as outras significa estruturar de modo coerente o universo cognoscitivo, linguístico e emotivo de cada um, significa também dar a possibilidade de auto-orientação e autodecisão ao indivíduo, permitindo que ele se insira no contexto social de maneira orgânica e produtiva. Essa é a tarefa de uma educação semântica.

4.2. Da língua à palavra: os objetivos da educação semântica

O homem vive no "espaço" delimitado pela linguagem verbal, assim como a sociedade. Não poderia haver nem indivíduo, nem sociedade, nem eles poderiam sobreviver sem o instrumento linguístico, sobre o qual, porém, o indivíduo deveria ter sempre o máximo controle e, ao mesmo tempo, também a máxima consciência, para ser capaz de fazer uso apropriado. Os significados das palavras, os conteúdos cognitivos veiculados pela linguagem, e que constituem objeto do intercâmbio linguístico, nem sempre são imediatos por si; eles são o resultado de uma aprendizagem, resultado muitas vezes inadequado e limitado, e de um condicionamento, muitas vezes ideológico, sofrido do contexto social, condicionamento ainda mais pesado no tempo da máxima difusão dos meios de comunicação de massa.

> *Os homens se associam por meio da linguagem; mas os nomes são impostos segundo a capacidade de compreensão do vulgo. E assim o intelecto é assediado de modo extraordinário por uma má e inoportuna atribuição de nomes [...]. Ou antes, as palavras fazem diretamente violência ao intelecto, subvertendo todos os raciocínios, e levam os homens a inumeráveis e vazias controvérsias e mentiras.*[364]

---

364 BACONE, F. *Nuovo Organo*, I, 43, edição bilíngue por M. Marchetto (org.). Milão: Bompiani, 2002, p. 95.

O uso das palavras pode envolver uma série de inconvenientes, considerando que:

> As palavras se obscurecem com o uso, com o risco de se tornarem simples palavras "utilizáveis em toda parte" (passe-partout). Por força de serem repetidas nos dão a impressão enganosa de ter dito ou até explicado algo, quando, na realidade, olhando mais de perto, trata-se apenas de um hábito contraído, de um automatismo cujo alcance é apenas verbal, como "despido" (dénudée) do seu sentido original. Desse modo, o que é "corrente" (courant) de modo algum substitui o verdadeiro ou, melhor, vai em busca do verdadeiro.[365]

A linguagem está no início da constituição do homem e da sociedade. De certo modo, o plano do *loquor* precede sempre o plano do *cogito*. A consciência do homem e a memória da sociedade só ocorrem na articulação linguística de toda experiência humana, como resultado de um longo processo de desenvolvimento que interessou à evolução biológica da espécie e, especificamente, às estruturas mentais do indivíduo e à sua expressão linguística. Todas as formas da cultura, desde as mais elementares até aquelas mais altas, são redutíveis às formas linguísticas, nas quais elas são expressas. São essas formas que caracterizam a função específica do homem, aquela *função simbólica*, verdadeiramente única no mundo dos seres vivos, como capacidade de dar forma, plasmar, transformar e dar sentido à materialidade das coisas e dos fatos, exprimindo nas suas multiformes criações a essência do homem e seu destino. Porque a função simbólica do homem se explica, sobretudo, na criação de formas culturais, que conservam e dão testemunho ao mesmo tempo dos vestígios da humanidade. "Com essa criação, em toda forma de cultura e em todo aspecto da cultura, o homem cria e somente assim 'cria' a si mesmo, indivíduo e sociedade, chegando de fato, por intermédio de expressões e diálogo, à comunicação social".[366]

---

365 MINKOWSKI, E. *Filosofia Semantica Psicopatologia*, tradução italiana de M. Francioni. Milão: Mursia, 1969, p. 183. Sobre essa temática, ver também: WATZLAWICK, P.; BEAVIN, J. H.; JACKSON, D. *Pragmatica della Comunicazione Umana. Studio dei Modelli Interattivi, delle Patologie e dei Paradossi*, tradução italiana de M. Ferretti. Roma: Astrolabio, 1971.
366 PENATI, G. *Verità Libertà Linguaggio*. Brescia: Morcelliana, 1987, p. 55.

A linguagem não é apenas um instrumento de conhecimento e um meio de comunicação. Ela é muito mais que um instrumento ou um meio qualquer à disposição do homem. A linguagem, como se fosse a própria forma do mundo, forja também e determina "a visão inteira do mundo" do homem. Sobre esse tema, Benjamim Lee Whorf, fazendo-se intérprete de uma longa tradição nesse sentido, afirma que:

> *O sistema linguístico de fundo (em outras palavras, a gramática) de cada língua não é apenas um instrumento de reprodução para exprimir ideias; mas ele mesmo dá forma às ideias, é o programa e o guia da atividade mental do indivíduo, da análise das suas impressões, da síntese dos objetos mentais com que se ocupa. A formulação das ideias não é um processo independente, estritamente racional no velho sentido, mas faz parte de uma gramática particular e difere, em maior ou menor medida, em diferentes gramáticas. Analisamos a natureza segundo as linhas traçadas pelas nossas línguas.*[367]

A linguagem constitui o homem e a sociedade no seu significado mais pleno. Mas, para que ela, como horizonte do homem, possa desenvolver todas as suas potencialidades, é necessário que o falante tenha plena consciência disso, chegando a conhecer e a possuir seus significados possíveis, os melhores usos e as funções mais apropriadas. Em outros termos, é necessário que a linguagem se torne palavra; que de fenômeno se transforme em acontecimento e que o homem, como depositário e guarda da palavra, se torne ele mesmo responsável pela palavra, que está na sua plena disponibilidade de ser falante.

Falar da linguagem como acontecimento humano significa considerar a especificidade de algo absolutamente novo, e quase "misterioso", que acontece no mundo quando alguém fala no âmbito de um discurso. Dizer que a linguagem, que se faz discurso, é um acontecimento significa introduzir a temporalidade que se realiza no presente da palavra e, ainda, fazer referência a um sujeito e a um mundo que se pretende descrever, exprimir ou representar na palavra.

---

367   WHORF, B. L. *Linguaggio, Pensiero, Realtà*, cit. p. 169.

> *O acontecimento nesse terceiro sentido é o vir à palavra de um mundo em virtude do instrumento do discurso. Enfim, enquanto a língua não é senão uma condição prévia da comunicação para a qual ela fornece seus códigos, é no discurso que as mensagens são permutadas. Nessa perspectiva, apenas o discurso tem um mundo, ou antes, tem outro, outra pessoa, um interlocutor ao qual se dirige. O acontecimento, nesse último sentido, é o fenômeno temporal do intercâmbio, do instaurar-se do diálogo, que pode ser iniciado, prolongado ou interrompido.*[368]

De fato, é no acontecimento do discurso que nasce o mundo do homem, que é, por isso, recriado linguisticamente como uma segunda natureza não menos real.

A recuperação da noção de discurso como acontecimento se impõe quando se postula a passagem decisiva de uma linguística da língua ou do código para uma linguística do discurso ou da mensagem. O sentido dessa passagem é bastante claro, porque no falar se trata de superar o uso impessoal da língua por um uso mais pessoal e mais consciente. Na linguagem, ou mais propriamente no discurso, além das imperfeições, próprias da linguagem enquanto tal, encontram-se obscuridades e ambiguidades, bem como erros e incompreensões, mentira e engano, dos quais os discursos estão cheios, estejam os falantes mais conscientes disso ou não. A consciência, relativa à dimensão linguística da existência humana, é decisiva, porque através dela a linguagem pode tornar-se palavra, um acontecimento que, refletindo-se no homem, pode iluminar e caracterizar a própria existência pessoal de cada um. A transformação da linguagem em acontecimento e em palavra deve poder constituir como o horizonte dentro do qual seja possível realizar plenamente todo processo de crescimento real do homem. No plano do agir linguístico, falar é possuir as coisas, estabelecer correlações entre os objetos mentais, produzir mudanças nas pessoas, tomar consciência de um si mesmo ilimitado no plano da expressão, criar outros mundos possíveis.

---

368 RICOEUR, P. *Dal Testo all'Azione. Saggi di Ermeneutica*, tradução italiana de G. Grampa. Milão: Jaka Book, 1989, p. 100. Ricoeur considera três níveis segundo os quais o discurso pode ser considerado um acontecimento. Dizer que o discurso é um acontecimento significa que ele se realiza temporalmente e no presente; significa pôr um sujeito, ao passo que a língua não tem um sujeito; enfim, o discurso é sempre em torno de alguma coisa, ou seja, refere-se a um mundo que pretende descrever, exprimir ou representar.

As premissas dessa passagem já estavam traçadas no *Curso de linguística geral* de Ferdinand de Saussure, uma obra que constitui um "conjunto de considerações geniais que exigem toda uma exegese, e algumas das quais suscitam ainda controvérsias, obra que projeta a língua sobre o plano de uma semiologia universal e abre perspectivas com as quais o pensamento filosófico hodierno mal começa a medir-se".[369] Em torno dos pontos centrais da linguística saussuriana se entrelaçam problemas mais estritamente filosóficos. Consideremos, por exemplo, a distinção entre *langue* e *parole* e o problema que está ligado a essa distinção, ou seja, a distinção entre *signifié* e *signifiant*. O mesmo conteúdo linguístico, como resultante de um nível abstrato (*langue*) e de um nível concreto (*parole*) está disponível a uma abordagem filosófica, além de ser estritamente linguística.

É característica do *Curso de linguística geral* considerar a linguística segundo uma série de distinções de caráter dicotômico. A linguagem – costumava afirmar Saussure – é redutível a cinco ou seis dualidades: *langue-parole*; *signifié-signifiant*; *diacronia-sincronia*; *plano sintagmático-paradigmático*. O elemento que as unifica é o signo linguístico, constituído, por sua vez, pela dicotomia *signifié-signifiant*.

A *langue*, segundo a concepção de Saussure:

> *é um tesouro depositado pela prática da* parole *nos sujeitos pertencentes a uma mesma comunidade, um sistema gramatical existente virtualmente em cada cérebro e, mais exatamente, no cérebro de um conjunto de indivíduos, dado que a língua não é completa em nenhum indivíduo singular, mas existe perfeitamente apenas na massa.*[370]

Mais exatamente, "a língua não é uma função do sujeito falante: é o produto que o indivíduo registra passivamente; nunca implica premeditação, e a reflexão intervém aí apenas para a atividade classificatória".[371] Ao contrário, a *parole* "é um ato individual de vontade e de inteligência, no qual convém distinguir: 1. as combinações com que o sujeito falante utiliza o código da

---

369 BENVENISTE, E. *Problemi di Linguistica Generale,* cit. p.13. Ver também: DEROSSI, G. *Semiologia della Conoscenza.* Roma: Armando, 1976; RAGGIUNTI, R. *Problemi Filosofici nelle Teorie Linguistiche di Ferdinand De Saussure*, cit.
370 DE SAUSSURE, F. *Corso di Linguistica Generale,* cit. p.23.
371 *Ibid.*

língua com vistas à expressão do seu pensamento pessoal; e 2. o mecanismo psíquico-físico que lhe permite externar tais combinações".[372] Como tal, o processo da *parole* é metade psicológico e metade fisiológico.

Embora, porém, *langue* e *parole* sejam distinguidas tão nitidamente por Saussure, nem por isso suas relações são menos solidárias. A língua se impõe aos indivíduos e torna seus discursos inteligíveis. No mesmo tempo não poderia existir *langue* sem *parole*, mesmo porque "historicamente, o fato de *parole* precede sempre". Aprendemos a língua materna ouvindo os outros falarem, mas, por outro lado, é a *parole* que faz o sistema da língua evoluir. "Há, portanto, interdependência entre a *langue* e a *parole*: a primeira é ao mesmo tempo o instrumento e o produto da segunda. Mas dito isso, não impede que sejam duas coisas absolutamente distintas".[373]

A hipótese saussuriana é mais restritiva, pois diz respeito à distinção entre *langue* e *parole*. Essa distinção apenas retomava a oposição, de origem durkheimiana, entre a ordem individual e a coletiva, tão difusa nas ciências sociais do tempo de Saussure. Mas, além de restritiva, a hipótese saussuriana parece insuficiente por diversos pontos de vista. Nessa dicotomia existe abstração e rigidez, à medida que nunca se distingue o que no falar é ação verbal e o que é simples ato verbal. Em outros termos, a língua não é simplesmente, como afirmava Saussure, a "soma de impressões depositadas em cada cérebro à semelhança de um dicionário cujos exemplares, idênticos, foram repartidos entre os indivíduos",[374] mas algo que criam, ainda que não totalmente de modo arbitrário, os indivíduos que falam a língua, obrigados como são a um sistema comum de produção e de compreensão da língua, para entender e se fazerem entender. A língua é antes um fenômeno qualitativo, uma forma de comportamento, um sistema intencional de signos, que pressupõe a consciência do falante como princípio de organização interna. A atividade mental não é parte autônoma com respeito à língua, porque ela precede, acompanha e segue, ao mesmo tempo, o desenrolar da atividade linguística do sujeito falante.

Fazendo referência à distinção saussuriana entre *langue* e *parole*, considerada dentro dos limites estabelecidos, a educação não pode não se configurar como assumindo essa tarefa primária, a saber: realizar a passagem do plano

---

372 *Ibid.*, p. 24.
373 *Ibid.*, p. 129.
374 *Ibid.*

da *langue* para o da *parole*. Esta tarefa é decisiva quando, como hoje, o papel da linguagem tomou uma importância crescente no plano das relações sociais e se é muito consciente do seu papel em relação aos processos de desenvolvimento do indivíduo. Prolongando o sentido desse discurso, não se pode esquecer de que "a palavra é instrumento de poder. Há o poder de quem diz mais e melhor (pode-se ver nos contos como também na cultura, a citação *douta* é usada pelo homem como instrumento para subjugar) e há o poder de quem diz menos. Há o poder de tornar vão o discurso do outro através do seu discurso ou através do seu silêncio".[375] A posse da palavra liberta o homem do estado de minoridade e da marginalização, condição na qual, se está privado da palavra, se encontraria lançado, sem poder alcançar uma condição diferente e mais alta de humanidade. A falta da palavra no homem torna esse estado de minoridade e de marginalização ainda mais grave, como é testemunhado pelas diversas patologias da linguagem, com a qual estão afetados muitos indivíduos, impedidos, por isso, de ser eles mesmos.

Não se pode esquecer, porém, o que a linguagem, como sistema de signos, é na realidade, ou seja, sua natureza e sua força e, sobretudo, seu papel nos processos formativos. A palavra do homem é algo diferente do rumor ou de um som qualquer, porque o pensamento habita na palavra e introduz aí certa quantidade de sentido (antes de tudo o sentido lexical ou gramatical), que se dá aos falantes no conhecimento e na comunicação. Às vezes a palavra pode atingir a essência da realidade ou, melhor dizendo, "a qualidade dos fatos". As palavras têm, de fato, uma força interna; elas "podem curar. Podem destruir. Podem ser lanças. Podem ser prece. As preces podem criar os mundos. Podem destruí-los, demoli-los. Às vezes pela graça as palavras podem chegar à qualidade dos fatos".[376]

Intervir na linguagem do homem, restituindo a ele a capacidade singular de criar mundos e de representá-los no plano linguístico, significa ajudar o homem a encontrar a si mesmo e suas raízes, a retomar seu destino de ser "mais homem" segundo um projeto de humanização da natureza, a canalizar a eventual conflituosidade dentro de limites socialmente aceitáveis, a resolver incômodos relacionais, a criar novas formas de agregação e de solidariedade. A educação do homem deve passar pela problematização dos

---

375 MIZZAU, M. *Eco e Narciso. Parole e Silenzi nel Conflitto Uomo-Donna*. Turim: Boringhieri, 1979, p. 175.
376 Elie Wiesel in dialogue with Robert Brown, *em: Pacific School of Religion Bulletin*, 1981.

aspectos linguísticos da existência humana, mais suscetíveis de serem modificados, para tornar possíveis aquelas mudanças significativas no plano da aprendizagem, entendida como modificação do comportamento.

Na situação de hoje, uma intervenção sobre a linguagem se faz ainda mais necessária, dado que o homem nem sempre é consciente da linguagem que usa e são evidentes os limites e os riscos de uma linguagem imprecisa, estereotipada, veículo de erros e de incompreensões, quando não instrumento de engano e de má-fé. "As palavras são o que nos torna humanos e seu valor é transcendente. Ao mesmo tempo, as palavras são cheias de armadilhas [...]";[377] ademais, "vivemos em um ambiente que é modelado e amplamente criado por influências semânticas".[378]

A linguagem que usamos nunca nos pertence totalmente: repetimos frequentemente palavras sem referência e usuradas, cujos significados originais se perderam e nos são desconhecidos; as palavras se tornaram, assim, como cascas vazias, fósseis sem memória, veículos de intenções e de decisões tomadas alhures. O recurso ao *slogan*, tão frequente no falar, assinala a derrota da palavra, porque veicula conteúdos que obscurecem o pensamento.[379] As consequências são graves, porque:

> *Se uma língua se tornou totalmente superficial, se as palavras não exprimem mais o que significam, essa língua dificilmente pode esperar num futuro. É como o balbucio infantil da senilidade. Não estamos mais em condição de distinguir claramente o significado da palavra, uma se derrama na outra, não tem mais linfa nem vigor.*[380]

As palavras vivem frequentemente uma condição como de exílio, e esperam seu êxodo, ou seja, esperam poder veicular pensamentos, ser enchidas de significados e de intenções, contar o homem, ser uma coisa só com o homem que as pronuncia, como expressão mais alta da humanidade. Porque é exatamente a palavra que "faz do homem aquele ser vivo

---

377   CHASE, S. *Il Potere delle Parole*, cit. p.313.
378   HAYAKAWA, S. I. *Language in Thought and Action*. Nova Iorque: Hartvourt, 1964, p. 29.
379   Sobre o slogan, ver REBOUL, O. *Lo Slogan*, edição italiana por Bascetta (org.). Roma: Armando, 1977. Ver BALDINI, M. *Filosofia e Linguaggio*, cit. pp. 16-19.
380   GRODDECK, G. *Il Linguaggio dell'Es: Saggi di Psicosomatica e di Psicoanalisi dell'Arte e della Letteratura*, tradução italiana de M. Gregorio. Milão: Adelphi, 1969, p. 275.

que ele é".³⁸¹ E é nesse contexto que se levanta a pergunta acerca da necessidade de devolver a palavra ao homem que a diz como disponibilidade absoluta do seu ser homem, como certeza de poder dar um sentido à sua vida, como condição de projetar autonomamente a existência, como capacidade, sobretudo, de criar mundos. Essa é a pergunta que será preciso procurar responder.

A posição dessa pergunta não é absolutamente retórica. Ela nasce da consciência de um mal-estar geral do homem desse tempo, que se reflete também na vertente linguística da existência humana, como incapacidade de chegar a conhecimentos suficientemente certos e estabelecer, ao mesmo tempo, uma correta comunicação entre os homens, uma experiência de mal-estar, que significa também incerteza, solidão e, até, angústia. O encontro entre os homens se torna colisão quando falta o entendimento e as palavras são usadas para dividir, não para unir, criando assim situações de ruptura. E é da consciência dessa condição negativa que nasce a vontade de dar um desfecho positivo ao mal-estar, a partir da linguagem. A maior consciência de si que o homem desse tempo conseguiu, não obstante todas as limitações e todas as negações ao que foi submetido o desenvolvimento atual da sociedade, a ampliação da esfera dos direitos civis, a paridade entre homem e mulher, a dimensão planetária dos problemas, tornam essa pergunta não mais evitável, e mais do que a pergunta, é inevitável a própria resposta. Agindo sobre o plano da dimensão linguística da existência humana, trata-se de criar as condições para o nascimento de uma sociedade liberta da necessidade e do domínio, na qual o homem possa se realizar junto dos outros, em um projeto de existência ainda mais absorvente. O resultado final de uma empresa como essa será o afirmar-se de uma comunidade da comunicação, onde a comunicação está a serviço não do domínio e da opressão, mas da obtenção daquelas finalidades mais propriamente humanas. Apel se defrontou com essa temática. Ele teorizou a comunidade ideal da comunicação em oposição à comunidade real da comunicação, que se torna por isso o horizonte comum dos homens no seu tender para a construção de uma humanidade sempre mais consciente do seu destino e sempre mais pacificada.³⁸²

---

381   HEIDEGGER, M. *In Cammino Verso il Linguaggio*, cit. p. 27.
382   De APEL, O. K. se lembra aqui a coletânea de escritos publicada com o título *Comunità e Comunicazione* (tradução italiana de G. Carchia. Turim: Rosenberg & Sellier, 1977). Ver o meu

A resolução da pergunta feita passa pela reconquista da palavra por parte do homem, reconquista que implica plena consciência da palavra por parte do falante e capacidade de realizar o que a palavra mesma significa. "Dizer a palavra" e "fazer a palavra" são as duas expressões, retomadas por Paulo Freire, com as quais se quer indicar o processo que coloca o homem no centro da história como sujeito ativo, que dá nome às coisas e realiza todas as suas potencialidades, ou seja, como o sujeito que, possuindo a palavra, se torna capaz de compreender o mundo e de transformá-lo. Apenas o homem que se autocompreende como sujeito ativo e consciente pode tornar-se protagonista de um processo cujos limites são colocados sempre além do que está imediatamente presente aos seus vividos.

"A linguagem não é absolutamente um instrumento ou um dom excelso concedido ao homem. Ao contrário, a linguagem é o elemento em que nós, enquanto seres sociais, vivemos desde o início, e o que mantém aberto aquele todo no qual vivemos".[383] É a linguagem que, através da comunicação e, portanto, o encontro entre os indivíduos, cria o mundo humano. Porque:

> A linguagem não é só um dos dons de que o homem que vive no mundo dispõe; está fundamentado nela e nela se representa o fato de que nós temos um mundo. Para o homem, o mundo existe como mundo de um modo diferente de como existe para todo outro ser vivo no mundo. Esse mundo se constitui na linguagem.[384]

4.3. Os distúrbios da linguagem e o atraso mental

No ser humano, resultado de uma longa evolução da espécie, consolidou-se uma estreita correlação, quase um envolvimento, entre desenvolvimento mental e linguístico, correlação que não é possível ignorar ou minimizar, quando se quer aprofundar o estudo do homem, sobretudo em função do

---

Comunità, Comunicazione ed Emancipazione.
383 GADAMER, H. G. *La Ragione nell'età della Scienza*, cit. pp. 21-22.
384 GADAMER, H. G. *Verità e Metodo*, tradução italiana de G. Vattimo. Milão: Fratelli Fabbri, 1972, p. 507.

desenvolvimento dos processos cognitivos, linguísticos e relacionais dos indivíduos. No devir do homem, esses desenvolvimentos se implicam mutuamente, ainda que não em medida igual. No homem não se dá, de fato, desenvolvimento mental sem desenvolvimento linguístico e sem desenvolvimento relacional, como, por outro lado, não se dá tampouco desenvolvimento linguístico sem desenvolvimento mental e desenvolvimento relacional. Paralelamente, os distúrbios e os atrasos, presentes na linguagem, alguns dos quais são muitas vezes de origem relacional, influem negativamente sobre o desenvolvimento mental do indivíduo e vice-versa. No homem, os múltiplos processos de desenvolvimento são uma coisa só ao definir a realidade do homem e andam, por isso, no mesmo passo, implicando-se mutuamente. O pensamento tende para a linguagem e a linguagem, por sua vez, exprime um pensamento.

A consciência dessa correlação está no início de toda educação linguística que quiser ser correta e eficaz ao mesmo tempo. Ela exige um esclarecimento de caráter limitativo do seu efetivo alcance, no sentido de que a falta da linguagem em um indivíduo, por prejudicial que possa ser para o desenvolvimento mais geral do homem, não prejudica, em si, a presença de uma atividade mental sua, suficientemente desenvolvida, mas torna apenas mais precária e mais difícil sua aquisição e o próprio exercício. Apesar de todas as provas em contrário, permanece verdadeiro que "um ser humano sem linguagem não está privado da mente ou é mentalmente deficiente, mas o horizonte das suas capacidades de pensamento está gravemente limitado, e o confina, na prática, em um mundo estreito, imediato".[385] O caso dos gêmeos, descrito por Luria e por Yudovich, constitui a prova mais clara dessa hipótese. Esses gêmeos eram "retardados", apenas porque falavam mal, não tendo podido adquirir, por causa de problemas cerebrais, um sistema linguístico adequado; somente quando foram separados e aprenderam a falar fluentemente se deu neles uma notável melhora.[386] Pode-se razoavelmente afirmar que no ser humano as faculdades

---

385 SACKS, O. *Vedere Voci. Un Viaggio nel Mondo dei Sordi*, cit. p. 65.
386 LURIJA, A. R.; YUDOVICH, F. I. *Linguaggio e Sviluppo dei Processi Mentali del Bambino*, cit. Os autores falam de dois gêmeos que, por causa de um atraso congênito da linguagem de natureza cerebral, embora manifestando possuírem uma inteligência normal, se comportavam de maneira muito primitiva e atrasada com respeito à sua idade de registro. Segundo Luria, nos dois gêmeos estava presente "uma estrutura da consciência peculiar, insuficientemente diferenciada, (com a incapacidade) de separar a palavra da ação, de controlar a orientação, de programar a ação, [...] de formular as metas de uma atividade com o recurso à palavra". Assim que os gêmeos foram separados e cada um deles teve oportu-

de conceitualização e de sistematização da experiência, expressões e manifestações de uma atividade mental em ato, se desenvolvem normalmente junto com a linguagem.

As pesquisas com crianças ditas "selvagens", das quais já se tem notícia desde o século XVIII,[387] o estudo da alalia permanente, provocada pela prolongada ausência de um interlocutor na vida do sujeito deficitário[388] e as pesquisas sobre as crianças surdo-mudas e cegas de nascença[389] confirmando, segundo modalidades diversas, a importância e o papel decisivo da linguagem na estruturação das personalidades individuais e na mesma

---

nidade de adquirir autonomamente um sistema linguístico normal, "a estrutura inteira de suas vidas mudou simultaneamente e de modo decisivo [...] e depois de apenas três meses observamos os inícios de uma atividade lúdica dotada de significado [...] a possibilidade de uma atividade produtiva e construtiva à luz de objetivos formulados [...] operações intelectuais que só pouco tempo antes estavam no estado embrionário" (ibid., pp. 120-123). Todos esses melhoramentos se tornaram possíveis nos gêmeos em seguida à aquisição de um sistema linguístico, único fator significativo que mudara nesse meio-tempo.

387 Entre esses casos merece atenção o "caso Victor", o "garoto selvagem", encontrado na França em 1799, nos bosques de Aveyron. Esse garoto, quando encontrado, caminhava em quatro patas, alimentava-se de bolotas e vivia como um animal. O Dr. Itard tomou conta dele, conseguindo uma casa para ele, e tentando ensiná-lo a falar e instruir-se. Apesar de todos os esforços, o "garoto selvagem" nunca conseguiu a linguagem, e a verdadeira razão desse insucesso ficou desconhecida. Talvez não tivesse aprendido a linguagem porque fosse surdo, como sustentam alguns, ou, mais verossimilmente, mentalmente fraco, como sustenta BETTELHEIN, B. *La Vienna di Freud*, cit. p. 188, que vê em Victor uma forma grave de autismo. Sobre Victor, que representava a refutação das concepções de Rousseau, ver as memórias do Dr. ITARD, J. M. *The Wild Boy of Aveyron*. Nova Iorque: Century, 1932 e LANE, H. *The Wild Boy of Aveyron*. Cambridge, MA: Harvard University Press, 1976. Ver também SACKS, O. *Vedere Voci*, cit. p. 30. É mais recente o caso do encontro de uma "menina selvagem", encontrada na Califórnia em 1970, estudado por CURTISS, S. Genie: *A Psycholinguistics Study of a Modern-Day "Wild Child"*. Nova Iorque: Academic Press, 1977.
388 KAINZ, F. *Psychologie der Sprache*, II. Stuttgart: Enke, 1941-1956, p. 150. SCHAFF, A. (*Linguaggio e Conoscenza*, cit. p. 108) lembra a propósito disso as duas garotas indianas, Amala e Kamala, descobertas no começo do século XX. Ver GESELL, A. *Kamala: la Storia della Ragazza Lupo, Basata sul Diario di una Bambina che fu Allevata da una Lupa e che in Seguito Visse per Nove Anni nell'Orfanotrofio di Midnapore nella Provincia del Bengala*, tradução italiana de D. Deridono. Roma: Bulzoni, 1982; BETTELHEIN, B. *La Vienna di Freud*, cit. p. 188.
389 O abade Sicard, um dos maiores peritos do século XVIII em educação de crianças surdas, aluno do abade de l'Épée, outro perito do tempo, ligava a incapacidade de comunicar na criança surda ao fato de que por ela "não possuir símbolos para fixar e combinar ideias [...] é que existe essa total impossibilidade de se comunicar com os outros" (cit. em: LANE, H. (ed.) *The Deaf Experience: Classics in Language and Education*, Harvard University Press, Cambridge, MA-Londres, 1984. Ver também PENNISI, A. *Le Lingue Mutole. Le Patologie del Linguaggio fra Teoria e Storia*. Roma: La Nuova Italia Scientifica, 1994, pp. 42-46.

percepção da realidade. Ao afirmar-se que o pensamento no homem e a consolidação de todo comportamento inteligente estão ligados ao desenvolvimento da linguagem. Na ausência da linguagem (afasia), ou na presença de distúrbios graves dela, que limitam de fato ou impedem todo tipo de desenvolvimento linguístico, são evidentes as consequências negativas no plano do desenvolvimento mental, sobre o do comportamento e sobre a imagem da realidade de cada um.

A história exemplar de Kaspar Hauser,[390] que viveu na Alemanha no século XIX, sem qualquer forma de linguagem até a idade de 16 anos, evidencia o papel que a aquisição da linguagem teve na estruturação da sua personalidade. Enquanto Kaspar estava privado da linguagem, estava privado também do pensamento abstrato. Mas ao progredir na aquisição da linguagem, começou a adquirir também a capacidade de generalizar e de abstrair: "desse modo, uma miríade de detalhes desconexos era substituída por um mundo coerente, inteligível e inteligente".[391]

Ao se colocar diante das coisas, o indivíduo constrói e estabiliza a trama dos vividos do seu mundo interior, feito de objetos, de acontecimentos e de estados mentais, pouco a pouco começa a aprender o nome de cada um

---

390 A história de Kaspar Hauser, jovem privado de qualquer forma de comunicação, porque estava segregado até aparentemente à idade dos quinze anos, foi narrada em 1832 por Anselm von Feuerbach e constitui um documento psicológico de primeiríssima ordem. O encontro de Kaspar suscitara grande rebuliço na Alemanha e grandes nomes da literatura se interessaram pelo seu caso, entre eles também Rainer Maria Rilke. O jovem aparecera como do nada na cidade velha de Nuremberg, em uma manhã fria de inverno de 1828: ele parecia quase idiota, vestido com roupas sujas e rasgadas, e incapaz de falar frases completas. Socorrido pelos moradores da cidade, foi confiado ao pároco e à família de Anselm von Feuerbach. No entanto, não teve vida longa, porque em 1833 foi apunhalado por um desconhecido, morrendo três dias depois. A vida de Kaspar mudara radicalmente não só porque conseguiu dominar os primeiros rudimentos da linguagem; aprendeu também a tocar e se tornou, a seu modo, uma celebridade, sendo disputado como um fenômeno pelos salões da sociedade do tempo. Aprendeu a linguagem em poucos meses e ocorreu no rapaz uma verdadeira "explosão" das suas faculdades mentais. Quer dizer, verificou-se o mesmo fenômeno que se verifica na criança quando, no terceiro ano de vida, ocorre a descoberta da linguagem e sua aquisição. Ver, a esse respeito, SHENGOLD, L. (*Halo in the Sky: Observations on Anality and Defense*. Nova Iorque: Guilford, 1988) que, referindo-se à Kaspar, fala de "assassinato da alma". Sobre Kaspar Hauser, ver o clássico A. von Feuerbach, *Caspar Hauser: An Account of an Individual Kept in a Dungeon, Separated from All Communication with the World, from Early Childhood to About the Age of Seventeen*. Londres: Simpkin & Marshall, 1834 (a edição original alemã é de 1832).

391 SACKS, O. *Vedere Voci*, cit. p. 78.

deles e a conservá-lo na memória. Somente se conservados na memória, os nomes das coisas aprendidos podem ser retomados pelos indivíduos, de quando em quando, ao se tornar necessário, segundo as finalidades específicas a atingir.

O aprendizado do nome permanece decisivo como condição de conhecimento das coisas e da sua distinção. Daqui se compreende como o abade Sicard, na educação de J. Massieu, privado de linguagem até os quatorze anos, partia exatamente dos nomes, para assinalar para cada coisa a palavra correspondente, no pressuposto de que a atividade mental e seu desenvolvimento não poderiam prescindir da capacidade do indivíduo de ligar os nomes às coisas.[392] Segundo Sacks:

> *Dar um nome, portanto, era para Massieu, enquanto passeava pelos bosques, conquistar pela primeira vez um poder de generalização capaz de transformar o mundo inteiro: assim, aos quatorze anos, ele ingressava nas possessões humanas, podia reconhecer o mundo como sua morada, seu "domínio" de um modo como antes nunca tinha conhecido.*[393]

Só aprendendo os nomes das coisas, de fato, o indivíduo percebe as coisas, distingue umas das outras, até transformá-las em objetos mentais, a fim de poder utilizar para conhecer e para permutar na comunicação com os outros. A palavra, de fato, não se refere a um objeto singular ou a um evento singular, mas a um grupo ou classe de objetos e de acontecimentos. Cada palavra, portanto, já é uma generalização. A generalização, por sua vez, é um ato verbal do pensamento, que reflete a realidade de um modo totalmente diferente do modo em que a podem refletir outros atos como a sensação e a percepção. O desenvolvimento mental exige o suporte da

---

392   Sob a guia do abade Sicard, Jean Massieu aprendeu a se exprimir bastante bem e na língua dos gestos e no francês escrito, deixando-nos também uma breve autobiografia. Essa autobiografia está reproduzida agora em LANE, H. *The Deaf Experience: Classics in Language and Education*, cit. pp. 76-80. Na mesma obra, organizada por Lane, estão reproduzidas (pp. 83-126) partes do livro que Sicard escreveu sobre Massieu.
393   SACKS, O. *Vedere Voci*, cit. p. 73. Por que – pergunta Sacks – essa importância de dar os nomes às coisas? "Certamente – responde ele – deve ter a ver com o poder primordial da palavra de definir, dominar e manipular; de passar do reino dos objetos e das imagens para o mundo dos conceitos e dos nomes".

linguagem e se tornou possível exatamente pelo aprendizado dos nomes das coisas, que constituem uma primeira generalização.

São de importância particular, entre os muitos casos descritos por médicos e por estudiosos da linguagem, sobretudo a partir do século XVIII, os de Helen Keller, de Laura Bridgam e de Marthe Heurtin. O estudo desses casos, e de outros ainda, têm o mérito, ao mostrar por trás dos problemas de cada um e das suas pessoas impedidas de serem elas mesmas, de esclarecer a importância da linguagem e da sua aquisição tendo em fim o desenvolvimento mental.[394]

O desenvolvimento psíquico de Helen Keller,[395] como se lê na sua autobiografia, está estreitamente ligado à descoberta feita por Helen, mediada pela sua instrutora Anne Mansfield Sullivan, de que todas as coisas têm um nome e que, conhecendo seu nome, se conhecem também as coisas nomeadas. A palavra "água" foi a primeira palavra conhecida e foi tal a importância da descoberta que, a partir dessa descoberta, a mente de Keller pôde sair daquela espécie de prisão em que se encontrara até então. A partir do momento da conquista da palavra "água" teve início para Keller a reconstrução da sua personalidade, embora ela não tivesse realizado nenhum aprendizado intelectual significativo desde os dezenove meses de idade, quando perdeu a visão e a audição, até quase os sete anos, idade em que teve como instrutora a Srta. Sullivan, também ela cega até à idade de quatorze anos.[396]

---

394 Sobre a literatura e sobre a importância científica, além de humana, desses casos, ver PENNISI, A. *Le Lingue Mutole,* cit. p. 71.
395 Eis como Keller descreve nas suas memórias o modo como descobriu a linguagem e os signos verbais e como essa descoberta contribuiu para o desenvolvimento dos processos mentais: "Avançávamos pela vereda para o poço, atraídas pelo odor das madressilvas que nos cercavam. Alguém estava bombeando água e a minha instrutora colocou a minha mão debaixo do jato. Enquanto o jato d'água fresco escorria sobre a mão, ela soletrou sobre a outra a palavra água: primeiro lentamente, depois rapidamente. Eu estava imóvel, toda a atenção concentrada no movimento dos seus dedos. De repente, tive uma vaga consciência, como de algo esquecido, o arrepio de um pensamento que volta; e, de algum modo, me foi revelado o mistério da linguagem. Soube que á-g-u-a significava algo fresco e maravilhoso, que escorria pela minha mão. Aquela palavra viva despertou a minha alma, deu a ela luz, esperança, alegria, libertou-a. [...] Afastei-me do poço ansiosa por aprender. Tudo tinha um nome, e cada nome fazia nascer um novo pensamento (KELLER, H. *The Story of My Life.* Garden City: Doubleday, 1936, pp. 23-24).
396 Mais tarde, Hellen Keller estudou na Wright Humason School de Nova Iorque, onde aprendeu francês, alemão, grego e latim. Viajou muito pela América e pela Europa. Ver LASH, J. B. *Helen and Teacher. The Story of Helen Keller and Anne Sullivan Macy.* Nova Iorque:

Com relação a outros cego-surdos, considerados no seu aprendizado da linguagem, "Helen é a única na que se põe logo o problema da reapropriação da linguagem falada como lugar da reunificação intelectiva e reificação cognitiva da abstração semiótica".[397]

Também Laura Bridgam, cego-surda, segundo o que foi revelado por Jerusalem com base nos registros da garota e dos apontamentos dos seus educadores, quando começa a desenvolver o pensamento abstrato, não apenas aprende a linguagem baseada nos signos táteis, mas, de modo diferente de Keller, e apesar dos aprendizados subsequentes através do tato, Laura nunca aprenderá a linguagem falada.[398] No caso de Marthe Heurtin, cega e surda, está fora de dúvida que, também aqui, a grande importância da compreensão da relação signo-objeto para o processo de reconstrução da sua personalidade, como sublinhou Louis Arnoud.[399] Não faltam outros casos relativos a esses problemas, igualmente significativos.

Permanecendo nesse terreno de investigação, e utilizando todo o material com as informações disponíveis e os estudos feitos, sobretudo, na Europa, a partir do século XVIII, teria sido possível conseguir resultados mais interessantes a respeito, sobretudo no âmbito da pesquisa da função dos signos, linguísticos e não linguísticos, no desenvolvimento do pensamento abstrato e da determinação de ações específicas de recuperação. O signo verbal desempenha um papel decisivo "no processo de abstração e, em ligação direta, na organização do modo de perceber e articular conceitualmente a realidade",[400] mesmo se não é o único, porque outros signos não verbais podem exercer a mesma função no âmbito do desenvolvimento do pensamento abstrato.

Mas os estudos a respeito, segundo Schaff, foram poucos e esses poucos apenas teóricos.[401] A escola de Moscou constitui exceção, pois,

---

Delacorte Press, 1980; ver também BETTELHEIM, B. *La Vienna di Freud,* cit. pp. 178-187.
397 PENNISI, A. *Le Lingue Mutole,* cit. p. 88.
398 A história de Laura Bridgam foi contada detalhadamente por M. Howe e por F. Howe Hall (*Laura Bridgman*, Londres, 1903), por M. Lamson Swift (*Life and Education of Laura Dewey Bridgman*, Boston, 1881), por W. Jerusalem (Laura Bridgman. Erziehung einer Taubstumm-blinden, Berlim, 1905) e, recentemente, por FREEBERG, E. *The Education of Laura Bridgman. First Deaf and Blind Person to Learn Language.* Cambridge, MA-Londres: Harvard University Press, 2001. Ver PENNISI, A. *Le Lingue Mutole,* cit. p. 91.
399 ARNOULD, L. *Ames en Prison.* Paris: Boivin, 1934, p. 41.
400 SCHAFF, A. *Linguaggio e Conoscenza,* cit. p. 111.
401 *ibid,* p. 108.

na esteira das pesquisas de Vygotsky, produziu uma série de estudos nos quais os autores insistiram em sublinhar a unidade orgânica de pensamento e linguagem no indivíduo. Dessas pesquisas se destaca que uma criança é condenada a uma condição de inferioridade intelectual permanente se, por motivos diversos, não estiver em condições de falar ou de aprender um sistema adequado de signos. Porque, de fato, "sem um sistema de signos (não deve tratar-se necessariamente de signos fônicos), não há sequer pensamento".[402] Paralelamente, "quando se comunica a uma criança cega e surda um sistema de signos, que seja uma transposição da língua fonética naquela tátil, se dá um passo decisivo que torna real a possibilidade de desenvolvimento dessa criança".[403]

Limitando-se a considerar o caso da criança surda, é evidente que a gravidade dos distúrbios linguísticos depende em grande medida da gravidade dos problemas acústicos. Para aprender a falar, a criança deve ouvir falar e, sobretudo, deve estar em condições de imitar os sons ouvidos; uma perturbação no ouvido, mais ou menos grave, impede que isso aconteça. Assim, "uma leve redução do ouvido, por exemplo, comporta problemas de identificação apenas de alguns sons consonantais e tem, normalmente, consequências linguísticas limitadas". É diferente o caso da perda total do ouvido. Nesse caso, "a criança se encontra em uma situação de verdadeira privação sensorial, que, na ausência de intervenções adequadas e tempestivas, produz dificuldades graves na fala, retardo linguístico e distúrbios de atenção e de aprendizagem".[404]

As palavras constituem aquele sistema articulado de signos, necessário para que se realize no indivíduo o desenvolvimento mental. Baseado nisso, Jackson referia ao afásico a incapacidade de "proporcionar" uma condição na qual o pensamento pode tornar-se incoerente e atrofiar-se.

> *A unidade do discurso – escrevia Jackson – é a proposição. A perda da palavra (afasia) é, portanto, a perda da faculdade proposicional [...], não apenas a perda da capacidade de formar proposições em voz alta (de falar), mas de proporcionar em absoluto, interiormente além de exteriormente [...]. O paciente afásico perdeu a palavra não só no sentido*

---

402 *Ibid.*, p. 109.
403 *Ibid.*
404 TABOSSI, P. *Il Linguaggio*. Bolonha: il Mulino, 1999, pp. 93-94.

popular de não saber emitir palavra, mas no sentido mais completo da expressão. Nós não falamos só para comunicar os nossos pensamentos aos outros, mas também para comunicá-los a nós mesmos. Falar faz parte do pensar.[405]

A privação da linguagem sob a forma de afasia é um tema central da neurologia desde meados do século XIX. Somente que "a afasia é a privação da linguagem (em seguida a um icto ou a outro incidente cerebral) de uma mente já formada, em um indivíduo completo".[406]

O desenvolvimento das capacidades linguísticas da criança anda junto com o desenvolvimento da personalidade do ser humano, desde a idade infantil até a adulta. A presença na criança de capacidades linguísticas suficientemente desenvolvidas representa a condição necessária para que ocorram aqueles processos que permitam o amadurecimento de interesses intelectuais e práticos, a afirmação de um estado de equilíbrio nas relações afetivas e, enfim, a possibilidade de uma socialização mais ampla e mais adequada. Na criança, "a aprendizagem da linguagem é a condição mais importante para o desenvolvimento mental, porque, naturalmente, o conteúdo da experiência histórica não está consolidado apenas nas coisas materiais: ela é generalizada e refletida em forma verbal na linguagem".[407]

Certamente as deficiências de aprendizagem presentes de vários modos nos sujeitos de risco são devidas em grande parte a lesões ou a distúrbios que se situam direta ou indiretamente no nível cerebral, no qual todas as informações são recolhidas, reelaboradas e retransmitidas. A atividade mental desses sujeitos seja qual for o dano orgânico – visual, auditivo, motor ou outro –, permanece comprometida, e as consequências do desenvolvimento falho ou retardado se refletem também no plano do rendimento linguístico. A mesma consideração pode ser feita valer para a atividade linguística,

---

405 JACKSON, J. H. John Hughlings Jackson on Aphasia and Kindred Affections of Speech, Together a Complete Bibliography of his Publications on Speech and a Reprint of Some of the More Important Papers, *Brain*, 38 (1915), pp. 1-190; cit. em: SACKS, O. *Vedere Voci*, cit. p. 41.
406 SACKS, O. *Vedere Voci*, cit. pp. 61-62. Sobre a afasia ver o meu *La Comunicazione Difficile*, cit. pp. 51-83.
407 LEONTJEV, A. N. I Principi dello Sviluppo Mentale e il Problema del Ritardo Mentale, em: VYGOTSKY-LURIJA-LEONTJEV. *Psicologia e pedagogia*, cit. p. 91. Ver LURIJA, A. R. *Il Bambino Ritardato Mentale*, tradução italiana. Bolonha: Zanichelli, 1978.

cujos retardos ou limitações se refletem igualmente na atividade mental. No homem, a conquista da palavra ocorre paralelamente com o desenvolvimento da categorização e da abstração. Conquista da palavra e abstração são dois aspectos do mesmo problema e são tão inseparáveis que se referem mutuamente. Sem abstração não há conceito, mas sem abstração tampouco há signo linguístico. Assim, se explica que, quando um afásico perde a palavra, ele geralmente perde também a capacidade de abstração.

Referindo-nos, por exemplo, aos fracos mentais, é certo que suas deficiências de aprendizagem podem depender de várias causas. Todas elas, porém, podem ser reduzidas à qualidade da atividade mental, que nos sujeitos em questão parece comprometida por um dano orgânico. Às vezes a atividade mental poderia não estar comprometida por um dano orgânico, mas, igualmente, na presença de uma incapacidade qualquer, sofreria consequências negativas no plano de determinadas atividades ligadas à aprendizagem.

> *Um processo de aprendizagem, de fato, comporta numerosas operações: a percepção em todos os sentidos do termo, as entradas no sentido de memória imediata, a recordação, a transferência, a codificação em linguagem, signos e símbolos, as operações sobre os símbolos e sobre os signos ou sobre os conceitos: inclusão e indução, compreensão, classificação e dedução, inversão e reconhecimento da identidade e da diferença etc.*[408]

São operações essenciais para todo processo de aprendizagem, que, embora não apresentem uma linha clara de demarcação entre atividades mentais e atividades linguísticas, estão comprometidas pela fraqueza mental, bem como por qualquer outro dano, mesmo em forma de gradações diversas. O processo de aprendizagem fica perturbado, toda vez que o indivíduo apresenta danos orgânicos ou danos que incidem negativamente sobre a atividade mental e sobre a atividade linguística.

A presença desses danos e sua persistência limitam o desenvolvimento em geral do indivíduo e também sua expressão verbal. No âmbito dos pro-

---

408 O'CONNOR, N. Ritardo e Grave Debilità Mentale, em: FOSS, B. M. (org.) *I Nuovi Orizzonti della Psicologia*, tradução italiana de G. L. Schwarz, E. A. Panaitescu. Turim: Boringhieri, 1968, p. 332.

cessos de aprendizagem, fatores como uma socialização falha e uma condição socioeconômica precária desempenham um papel negativo.

> O atraso tem frequentemente origem social, mas as más condições sociais não determinam um atraso em todo tipo de aprendizagem. Se essas condições melhoram, muitas vezes o atraso se torna apenas temporário, enquanto se prolongam, digamos, por mais de vinte anos, seus efeitos cumulativos acabam prevalecendo sobre toda ação corretiva e destroem também as capacidades inatas. Se um atraso leve pode ser devido a condições socioeconômicas, a fraqueza e a fraqueza grave são muitas vezes causadas por lesões ao sistema nervoso central e remontam a uma idade muito precoce. Em casos do gênero pode ser demonstrada a existência de um fator genético. De fato, não é raro que pais de débeis mentais sofram de sintomas semelhantes.[409]

Não se pode ignorar que "os repertórios de comportamento são adquiridos como função das interações complexas entre princípios inatos de organização e processos de aprendizagem, cujo conteúdo é determinado por ambientes particulares".[410]

Em um plano mais estritamente linguístico, um retardamento na aprendizagem constitui um ponto em que não há mais volta, com graves repercussões no nível do desenvolvimento mental. O esquema de aprendizagem da linguagem na criança (desde o simples choro e balbucio até a linguagem articulada sintaticamente) é relativamente fixo e se desenvolve assim que os órgãos fonadores estão maduros e a criança é suficientemente estimulada pelos adultos. O cérebro humano, de fato, está organizado estruturalmente para a aprendizagem linguística, sobretudo nos primeiros anos de vida, quando, segundo alguns, seria plausível falar da existência "de um 'período crítico' no qual o cérebro está 'afinado' de modo especial para a aquisição linguística".[411] Não intervindo a tempo com solicitações oportunas e

---

409   *Ibid.*, p. 337.
410   MARSHALL, J. C. La Biologia della Comunicazione nell'Uomo e Negli Animali, em: LYONS, J. (org.) *Nuovi Orizzonti della Linguistica*, cit. p. 296.
411   Marshall continua afirmando que "até à idade da puberdade, o prognóstico para uma cura completa da disfasia causada por lesões traumáticas no hemisfério esquerdo é muito favorável [...]. Depois da puberdade, o prognóstico para a cura de lesões traumáticas no hemisfério esquerdo, que são a causa da disfasia, se torna sempre pior" (*ibid.*, p. 297).

estratégias adequadas, quando a aquisição já é manifestamente inadequada e o rendimento verbal insuficiente com respeito a certos padrões reconhecidos pela comunidade científica, se corre o risco de prejudicar não apenas o desenvolvimento das capacidades linguísticas da criança, mas também o desenvolvimento intelectual.

Ao nos referirmos, por exemplo, à criança psicótica, é certo que, colocada em um ambiente capaz de perceber suas necessidades e de solicitar sua adaptação, pode alcançar níveis mais altos na aprendizagem e no uso de habilidades linguísticas. As dificuldades de ordem biológica, psicológica e social que a criança psicótica apresenta são tais que tornam difícil qualquer desenvolvimento.[412] A posse da palavra pode contribuir para abrir uma brecha na personalidade de crianças com dificuldades linguísticas: permite o desenvolvimento da atividade mental, favorece as relações com os outros, determina um melhor conhecimento de si. Sobretudo, a criança que fala sai do seu isolamento e da marginalização em que está confinada. A criança autista representa o caso limite de uma criança sem palavra. Só através da conquista da palavra poderá superar sua condição de rejeição da realidade externa.

Seria erro grave considerar o "rendimento" negativo, seja ele verbal ou não, da criança como consequência só do dano orgânico, sem pesquisar todos os outros fatores que, desenvolvendo-se em base orgânica, tornam ainda mais limitado, ou impedem totalmente, o rendimento. Seria necessário antes considerar atentamente:

> os fatores que podem ser reduzidos a uma base orgânica certa (ou suposta) e os fatores que se acrescentam necessariamente a ela como efeito da "constelação de variáveis" (história social, família, vivências e relações da criança com o ambiente, da família com a criança, da criança com a instituição) e que podem modificar o quadro profundamente.[413]

Fora Lenneberg que introduziu o conceito de "idade crítica" para a aquisição da linguagem ver LENNEBERG, E. H. *Fondamenti Biologici del Linguaggio*, cit.
412   BRAUNER, A.; BRAUNER, F. *Il Linguaggio Verbale e il Linguaggio non Verbale nel Bambino Psicotico*, tradução italiana de S. C. Sgroi. Roma: Armando, 1991.
413   FACCHINI, G. M. Il Bambino Sordo: Aspetti Sociali e Organizzativi, em: *Handicappati e Scuola*. Florença: La Nuova Italia, 1973, p. 61.

A importância dessas relações com os outros é evidente, dada a relevância que assumem no processo de socialização, no qual a função da linguagem é fundamental. Exatamente "o diálogo criativo, a riqueza dos intercâmbios comunicativos durante a infância, despertam a imaginação e a mente, conduzem à autonomia e à segurança, produzem uma vivacidade e uma serenidade de caráter que acompanham o indivíduo pelo resto da vida".[414]

E é nesse âmbito que se evidencia o papel da mãe, como a pessoa mais próxima tanto fisicamente como afetivamente, que toma conta da criança, em função de catalisador e de organizador das experiências mais significativas da criança, bem como dos estímulos provenientes do exterior, que determinam as experiências. Dessas primeiras experiências de comunicação e da sua qualidade, que se tornaram ainda mais necessárias no caso de distúrbios particulares na criança, nasce a linguagem, exatamente porque "a primeira comunicação ocorre comumente entre a mãe e a criança, e é pela troca entre essas duas figuras que a linguagem nasce e começa sua aquisição".[415] O *madrês* é a linguagem particular usada pela mãe para se comunicar com a criança. Ela aprende a falar imitando os sons reproduzidos pela mãe.[416]

A presença da figura da mãe se coloca no início de toda aprendizagem linguística, quer em condições normais de desenvolvimento, ou em condições mais críticas.

> *A presença é o fundamento da linguagem. Para falar a ti, devo estar presente a ti, devo de algum modo tocar alguma coisa de ti, pelo menos se deve existir uma base permanente para uma comunicação. Para uma criança, o fundamento da aprendizagem da linguagem está na sua presença pela mãe, pelos pais ou pelos seus substitutos e através deles pela comunidade. O terreno específico para a linguagem e a capacidade de*

---

414 SACKS, O. *Vedere Voci*, cit. p. 96.
415 *Ibid.*, p. 88.
416 "Quando as mães e as crianças interagem, o 'círculo comunicativo' (*communication loop*) se fecha totalmente. Não se trata só do fato de que a mãe de homo sapiens está interessada naquilo que seu pequeno está fazendo; a criança sabe quando a mãe está interessada. As crianças preferem escutar o madrês à linguagem dos adultos. Sabem que o *madrês* é dirigido a elas. Quando a criança vê a mãe deixar cair uma frigideira no chão e a ouve exclamar 'caramba', não aprende que a palavra para frigideira é 'caramba'. Ela sabe quando a mãe lhe ensina os nomes dos objetos" (FRITH, C. *Inventare la Mente. Come il Cervello Crea la Nostra Vita Mentale*, tradução italiana de M. Berlingeri e L. Guzzardi. Milão: Raffaello Cortina, 2009, pp. 217-218).

> *falar são dados pelas sucessivas fases do construir-se da sua presença. Mas se com base na incapacidade (de maneira consciente ou inconsciente) a presença é negada, faltam os pressupostos gerais para um processo de integração da comunidade humana.*[417]

A linguagem do esquizofrênico demonstra quão necessária é a presença de relações e como a ausência de relações fecha o paciente num mundo à parte, sem contatos com o exterior. O esquizofrênico, de fato, tendo perdido o contato com o mundo exterior, faz da linguagem um uso privado a intercambiar com os outros, rejeitando os cânones sociais com base nos quais é lícito se afastar do código linguístico dentro de limites bem precisos e facilmente identificáveis pelos outros.[418]

Será, portanto, um processo de maior socialização, orientado mais conscientemente por figuras mais representativas para a vida da criança, que torna possível o desenvolvimento das capacidades linguísticas e mentais dos sujeitos com dificuldades. Isso ocorre sobretudo nos casos em que estão presentes graves distúrbios na articulação verbal quer se trate de autismo, de debilidade mental, de síndrome de Down ou de outro. Já na síndrome do autismo se vê sobretudo a necessidade de uma socialização mais orientada para a palavra, que rompa a condição de encerramento na qual a criança autista se encontra confinada. A "fortaleza vazia" na qual a criança autista está encerrada indica, na realidade, falta de palavra, uma falta que se manifesta como recusa de entrar em relação com os outros.[419]

> *As crianças afetadas pelo autismo infantil precoce são tipicamente incapazes de estabelecer relações normais com pessoas e situações desde o início da sua existência. Seu isolamento extremo as exclui de qualquer relação com o exterior. Alguns aprendem a falar, outros permanecem mudos, mas em cada caso a linguagem não é usada para se comunicar com os outros.*[420]

---

417   SIRALA, M. *Parola, Presenza, Integrazione: Medicina in Metamorfosi*. Milão: Feltrinelli, 1972, p. 53.
418   PIRO, S. *Il Linguaggio Schizofrenico*. Milão: Feltrinelli, 1967.
419   BETTELHEIM, B. *La Fortezza Vuota*, tradução italiana de A. M. Pandolfi. Milão: Garzanti, 1976.
420   BETTELHEIN, B. *La Vienna di Freud*, cit. p.189.

4.4. A educação linguística na sociedade "transparente": uma resposta do sistema educativo

As mudanças epocais com as relativas transformações, que invadiram de tal maneira a sociedade contemporânea, desenhando cenários muito mais abertos e indicando aos homens outros percursos a fazer e outras e mais altas metas a alcançar em termos de maior humanidade, levantam para a escola e para o sistema educativo questões novas e mais absorventes, às quais será preciso dar respostas, mas com certeza em termos mais críveis, em relação ao passado, com uma abordagem diferente das situações e dos problemas, e utilizando instrumentos de investigação e métodos de ensino e de aprendizagem que deem melhor resposta e sejam mais eficazes.

Há em muitos a consciência de que o futuro, que está diante do homem desse tempo, não é absolutamente previsível e tudo leva a crer que a crise que se vive seja bastante mais profunda do que se possa imaginar e que não existe uma solução imediata ao alcance da mão. Além do mais, o próprio futuro parece bastante incerto e muitas vezes tão desconhecido:

> *que não pode ser considerado, como comumente somos levados a fazer, à maneira de uma mudança configurativa entre uma geração e a seguinte dentro de uma cultura estável, controlada pelos anciãos e baseada no modelo dos pais em que estão presentes muitos elementos pós-figurativos.*[421]

Os próprios saberes, que fundamentam e acompanham a cultura de uma época e são funcionais à compreensão dos fenômenos que exprimem, vivem uma crise de identidade, sujeitos como estão às mudanças da sociedade, e

---

421   MEAD, M. *Generazioni in Conflitto*, tradução italiana de S. Stratta. Milão: Rizzoli, 1972, p. 26. Mead distingue entre *cultura pré-figurativa, cultura configurativa e cultura pós-figurativa*. Na cultura pós-figurativa o comportamento dos jovens se modela sobre o dos anciãos; na cultura configurativa os modelos de comportamento são tomados do presente: na falta da autoridade dos pais, os modelos de referência são tomados dos contemporâneos. A idade contemporânea, segundo Mead, seria sobretudo de tipo pré-figurativa, por causa da incerteza que apresenta e o sentido do desconhecido que a caracteriza. Sobre esses problemas, ver BELLINO, F. *Etica della Solidarietà e Società Complessa*. Bari: Levante Editori, 1988, p. 142 .

são muitas vezes incapazes, por isso, de interpretar o novo, que surge das dinâmicas de uma sociedade em transformação, e dar um sentido e uma direção à caminhada do homem no mundo.

Setores da pesquisa mais avançada como a microeletrônica, a microbiologia e a energia nuclear, com suas aplicações no campo informático, médico, físico-químico, agroalimentar, constituíram nesses anos uma "tríade revolucionária", que mudou profundamente o mundo e os indivíduos, enquanto são anunciadas novas descobertas ainda mais sensacionais.[422] Estamos no início de uma nova era, cujos limites reais e suas projeções futuras nos escapam, mas certamente estarão bem além de qualquer expectativa nossa, até a mais otimista. O futuro que está diante de nós não será necessariamente um mais humano, no qual os homens poderiam realizar finalmente aquelas expectativas de maior humanidade, sempre desejadas, mas até agora nunca alcançadas. Por isso as possíveis análises sobre o sentido e a direção das mudanças são inadequadas e as previsões sobre o futuro próximo e o remoto são mais difíceis, enquanto as velhas soluções são agora insuficientes e a busca de novas é bastante problemática.

Na frente mais estritamente educativa, na incerteza dos saberes necessários, permanece, de qualquer modo, a dúvida acerca da real capacidade das instituições educativas, assim como são, de antecipar e governar a mudança, como possibilidade real de incidir sobre os processos de crescimento dos indivíduos e de poder influir mais em geral sobre a direção das próprias transformações da sociedade, determinando mais claramente suas trajetórias, as metas e a própria qualidade da vida. As contradições da sociedade, que se refletem no sistema educativo, estão destinadas a se aprofundar, no momento em que, sob o impulso da pesquisa científico-tecnológica, a sociedade se torna mais complexa, diferenciando-se e estilhaçando-se em uma multiplicidade de partes em diversos níveis do seu funcionamento. Por outro lado, a irrupção das redes de comunicação e das linguagens dos meios de comunicação de massa, sobretudo do meio televisivo, determinam uma massa de informações, paralela ou alternativa àquela de tipo institucional. Essa, mais do que constituir uma fonte de informação, de estímulos, de reflexão e de confronto, produz efeitos

---

422 SCHAFF, A. *Il Prossimo Duemila. Rapporto al Club di Roma sulle Conseguenze Sociali della Seconda Rivoluzione Industriale*, tradução italiana de M. Armeni. Roma: Editori Riuniti, 1985, p. 27.

de conformismo, de estereótipos culturais, de atitudes de receptividade passiva e de dependência das escolhas feitas por outros.

No contexto dessas transformações, a falta de importância, ou até de influência, do sistema escolar sobre os processos de crescimento da sociedade levantam sérios problemas, que, se não forem resolvidos, poderiam por em sério perigo o próprio desenvolvimento da sociedade. Uma democracia industrial moderna, articulada em base multiétnica, chamada hoje, na época da globalização, a se confrontar com o setor terciário em escala planetária, tendo um altíssimo grau de instrução, não pode correr o risco de ter um crescimento zero no nível da produção e da transmissão do saber, comprometendo já antecipadamente o resultado dessa aposta difícil. Um crescimento zero nesse plano significaria, ademais, atraso e exclusão do mercado dos bens e serviços. E essa é uma eventualidade possível, que se torna real, sobretudo, quando o sistema educativo de um país, por uma série de atrasos nas análises e na solução dos problemas ligados às condições da instrução e aos processos de aprendizagem, insuficiências e negligências dos agentes escolares, carências na legislação, não consegue acompanhar o processo de crescimento da sociedade para objetivos mais ambiciosos e mais altos. Pesquisas recentes, em nível internacional, confirmaram o atraso do sistema escolar do país, que ficou em último lugar em relação aos reconhecidos padrões europeus de qualidade. As perspectivas não são encorajadoras, e se tornam ainda mais negativas se não se intervir com inteligência e com decisão sobre os processos culturais e formativos em ação.

Até hoje, o sistema educativo não esteve em condições de dar respostas aceitáveis em direção das expectativas mais gerais da sociedade e dos indivíduos. Os atrasos culturais e os vínculos burocrático-administrativos de uma instituição um pouco gasta como a escola, a escolarização em massa, a difusão no território de outras agências educativas, o fracasso do papel educativo de uma família em crise de identidade, a explosão dos meios de comunicação de massa, o surgimento em cena de novos sujeitos políticos e de novos saberes, a falha na consciência de muitos docentes de um ideal educativo a propor, a marginalização da classe docente muitas vezes desmotivada e frustrada, o medo do novo e a falta de uma definição de planejamento da educação evidenciaram uma crise da escola mais grave e preocupante, cuja incapacidade de responder adequadamente às solicitações da sociedade é apenas um aspecto e não dos mais importantes.[423] Tampouco devem ser subestimadas, pelos efeitos perversos, as muitas tentativas feitas de seguir, na educação, mitos e modas, que bem depressa se revelaram bastante caducas, como querendo tirar vantagem da inovação a qualquer custo, na onda do entusiasmo e da improvisação. Muitos "estragos" de hoje são o resultado de tentativas levianas empreendidas com rapidez, como resposta a uma situação de crise das instituições educativas. O problema, então, não concerne tanto e apenas à urgência da instituição escolar de se renovar para ser fator de mudança real em uma sociedade em transformação. As mudanças já estão em ato e são irreversíveis. Aqui está em jogo o destino do homem e o futuro da civilização, no momento em que mais claro aparece o processo de "decomposição do homem, cujo efeito é não deixar no indivíduo mais nada que seja seu" e reduzi-lo simplesmente "à aparência".[424]

Trata-se então, para o sistema educativo e para a escola, de assumir uma tarefa mais importante na sociedade desse tempo, uma tarefa que se encarregue da necessidade de delinear e construir o rosto do homem, apostando decididamente na educação para a aquisição de virtudes de tipo colaborativo, mais que de tipo competitivo, e contribuindo para a melhoria dos indivíduos, mostrando-lhes finalidades de humanidade maior.[425] Na ação educativa é necessário ajustar as contas com o que está na origem da crise atual, partindo de si mesmos: "Na realidade se buscam as vias do progresso, do bem-estar e da salvação fora de nós, e não na melhoria daquilo que nós mesmos somos, dos nossos modos de pensar e de agir. O homem moderno é capaz de transformar tudo, mas esquece de desenvolver a si mesmo".[426]

A partir dos anos 1970, na Europa e no mundo, o sistema escolar, do grau mais baixo da instrução ao mais alto, passou a atuar em um contexto de sociedade radicalmente mudado, no qual concepções, estilos de vida, valores, expectativas sofreram quase uma mutação genética. De rígido que

---

423   Os problemas ressaltados aqui não são nada novos, porque já eram discutidos nos primeiros anos da década de 1970. Para um aprofundamento, ver HUSÉN, T. *Crisi della Scuola. Scuola e Società in Prospettiva 2000*, tradução italiana de G. Eutizi. Roma: Armando, 1974.
424   CAPOGRASSI, C. *Incertezze sull'Individuo*. Milão: Giuffrè, 1969, pp. 143-144.
425   Ver Belino, F. *Etica della Solidarietà e Società Complessa*, cit. p. 36. Ver também MACINTYRE, A. *Dopo la Virtù. Saggio di Teoria Morale*, tradução italiana de P. Capriolo. Milão: Feltrinelli, 1993².
426   PECCEI, A. *Cento Pagine per l'Avvenire*. Milão: Mondatori, 1982, p. 20.

era, o contexto se tornou muito mais móvel. A busca da "fantasia do poder" interpretava o sentido de mal-estar de uma geração, que rejeitava o presente sem ter, porém, um projeto ou uma ideia para o futuro. E esse mal-estar ainda não passou, porque assumiu nos anos 1990 novos conteúdos e novas formas, às vezes ainda mais radicais, porque chegou a faltar até a paixão por uma mudança. À rebeldia de um tempo seguiu-se, de fato, o desinteresse e a apatia. Não surpreende aquela forma de fuga da responsabilidade, que caracterizou uma geração de agentes e, talvez, também, as próprias instituições educativas. Mais grave ainda é que não se avistam no horizonte soluções de peso, que indiquem uma inversão de tendência.

O homem de hoje:

> *dominado pela velocidade e desmemoriado, para estar à altura da mudança rápida deve viver como se estivesse sempre sobre uma prancha de surfe, deve habituar-se a viver como se estivesse sempre em viagem, arrastando-se atrás do mínimo indispensável da tradição, dos afetos, da sua identidade.*[427]

Mas dessa condição de crise, própria do mundo ocidental, será preciso sair, assumindo novas tarefas educativas, redesenhando programas escolares, formulando perspectivas de formação. Não se sai dessa condição com simples ajustamentos programáticos ou retoques de ordem técnico-administrativa, ou com intervenções episódicas, ou com declarações vagas de intenção ou de promessas, como frequentemente acontece, sobretudo nos momentos mais agudos e explosivos da vida da escola. Porque se trata de recolocar a escola no centro do interesse da sociedade, repensando a fundo objetivos educativos e métodos didáticos e buscando novas soluções para os difíceis problemas da produção e da transmissão do saber em uma sociedade que se encaminha, apesar de tudo, a se tornar pós-alfabética.

O desafio educativo da sociedade é enorme e não pode deixar de ser aceito com grande empenho e determinação por parte de todos os agentes educativos. Sem querer perseguir a utopia a todo custo, procurando soluções prematuras ou impossíveis ou inapresentáveis, trata-se, mais simplesmente,

---

[427] BELLINO, F. *Etica della Solidarietà e Società Complessa*, cit. p. 15. Aqui é retomada a temática do sociólogo GUGGENBERGER, B. *Sein oder Design. Zur Dialektik der Abklärung.* Berlim: Rotbuch, 1987.

de recolocar em discussão as certezas educativas adquiridas, avaliando-as criticamente, recolher aquelas indicações e sugestões provenientes das ciências humanas sobre os processos e os ritmos de aprendizagem, sobre os instrumentos mais idôneos e sobre as metodologias mais apropriadas, propondo-se, afinal de contas, a dar vida a um sistema educativo em condições de garantir a realização de finalidades formativas que correspondam mais às reais necessidades dos indivíduos e às necessidades da sociedade. A educação, como já foi sublinhado no Relatório Faure, é chamada, sobretudo, a "ensinar a viver, ensinar a aprender, de modo a poder adquirir novos conhecimentos durante toda a sua vida; ensinar a pensar de modo livre e crítico; ensinar a amar o mundo e a torná-lo mais humano; ensinar a realizar-se no trabalho criativo".[428]

A escola não pode viver mais como sendo o simples espelho da sociedade, ou reflexo de uma ideologia particular. Na realidade, ela constrói a sociedade, porque antecipa, ou deveria antecipar, as linhas de tendência do futuro e os contornos possíveis da vida social, enquanto sua tarefa se explicita ao assumir a responsabilidade de preparar os jovens para viverem na sociedade de amanhã. Diante das mudanças e das transformações, que são perseguidas tão freneticamente no tempo presente, a escola não pode limitar-se a registrar passivamente o que acontece sem procurar intervir concretamente nos processos de crescimento da sociedade, determinando seus objetivos e orientando suas escolhas.

O problema da escola reformada é certamente o de uma educação linguística mais consciente, nas formas próprias de um instaurar-se da comunidade da comunicação, superando, porém, aquela concepção redutiva que vê a língua como um instrumento de mobilidade social para o alto e não, ao contrário, o fator mais importante para a produção de percepções, de juízos, de conhecimentos, a formação da personalidade e o processo de socialização.

> *A aquisição da língua materna envolve muito mais do que a simples aprendizagem de uma gramática. Significa adquirir sua parte de ser humano e aprender a entrar em relação com os seus semelhantes, compartilhando os modos de pensar e sentir de todos aqueles que falam a mesma língua; em uma palavra, quer dizer adquirir uma cultura.*[429]

---

428   *Rapporto sulle Strategie dell'Educazione,* por E. Faure (org.). Roma: Armando, 1976, p. 141.
429   ELKIN, D. *Educazione e Diseducazione. I Rischi di un'Educazione Precoce,* tradução italiana de V. di Fiore. Bolonha: il Mulino, 1991, p. 134.

Não se pode ignorar que:

> *As formas complexas da atividade nervosa da criança normal se formam no curso da comunicação com os adultos. Nesse processo a linguagem é assimilada depressa e por meio de generalização se transforma estavelmente em instrumento de pensamento e instrumento para regular o comportamento. Pode-se dizer que cada ação do comportamento se forma na criança normal com a participação da linguagem que sistematiza a experiência precedente e dirige o comportamento ativo.*[430]

A educação linguística se torna a condição necessária da constituição de uma comunidade da comunicação e da emancipação. Ela alcança sua meta apenas se for levado em conta o dado fenomênico-dinâmico e não mecânico-estático do processo de aquisição da língua. Todas as metodologias educativas que têm como fim a aprendizagem, entendida como modificação do comportamento, tendem a mecanizar a "natureza" da linguagem, cujos caracteres peculiares são, ao contrário, a criatividade, a originalidade, a liberdade e a participação simbólica. Somente analisando esses fatores se pode chegar a um estudo mais orgânico da linguagem como ciência dos "princípios". Ciência que responde à pergunta: "por que falamos" e não apenas (como as ciências comportamentalistas) à pergunta "como falamos". Esses princípios, no entanto, não são hipostasiados. Eles nascem da realidade humana e social e pedem, mais uma vez, apenas para serem realizados.

4.5. "Ler" e "escrever" o mundo: uma tarefa e um desafio

"Ler" e "escrever" o mundo é a tarefa que Paulo Freire atribui ao homem desse tempo. Privado da palavra, o homem está em busca de si mesmo.[431]

---

430 LURIJA, A. R. *Il Ruolo del Linguaggio nella Formazione delle Connessioni Temporali e la Regolazione del Comportamento dei Bambini Normali e Oligofrenici,* cit. p. 113. Sobre a aquisição da língua materna, ver MCNEILL, D. *L'Acquisizione del Linguaggio. Studi sullo Sviluppo della Lingua Materna,* tradução italiana de D'ODORICO, L. organizado por FLETCHER, P. e BARMAN, M. Milão: Raffaello Cortina, 1991.

431 Sobre Paulo Freire ver GADOTTI, M. *Leggendo Paulo Freire. Vita e Opere.* Turim: SEI,

Refletir hoje sobre Paulo Freire e sobre a proposta de ação política, além de educativa, que se resume em indicar na prática da liberdade o objetivo primário do homem e da sociedade desse tempo, não pode significar limitar-se a um exercício acadêmico, ressaltando seus aspectos mais ou menos folclóricos, ligados mais diretamente aos inícios "terceiro-mundistas" desse educador e às primeiras aplicações em larga escala do método da "conscientização" no Brasil, no Chile, em Angola, na Guiné e em outros lugares.[432] Tampouco é legítimo restringir seu alcance sublinhando sobretudo aqueles aspectos que se referem mais a categorias, bastante gastas aliás, emprestadas de uma ideologia de tipo marxista ou resultantes de uma leitura esquemática da realidade.

Trata-se, ao contrário, de confrontar-se com alguns dos problemas mais candentes da nossa sociedade – o subdesenvolvimento, a marginalização, a desviança – vistos, porém, sob o aspecto mais estritamente linguístico, ou seja, no modo como se apresentam ao observador. Seguindo a abordagem freiriana, a análise desses fenômenos poderá ser mais ampla e menos simplista; ao mesmo tempo se poderá colocar de modo diferente o problema das intervenções necessárias para sua solução. Aqui a utopia se torna meta acessível, porque a busca das possíveis soluções não é um lugar retórico, mas compromisso concreto dos que creem no homem e no seu destino de "ser mais".

A proposta de Freire, pelo modo como está articulada, merece alguns esclarecimentos, como resposta a algumas objeções de que foi objeto. Ela nunca nasce abstratamente, mas na escuta, por parte do educador e da sua equipe, das pessoas que, vivendo em uma condição percebida como subumana, aspira a alcançar aqueles níveis de vida que sente inscritos no seu destino de humanidade, mas que lhe são negados por uma prática de não liberdade e de violência tanto no Oeste como no Leste. Para esse homem,

---

1995; TELLERI, F. (org.) *Il Metodo Paulo Freire. Nuove Tecnologie e Sviluppo Sostenibile*. Bolonha: Clueb, 2002.

432 As várias experiências da atividade educativa de Freire estão amplamente descritas e avaliadas criticamente nos seus livros, que constituem verdadeiras prestações de contas dos objetivos perseguidos e dos resultados conseguidos. Mais em geral, é a condição do homem e da sociedade que determina as aplicações concretas do método da conscientização; nunca uma escolha *a priori* do educador. Ver SCHETINI, B.; TORIELLOM, F. (org.) *Paulo Freire. Educazione Etica Politica. Per una Pedagogia del Mediterraneo*. Nápoles: Luciano Editore, 2008.

que sofre sua negação, Freire indica como finalidade a alcançar a construção de um projeto de homem e de sociedade que aprofunda suas raízes em uma antropologia personalista, na qual a tradição cristã é conjugada com sugestões daquela parte da cultura moderna que, afastando-se de Deus, se acerta com a solidão e a angústia, mas não desespera de encontrar uma saída na redescoberta da solidariedade humana.[433]

O método freiriano se resume na "conscientização", ou tomada de consciência crítica da realidade. O alfabetizando ou, mais em geral, o homem, através do exercício de uma reflexão crítica sobre si e sobre o mundo, que se desenvolve a partir de situações e de palavras familiares, tiradas da vivência do seu universo, com a ajuda do educador chega à aquisição de um código linguístico e de uma consciência crítica relativa à sua condição no mundo. A reflexão, porém, nunca é um ato isolado de um homem isolado, mas ato comunitário de todo um povo. Por isso refletir, nessa perspectiva, significa encontrar-se, sair do seu isolamento, reconhecer o outro, trocar pontos de vista, crescer junto na consciência de um mesmo destino de humanidade do qual ninguém pode subtrair-se, sob o risco de continuar a sofrer uma condição de vida alienada e violentada. As palavras deixam então de ser um blablablá utilizável por parte do poder para adormecer as consciências na mentira e na violência, perpetuando, assim, formas de dependência não justificáveis. Como objeto de reflexão, as palavras permitem que os participantes na discussão tomem consciência da sua situação e juntos elaborem uma práxis de libertação.[434]

A "conscientização" fora pensada inicialmente por Freire como um instrumento metodológico útil para a alfabetização dos adultos, mas bem depressa se percebe que ela podia se tornar um instrumento de educação política do homem. Mais que um simples método de aprendizagem, aliás não absolutamente original, "... a conscientização é um compromisso histórico. E é também consciência histórica. E uma inserção crítica na história. Implica que os homens assumam o papel de sujeitos que fazem e refazem o mundo.

---

433 As raízes cristãs na obra de Freire são profundas. Ver PAIVA, V. P. Existencialismo Cristão e Culturalismo, sua Presença na Obra de Freire, em: *Síntese* cit. pp. 47-110; BETTO. P.; FREIRE, P. *Una Scuola Chiamata Vita*. Bolonha: Emi, 1986.
434 MANFREDI, S. M.; REGGIO, P. Educazione e Coscienza Critica. Note sul Concetto di "Coscientizzazione" Paulo Freire, em: SCHETTINI, B.; TORIELLO, F. (org.) *Paulo Freire. Educazione Etica Politica. Per una Pedagogia del Mediterraneo*, cit. pp. 55-68.

Exige que os homens criem sua existência com o material que a vida lhes oferece".[435] As massas de homens sem rosto e sem história, porque continuamente sujeitas a um jogo pelos poderosos da terra, com a prática da conscientização se erguem como protagonistas absolutos da história, mas apenas sob a condição de que os homens, conscientes do seu papel, saiam da condição de massa na qual estão desde sempre encerrados e se empenhem na construção do projeto de homem que vive em cada um, seja ele oprimido ou opressor. Assim se abre para o homem um caminho de libertação.[436]

Esse processo de libertação não é automático, nem se dá de uma vez para sempre; antes, conhece pausas e incertezas, às vezes também atrasos. Somente através de uma tomada de consciência da língua que se usa e daquilo que está por trás e acima da língua e, por isso, dos mecanismos de funcionamento e de condicionamento, das relações de poder, das cesuras e dos tabus do discurso, dos valores veiculados e da vontade contemporânea de transformar essa ordem de coisas, o indivíduo pode inserir-se em um processo de emancipação, no qual se pode realizar o projeto de um homem libertado. A condição necessária para que tal processo se ponha em movimento e alcance suas finalidades é dada pela capacidade por parte do homem de "ler" a realidade, objeto da sua experiência, e de "escrevê-la" segundo um projeto de humanização sempre maior.[437] Ter insistido nisso, ou seja, associando a emancipação do homem a um processo de conscientização, é o grande mérito de Freire, que ofereceu, desse modo, à prática educativa contemporânea um instrumento metodológico de grande valor e significado.

Só o trabalho em compartimento hermeticamente fechado que caracteriza, muitas vezes, o trabalho dos educadores e dos peritos, aliás tão próximos pelas problemáticas e preocupações comuns, impediu de orientar a reflexão para a língua e o fenômeno do subdesenvolvimento verbal na direção de pesquisa aberta da obra de Paulo Freire. E, ao invés, tal reflexão é

---

435 FREIRE, P. *Teoria e Pratica della Liberazione*. Roma: AVE, 1974, p. 39.
436 Freire lembra muitas vezes nos seus livros o entusiasmo dos camponeses brasileiros e chilenos que, através do método da conscientização, tomavam consciência do seu papel de criadores de cultura. Ver FREIRE, P. *L'Educazione Come Pratica della Libertà,* cit. p. 135.
437 Os termos "ler" e "escrever" são tomados na acepção dada por Freire: saber ler a realidade significa compreendê-la, saber escrevê-la, significa transformá-la. Sobre esse duplo registro se decide o destino do homem. Ver SCHETTINI, B. Leggere le Parole per Leggere il Mondo. Attualità del Pensiero e dell'Azione di Paulo Freire (1921-1997), em: *Studium*, 103 (2007), 2, pp. 295-312.

mais do que nunca necessária para ter uma visão mais ampla dos problemas a enfrentar e das possibilidades de intervenção. O método freiriano poderia receber dessa reflexão novas possibilidades, sem se transformar em um fóssil da pesquisa educativa, destinado a ser esquecido bem depressa.[438]

A reflexão sobre a língua não constitui, portanto, um fato de moda, exatamente desses tempos, quando se afirma que tudo é linguagem ou pode ser reduzido a ela. A necessidade dessa reflexão está em relação com o fato de que na linguagem tomam corpo o pensamento e o comportamento do homem.[439] Assim se justifica a tentativa de resolver o fenômeno do subdesenvolvimento verbal nos termos de uma intervenção sobre a linguagem. Isso requer, antes de tudo, da parte do sujeito, uma tomada de consciência frente aos objetos da sua experiência, para que, distanciando-se dela, possa rejeitar aquelas formas de representação, fruto da força dos mitos e das ideologias e buscar, ao mesmo tempo, aquelas outras formas de representação orientadas para um projeto de emancipação.

Não se pode não observar como à posse de estruturas linguísticas precárias corresponde uma compreensão não adequada de si e do mundo.[440]

---

[438] Destino estranho o de Freire: nos anos 1960 se criou em torno da sua atividade um grande interesse, sobretudo porque a "conscientização" podia representar um antídoto para a "desescolarização" teorizada por Illich. Mais tarde, nos anos seguintes, esse interesse foi diminuindo cada vez mais, até cessar totalmente. Faltou uma reflexão séria sobre o significado que a obra freiriana podia ter dentro das instituições educativas dos vários países que sofreram o fascínio das concepções desse educador. Além disso, esse aspecto já foi sublinhado por Darcy de Oliveira e por Domenice quando observavam a distância sempre crescente entre o sucesso da obra de Freire e o prolongamento prático do seu pensamento. OLIVEIRA, R. D. de; DOMENICE, P. *Freire-Illicb*. Pistoia: Centro di Documentazione, 1976, p. 20.

[439] A centralidade da linguagem constitui um ponto forte da filosofia contemporânea. "Propriamente falando, a linguagem não cria o mundo; objetivamente, o mundo já existe. A força da linguagem é exatamente construir, partindo de sensações incoerentes, um universo proporcionado à humanidade. E essa obra da espécie humana desde a origem é retomada por cada indivíduo que vem ao mundo. Vir ao mundo significa tomar a palavra, transfigurar a experiência em um universo do discurso" (GUSDORF, G. *Filosofia del Linguaggio*. Roma: Città Nuova, 1970, p. 14).

[440] Na linguagem está depositada a compreensão do mundo em que vivemos e as próprias perspectivas de conhecimento oferecidas pela ciência não podem substituí-la totalmente. Além disso, "a articulação do mundo em que vivemos, devido à linguagem e à cooperação comunicativa, não é absolutamente uma dimensão puramente convencional, nem sequer o reflexo de uma consciência que pode, talvez, resultar falsa: ela, ao contrário, reproduz o que é, e no conjunto, certa da sua legitimidade exatamente porque, em particular, está em condições de sustentar objeções, refutações e críticas" (GADAMER, H. G. *La Ragione nell'età della Scienza*. Gênova: il Melangolo, 1982, p. 28).

Daqui a necessidade de um processo de emancipação tal que o indivíduo alcance sua identidade na realização de objetivos de maior humanidade ligados às suas capacidades linguísticas. Só uma consciência emancipada se torna consciente do seu destino e do papel histórico que deve assumir na sociedade como criadora de cultura.[441] É preciso não esperar, porém, efeitos milagrosos da prática da conscientização. É apenas um instrumento de emancipação que, se for pensado em contextos culturais diferentes, pode desempenhar um papel decisivo na educação.

Com o passar dos anos, a proposta educativa de Paulo Freire sofreu, nas suas várias aplicações, aprofundamentos conceituais e revisões metodológicas, em relação às novas experiências vividas pelo seu autor e aos problemas a resolver nos diversos países submetidos a grandes transformações.[442] Desde o início da formulação dessa proposta, quando Freire, no começo da década de 1960, atuava no Brasil a favor da campanha de alfabetização patrocinada pelo presidente Goulart, era já evidente que, mesmo permanecendo imutável, a tarefa da educação nos diversos contextos culturais – a luta pela libertação –, conteúdos educativos e metodologias de aprendizagem estavam estreitamente ligados e não podiam ser definidos abstratamente de uma vez por todas. Porque, de fato, era sempre aquele contexto cultural particular que determinava o que a educação devia propor-se a alcançar e o modo como alcançá-lo, entendendo por contexto cultural

---

441   Esse é o tema da crítica da ideologia: visto que a linguagem é deformada pelos interesses das classes dominantes, o objetivo da reflexão emancipatória é propor uma saída superando os obstáculos que bloqueiam a comunicação entre os homens e utilizam para esse fim, o modelo psicanalítico. Para a crítica da ideologia se trata de chegar a uma nova identidade, de modo que o homem possa comunicar-se com os outros. Ver HABERMAS, J. Osservazioni Propedeutiche per una Teoria della Competenza Comunicativa, em: LUHMANN, N. *Teoria della Società o Tecnologia Sociale*, cit. pp. 67-94.

442   A atividade educativa de Freire se inicia em 1962 na zona mais pobre do Brasil, o Nordeste. O problema imediato era iniciar uma campanha de alfabetização dos camponeses, usando para esse fim um método estudado por Freire para esse fim. O experimento educativo deu resultados bastante positivos, mas não pôde ser levado a termo em consequência do golpe de estado de 1º de abril de 1964. As experiências seguintes estão enxertadas nessa primeira experiência, e foram feitas durante as diversas etapas do exílio de Freire nos países da América Latina e nos Estados Unidos. A partir de 1970, Freire trabalhou em Genebra como perito de problemas educativos no Departamento de Educação do Conselho Mundial das Igrejas. Nos últimos anos, o "método Freire" se tornou um ponto de referência obrigatório em vários países da África. Sobre as experiências educativas de Freire, ver o meu *Paulo Freire: La liberazione Possibile,* cit. pp. 19-28.

a vida concreta dos homens com seus problemas e suas expectativas. Por conseguinte, somente um conhecimento pormenorizado da real situação de vida dos homens podia constituir a base material da educação, e apenas a partir desse conhecimento se podia passar a elaborar estratégias idôneas para desencadear um processo de libertação.

A experiência sucessiva de Freire devia verificar a validade dessa primeira abordagem. Ao passar do Brasil para o Chile, como campo de aplicação, o método da conscientização não podia ficar imutável, exatamente porque a situação política e sociocultural na qual viviam os homens desses dois países era diferente e diferentes eram os objetivos de promoção cultural perseguidos pelos respectivos governos e pelos educadores. No Nordeste brasileiro, os camponeses analfabetos procuravam poder participar no novo curso político da sociedade, caracterizado em sentido democrático. Essa participação, porém, exigia uma tomada de consciência dos homens em relação aos novos problemas de uma sociedade em "transição". Aprender a "ler" e a "escrever" não podia exaurir-se na aprendizagem de signos gráficos a ligar com códigos linguísticos. "Ler" e "escrever" significava estabelecer uma relação diferente com o mundo dos objetos que eram recriados pelo olhar do alfabetizado. O objetivo primário era, sobretudo, aprender a "ler" e a "escrever" seu mundo, ou seja, fornecer os instrumentos indispensáveis para conhecer sua realidade e transformá-la. O caráter específico da campanha de alfabetização, assim como fora se desenvolvendo, era claramente político, e as forças dominantes da sociedade captaram bem depressa sua periculosidade e decretaram seu fim, não antes de ter acusado Freire de ser subversivo. Dessa primeira experiência, cortada ao nascer, seu autor escreveria:

> *Nas condições históricas em que nos encontramos, interessa-nos estabelecer um vínculo estreitíssimo entre a alfabetização e a consciência política das massas populares. Por isso, no contexto da experiência brasileira, as relações entre alfabetização dos adultos e a produção se exprimiram através da crítica da produção, segundo os parâmetros capitalistas, embora caracterizando todo o país, é preponderante nos centros urbanos, enquanto na zona rural se fazia a análise crítica das relações sociais de produção.*[443]

---

443   FREIRE, P. *Pedagogia in Cammino*, cit. p. 159. Por isso, a reação das classes conservadoras, que levaria ao golpe de estado militar. Ver WEFORT, F. *Introduzione a P. Freire*,

No Chile, porém, o método da conscientização devia ajudar os camponeses chilenos a se inserir nos processos de transformação da sociedade, seja no tempo do governo da Democracia Cristã de Frei, seja no tempo do governo da Unidade Popular de Allende. "Nos dois casos da experiência chilena, a alfabetização foi associada à produção no sentido da preparação técnica dos alfabetizandos; com objetivos políticos necessariamente opostos".[444] Nos debates que ocorreram nos círculos culturais, os camponeses chilenos "insistiam (em dizer) que, antes da reforma agrária (que a Democracia Cristã quis), não tinham razão para aprender a ler e a escrever, ainda que um 'patrão mais compreensivo' lhes tivesse oferecido a possibilidade, porque não sabiam o que fazer com a instrução".[445]

Depois dessas primeiras experiências, Freire iniciou um trabalho de reflexão sobre os resultados conseguidos e de sistematização, também à luz das novas utilizações que estavam sendo feitas nas mais diferentes partes do mundo. Por um lado, chegou-se a sublinhar o significado mais propriamente político da conscientização, por outro lado, se iniciou a elaboração de um quadro teórico mais amplo nos termos de uma oposição entre o oprimido e o opressor. Nesse sentido, a conscientização se torna o instrumento para superar a opressão. A história é lida claramente como a luta entre oprimidos e opressores, na qual o próprio opressor, repetindo a figura hegeliana do servo-senhor, também é um oprimido, porque, permanecendo na condição de opressor, não realiza, do mesmo modo do oprimido, seu destino de homem libertado da violência. Afinal de contas, o homem, tanto o oprimido como o opressor, permanece prisioneiro de forças obscuras. Mas essa condição pode ser modificada com novas relações humanas: daqui a proposta de um caminho de libertação.[446]

Sob esse aspecto, *Pedagogia em processo* constitui outro capítulo do método Freire. Trata-se da relação do trabalho desenvolvido por Freire e

---

L'educazione Come Pratica della Libertà, cit. pp. 19-20.
444   *Ibid.*, p. 159.
445   *Ibid.*, p. 160.
446   A opressão, afirma Freire, "é distorção possível na história, mas não uma vocação histórica". Por isso a luta dos oprimidos contra os opressores "tem sentido apenas quando os oprimidos, buscando recuperar sua humanidade (o que é uma maneira de criá-la), não se sentem ideologicamente opressores dos opressores, e não o são, de fato, mas se tornam restauradores da humanidade de uns e dos outros. Essa é a grande tarefa humanista e histórica dos oprimidos, a saber, libertar si mesmos e os opressores" (FREIRE, P. *La Pedagogia degli Oppressi,* cit. pp. 48-49).

sua equipe na Guiné Bissau. Uma sociedade como a da Guiné, que sai da dominação colonial portuguesa e tende a realizar-se segundo um modelo de desenvolvimento de tipo socialista, atribui à educação tarefas relativas aos novos objetivos políticos perseguidos pelas autoridades governamentais. O esforço é comprometer os homens no melhoramento da vida cotidiana, referindo a educação ao modelo de desenvolvimento e ao projeto de sociedade que se pretendem construir. Aqui a relação educativa tradicional é superada. Não há sujeição ou comunicação do outro ou do alto, porque se dirigindo aos guineenses, o educador brasileiro afirma que seu trabalho deve ser compreendido como um "aprender *de* e *com* vocês".[447]

Como crônica de uma experiência, *Pedagogia em processo* é a coletânea de materiais relativos a um trabalho de educação política iniciado em 1975 por vontade do governo da Guiné Bissau, que acabava de se tornar independente da dominação colonial. Freire devia registrar que o povo da Guiné, embora apresentasse um alto percentual de analfabetos que chegava a 90% da população, era altamente "letrado" do ponto de vista político.[448] Daí a necessidade de um processo educativo diferente a partir da consciência política alcançada pelos habitantes do país nos anos da libertação nacional contra os portugueses. O momento era decisivo porque, depois do fim da época colonial, se colocava com urgência a tarefa de reconstruir o país com o mesmo espírito de abnegação e de coragem de antes. Por isso, a constante preocupação do educador brasileiro e da sua equipe era ligar a educação ao problema da reconstrução nacional e levar a compreendê-la como um prolongamento da luta de libertação.[449]

Essa consciência estava bastante difundida nos diversos círculos culturais, onde não era difícil ouvir afirmar que "a luta de hoje é igual à de ontem, mas com algumas diferenças. Ontem [...], com as armas em punho procurávamos caçar o invasor. Hoje, com as armas em punho, vigilantes

---

447 FREIRE, P. *Pedagogia in Cammino*, cit. p. 121 (trata-se do livro *Cartas à Guiné-Bissau: registros de uma experiência em processo*. Rio de Janeiro: Paz e Terra, 1977). A conscientização, enquanto processo de reapropriação crítica da realidade, não pode ser praticada fora de um encontro dialogal dos homens. O diálogo – escreve Freire – "é esse encontro de homens através da mediação do mundo, para lhes dar um nome e, portanto, não se exaure na relação eu tu" (*ibid.*, pp. 107-108).
448 Ver FREIRE, P. *Pedagogia in Cammino*, cit. p. 27.
449 *Ibid.*, p. 34.

lutamos para reconstruir o nosso país mediante a produção".[450] O fato de a sociedade assumir esse objetivo abre uma perspectiva diferente para a própria educação. Em certo sentido, a educação se encarrega desse objetivo, porque é solicitada a se comprometer na construção do homem novo em uma sociedade libertada. Aqui a utopia freiriana da libertação dos homens toma consistência e encontra um campo dentro do qual se defrontar com os problemas do subdesenvolvimento e da emancipação. Segundo Freire, não é possível poder pensar em resolver esses problemas separando-se deles, ou seja, dando apenas uma solução estritamente educativo-escolar, conforme prevalecer um aspecto ou outro. Na realidade, ao fazer isso a instituição escolar deveria limitar-se a uma comunicação neutra do saber, ou seja, sem recolocar em discussão as condições de vida que impedem de fato a emancipação dos homens.[451]

Pelo contrário, a tarefa da educação é a emancipação, rejeitando o modelo "depositário" da educação. Daqui o esforço, que está na base de todo o trabalho educativo freiriano, de envolver todo o país, com suas instituições, no processo de alfabetização dos adultos, considerada não mais como "uma pura aprendizagem mecânica da leitura e da escrita", mas "diretamente ligada à produção, à saúde, ao sistema regular do ensino, ao projeto global de sociedade que querem realizar".[452]

A análise dessa experiência pode ser útil para uma ulterior reflexão sobre a capacidade do método de Freire de se tornar instrumento de conhecimento para uma práxis de transformação dentro da nossa sociedade, que acaba tendo de enfrentar problemas não menos graves. Com referência aos problemas educativos da sociedade contemporânea, permanecem alguns enunciados de fundo, que se encontravam nas diversas experiências tematizadas por Freire, e constituem seu pano de fundo. A educação está relacionada com um projeto de emancipação do homem e da sociedade. Como tal, ela não se dá abstratamente, mas nasce no diálogo entre todos no âmbito de um conhecimento da realidade que não visa ao domínio e à opressão. A emancipação do homem é o verdadeiro conteúdo da educação

---

450 *Ibid.*, p. 60.
451 CORTESÃO, L. Da un'Istruzione Depositaria ad una Educazione Critica e Problematizzante, em: SCHETTINI, B.; TORIELLO, F. (org.) *Paulo Freire. Educazione Etica Politica. Per una Pedagogia del Mediterraneo*, cit. pp. 77-82.
452 FREIRE, P. *Pedagogia in Cammino*, cit. p. 36.

deste tempo. Mas para que a educação possa realizar esse conteúdo de emancipação, é necessário que a própria sociedade se torne prática educativa de liberdade, superando a hipocrisia de proclamar valores de liberdade e de justiça sem, no entanto, realizá-los concretamente.

A experiência educativa de Freire vale como estímulo a prolongar essa reflexão em contextos culturais diferentes, buscando o modo de transformar as nossas instituições educativas, em lugares de real emancipação para todos.

> *A pedagogia de Paulo Freire é, fundamentalmente, um convite apaixonado para fazer da vida um "instrumento" de libertação capaz de abraçar, impregnar e transformar todos os campos do agir humano, conjugando ativamente ética, política e educação a fim de [...] colocar todo homem em condição de realizar autenticamente seu exercício democrático de cidadania.*[453]

---

453 SCHETTINI, B. Educazione Etica e Politica in Paulo Freire, em: SCHETTINI, B.; TORIELLO, F. (org.) *Paulo Freire. Educazione Etica Politica. Per una Pedagogia del Mediterraneo*, cit. p. 83.

5
O desafio da nova "oralidade", a ética da comunicação e a tradução

> *Sabeis muito bem [...] até que ponto a época moderna é falante. As nossas cidades estão cobertas de gigantescos escritos. A própria noite está povoada de palavras de fogo. Desde a manhã inúmeras folhas impressas estão nas mãos dos que passam, dos que viajam nos trens e dos preguiçosos em seus leitos. É suficiente calcar uma tecla no seu quarto para ouvir as vozes do mundo e às vezes também a voz dos nossos mestres [...]; mas dessa vez é a nossa sensibilidade verbal que é maltratada, aviltada, degradada... A linguagem se desgasta em nós. O epíteto é subestimado. A inflação da publicidade anulou o poder dos adjetivos mais fortes. O elogio e também a injúria reduziram-se ao desespero; devemos espremer o nosso intelecto para conseguir descobrir como elogiar e como insultar a gente!*
>
> (VALÉRY, Paul. *Balanço da inteligência*)

No âmbito do sistema da comunicação, a rapidez e a amplidão das descobertas científicas e das consequentes transformações políticas, econômicas e culturais, que aconteceram nos últimos dois séculos, foram irresistíveis, com uma aceleração bastante mais acentuada nas últimas décadas e, também, tão grande que parecem até irreprimíveis, a partir, sobretudo, da invenção do telégrafo (1832) e do telefone (1871).

Desde essas primeiras descobertas, o desenvolvimento do sistema da comunicação não parou mais. Porque, uma depois da outra, seguiram-se nesse âmbito uma série de descobertas, todas igualmente importantes. São exemplos: as primeiras imagens televisivas experimentais (1936), a construção do primeiro calculador pelo exército norte-americano (1946), o lançamento ao espaço do primeiro satélite para a telecomunicação (1962), a comercialização do primeiro computador por parte da IBM (1953), a primeira transmissão televisiva mundial (1967), a invenção do microprocessador pela Intel (1971), a colocação à venda do primeiro computador pessoal (1975), a invenção do *modem* (1978) e, enfim, a difusão mais recente da telefonia móvel e da internet. São descobertas que mudaram profundamente o mundo, o homem e sua própria percepção do mundo.[454] Diz-se que no futuro, mesmo próximo, haverá outras descobertas, ainda mais profundas e mais sensacionais.

Já desde o final do século XIX, o processo de aceleração, que caracterizou o sistema da comunicação, foi sempre mais rápido e mais frenético. Se, para dar um exemplo, entre a invenção da escrita e a da imprensa foi necessário cerca de cinco mil anos; entre a invenção da imprensa e a revolução dos meios de comunicação não se passaram nem quatro séculos. A revolução dos meios de comunicação, sempre mais ampla e mais veloz, marca hoje uma passagem ulterior, que marcou profundamente a cultura contemporânea, até transtorná-la totalmente. O mundo e o homem mudaram profundamente e nasceu, em consequência dessas mudanças, uma nova cultura, que dá imagens diferentes do homem e da sociedade, imagens que não podem mais ser recompostas em um quadro unitário de referência estável, claramente reconhecível e identificável. Vivemos em um mundo em

---

[454] São três as revoluções mais importantes que se sucederam no tempo, no âmbito da comunicação: a revolução quirográfica, em consequência da invenção da escrita ocorrida no quarto milênio a. C., a revolução gutenberguiana, em seguida à descoberta da imprensa (1454) e a elétrica e eletrônica, em consequência da invenção do telégrafo e, posteriormente, do rádio e da televisão. Relacionadas a essas três revoluções podem-se distinguir pelo menos quatro tipos de cultura: a oral, a manuscrita ou quirográfica, a tipográfica e, enfim, a dos meios elétricos e eletrônicos. Ver: ONG, W. *La Presenza della Parola*, cit. BALDINI, M. *Storia della Comunicazione*, cit. BRIGGS, A.; BURKE, P. *Storia Sociale dei Media. Da Gutenberg a Internet*, tradução italiana de E. J. Mannucci. Bolonha: il Mulino, 2002.

Ciência da **linguagem** e ética da **comunicação** 223

que, como profetizara Marshall McLuhan já nos primeiros anos da década de 1960, "o 'tempo' cessou, o 'espaço' esvaneceu-se. Agora vivemos em uma aldeia global".[455] Mas viver na "aldeia global", se é um desafio e uma oportunidade para todos, é também e, sobretudo, um risco, que será preciso correr, como condição de criar um mundo mais humano e mais livre, além das contradições mais vistosas e contra a possível recaída no desumano, possibilidade nunca totalmente esconjurada.

5.1. A ética na aldeia global e a "nova oralidade"

As transformações que ocorrem na sociedade sempre envolveram mudanças significativas nas estruturas sociais, econômicas, políticas e religiosas das sociedades e, consequentemente, no próprio homem, que saiu mudado dessas transformações, adquirindo maior consciência de si e do seu destino. Hoje essa incidência das transformações sobre o homem é ainda maior com o desenvolvimento tumultuoso dos meios de comunicação de massa, que se entrelaçam estreitamente com as principais transformações culturais e institucionais do mundo moderno e projetam o homem sobre um horizonte incomensurável, também obra dos meios, além do tempo e além do espaço. Os meios de comunicação criam, de fato, novas formas de ação e de interação social não mais ligadas às realizações "cara a cara", ou à partilha de um mesmo ambiente, transformando, ao mesmo tempo, a estrutura espacial e temporal, dentro das

---

[455] McLUHAN, M. *Il Medium è il Massaggio*, tradução italiana de R. Petrillo. Milão: Feltrinelli, 1968, p. 63. McLUHAN, M., teórico da "aldeia global", ver também: *Gli Strumenti del Comunicare*, tradução italiana de E. Capriolo. Milão: Il Saggiatore, 1967; *La Galassia Gutenberg. Nascita dell'uomo Tipografico*, tradução italiana de S. Rizzo. Roma: Armando, 1976; McLUHAN, M.; McLUHAN, E.; HUTCHON, K. *Città Come Aula. Per Capire il Linguaggio e i Media*, tradução italiana de A. Lorenzini, ibid., 1984. Sobre McLuhan cf. GALAMALERI, G. *La Galassia McLuhan. Il Mondo Plasmato dai Media? Ibid.*, 1991³. Foi Harold Adams Innis (1894-1952) quem ligou primeiro a explosão da cultura contemporânea à vinda dos *mass media*, assim como as culturas antigas foram o produto das características dos meios de comunicação disponíveis naquele tempo. Ver também: INNIS, H. A. *Le Tendenze della Comunicazione*, tradução italiana de A. Lorenzini. Milão: Sugarco, 1976; Idem, *Impero e Comunicazioni*, tradução italiana de V. Lovaglio. Roma: Meltemi, 2001. *La Presenza della Parola*, cit. BALDINI, M. *Storia della Comunicazione*, cit. BRIGGS. A; BURKE, P. *Storia Sociale dei Media. Da Gutenberg a Internet*, tradução italiana de E. J. Mannucci. Bolonha: il Mulino, 2002.

quais se constituem e se difundem as formas simbólicas e as próprias figuras do nosso viver.[456]

O homem e o próprio ambiente físico sofreram transformações inimagináveis e sofrerão outras no futuro próximo, e certamente ainda mais profundas e mais radicais. Estamos, segundo alguns, no início de uma nova grande revolução, bastante mais radical com relação a todas as outras anteriormente vividas pela humanidade, e que redesenharão o rosto do homem e a própria imagem da sociedade, mas cujos resultados, no plano ético-político, não serão necessariamente a favor do homem. Dos resultados dessas transformações poderão derivar, portanto, surpresas ainda maiores no plano das relações humanas e da compreensão do homem e da sociedade. Com a revolução dos meios de comunicação que ocorrem na sociedade, nasce a chamada "aldeia global", aquele lugar absolutamente virtual, descrito de maneira tão aguda, e com tanta antecipação, por Marshall McLuhan, que se torna o centro do mundo, onde as transformações circulam em tempo real e o homem, embora permaneça na sua casa, vive em simbiose com os acontecimentos, que ocorrem a milhares de quilômetros de distância, de modo que pode dialogar e interagir com eles, modificando-o e modificando-se.

Na época de maior visibilidade dos novos traços da "aldeia global", a comunicação, que se pensava e se queria livre e ilimitada, fator de desenvolvimento e de promoção,[457] conhece, porém, uma espécie de suspensão ou até atraso, sobretudo no plano ético-político. Sobre o pano de fundo da revolução dos meios de comunicação se nota, de fato, como uma situação de declínio da comunicação, antes inimaginável, quando não de verdadeira falência, uma condição que cria um sentido de frustração, de estranheza e

---

456 POSTMAN, N. *Technopoly. La Resa della Cultura alla Tecnologia*, tradução italiana de M. Lombardi. Turim: Bollati Boringhieri, 1993, p. 12; THOMPSON, J. B. *Mezzi di Comunicazione e Modernità. Una Teoria Sociale dei Media*, tradução italiana de M. Palminiello. Bolonha: il Mulino, 1998; SARTORI, G. *Homo Videns. Televisione e Post-pensiero*. Roma-Bari: Laterza, 1997; CARONA, L. *La Socializzazione ai Media. Contesti, Interazioni e Pratiche Educative*. Milão: Guerini e Associati, 2002.

457 Apel, partindo de Peirce, teorizara a superação da comunidade real da comunicação na comunidade ideal como resultado de um agir comunicativo. Ver APEL, K. *Comunità e Comunicazione*, cit. O reverso da moeda é representado pelo fato de que na era da informação, sempre mais amiúde "máquinas inteligentes estão substituindo os seres humanos em infinitas funções, obrigando milhões de operários e empregados a entrar na fila das agências de emprego ou, pior ainda, nas filas da assistência pública" (RIFKIN, J. *La Fine del Lavoro*, tradução italiana de P. Canton. Milão: Baldini e Castaldi, 1999, p. 23).

de incomunicabilidade nos indivíduos, como dolorosamente experimentam, mais de uma vez, os homens de hoje. Ademais, como consequência ulterior, tomam corpo nas relações interpessoais formas de comunicação inferiores, que significam, de fato, sujeição, engano, mentira e obscenidade, imprecisão e ocultação da verdade, redução do homem a uma máscara sem rosto. Por trás de tantas formas de estranheza e de incomunicabilidade, sempre mais acentuadas na sociedade pós-industrial, são dolorosamente vividas condições de erradicação e de estranheza e se experimentam, ao mesmo tempo, situações de rejeição e de conflituosidade, de entrincheiramento e de solidão. A tecnologia não está em condição de criar por si relações fortes e estáveis entre os indivíduos. As distâncias entre os homens não desapareceram, mas assumem formas novas, embora menos visíveis que há um tempo. Deslocação e multilocalização do indivíduo são as novas formas de presença do homem no mundo.[458]

Esse é um resultado dos processos culturais que ocorrem no tempo presente, determinado em grande parte pela revolução dos meios, imprevisto e imprevisível, que acabou sendo determinado contra qualquer expectativa racional. Isso, quando tudo levava a crer que exatamente a maior e mais extensa comunicação teria tornado o mundo, mais distante e mais estranho, mais próximo e mais solidário, e todas as barreiras da incompreensão teriam desabado. Teriam surgido espaços de maior liberdade para todos, e a cidade do homem teria se tornado mais visível. Mas não foi assim, porque, no meio tempo, veio a faltar algo no homem e na sociedade. A comunidade da comunicação conheceu sua derrota mais grave e falhou em alcançar seus objetivos de emancipação do homem; sobretudo, destruiu-se a palavra, sujeitada muitas vezes aos valores negativos mais deteriorados da sociedade e, por isso, privada da sua eticidade.

Sem temer ser considerado retrógrado, Paul Valéry já descrevera com estupor a sociedade do seu tempo, observada do ponto de vista de uma comunicação tão pervasiva e transtornadora que parecia uma embriaguez

---

458 "A solidão e o isolamento social não foram eliminados pelas novas tecnologias. Pelo contrário, esses instrumentos introduzem o risco (ou pelo menos insinuam a suspeita) de que eles desapareçam da nossa percepção da realidade social, apagados por um simulacro de conectividade sempre possível. A possibilidade de comunicar não significa, de fato, necessariamente, que aquela comunicação ocorrerá" (CARONA, L.; CARON, A. H. *Crescere Senza Fili. I Nuovi Riti dell'Interazione Sociale*, tradução italiana de S. Balzarotti. Milão: Cortina, 2010, p. 4).

coletiva, consumindo todo resíduo de humanidade. Observando-a nas suas manifestações linguístico-comunicativas, Valéry caracterizara a sociedade como "falante" até o paroxismo e ressaltara a condição de inflação da palavra no mundo e nas relações que os homens instauram entre eles, e que por isso se tornaram cada vez menos pessoais e mais estranhas, quando não hostis. No brilho da noite, o olho de Valéry capta o sentido da decomposição de uma cultura que, tendo chegado ao cume do seu percurso, não consegue controlar os impulsos mais negativos do progresso e se deixa como que envisgar e afogar nas palavras, que se tornaram rumores, e nas imagens cativantes da publicidade, transformadas em figuras permanentes no panorama das noites. Na "aldeia global", criada pelos meios de comunicação, os rumores são predominantes e ensurdecedores, e as imagens da publicidade invasoras; não há nenhuma intimidade pessoal; falta uma reflexão crítica sobre a realidade. Vive-se em uma praça que se tornou um teatro ao ar livre, onde cada um, dominado pela palavra, recita uma parte predeterminada, mas não sua; experimenta-se o luto, mas sem poder reelaborá-lo. O homem abdicou da "palavra verdadeira", que por isso, ficou muda. Os resultados não podiam ser mais negativos e mais devastadores.

A descrição de Valéry (1871-1945),[459] porém, embora tão lúcida e impiedosa, é incompleta, porque falta uma perspectiva satisfatória e não indica qualquer direção aonde ir. O silêncio dos homens e das coisas, secretamente procurado, não é a solução para o rumor de tantas vozes que povoam, agitando desmedidamente, os dias e as noites dos homens. Não se trata apenas de tomar nota da redução das palavras a rumores tão ensurdecedores e de conviver com as palavras tão inflacionadas, mas de ir além e buscar aquela única "palavra verdadeira", que, se pronunciada com autenticidade, interpreta e realiza verdadeiramente o homem, abrindo-o para um horizonte mais largo e tornando possível, desse modo, a libertação de todas as suas energias criativas, ainda reprimidas pela cultura contra o homem.

---

459 VALÉRY, P. Bilancio dell'Intelligenza, em: *Ibid.*, *La Crisi del Pensiero e Altri Saggi Quasi Politici*, tradução italiana de N. Agosti. Bolonha: il Mulino, 1994, p. 128. O texto de Valéry, já proposto na epígrafe deste capítulo, prossegue assim: "Aliás, a enorme quantidade de publicações, sua frequência diária, o fluxo de coisas que são impressas ou difundidas, tiram desde a manhã à tarde os juízos e as impressões são mesclados e misturados, e tornam os nossos cérebros substâncias verdadeiramente cinzentas, nas quais nada mais dura, nada domina, e provamos a estranha sensação de monotonia pela novidade, e de tédio pelas maravilhas e pelos extremos".

A magia da palavra tem exatamente esse poder misterioso. Valéry talvez nem buscasse essa palavra. Golpeado pelos rumores da cidade do seu tempo, ele os considerava inevitáveis e acabava lamentando o tempo perdido, quando a palavra era feita sob medida pelo homem, tímida e não gritada, feita de silêncios e de suspiros, mas sempre palavra humana. O recurso à liberdade do espírito imaginado por Valéry contra a mercantilização das criações culturais era apenas um engano.[460]

No entanto, se a palavra domina de tal modo o mundo, chegando a caracterizá-lo como falante, é exatamente na vertente linguística que a sociedade contemporânea deve ser compreendida, considerado que ela, exatamente por intermédio da linguagem, assume e manifesta certos estilos e certos perfis, que impõem aos indivíduos uma compreensão diferente e exigem deles novas tarefas. Uma reação do homem a esse estado de coisas se torna possível, ou antes, é necessária, para que se chegue, em outros termos, a um uso da palavra ao serviço da criação de relações humanas mais consoantes, mais próximas de um ideal de humanidade, sem permanecerem espectadores mudos de um jogo maior, que se desenrola em outro lugar. Por trás e além dos fatos linguísticos, entendidos de maneira diferente, é necessário recuperar uma eticidade, a eticidade da palavra; trata-se, mais propriamente, de dar à linguagem e à palavra que a exprime uma intenção de significado e de valor, bem além dos limites de uma condição, como a atual. Hoje, a palavra, longe da sua origem, é reduzida frequentemente a um rumor vago, sem significado, e vive uma condição de exílio na espera de sua libertação.[461] Torna-se necessário, portanto, um verdadeiro êxodo da palavra, como um caminhar da periferia para o centro do homem, um ser que, dispondo da palavra, apenas no encontro pessoal com os outros e no falar, alcança sua identidade e a constrói ainda como resultado de uma relação sempre além, por ser ainda incompleta.

O homem desse tempo vive uma espécie de "segunda oralidade" ou "oralidade de retorno", verdadeira virada epocal da cultura, cujos contornos e resultados ainda não estão totalmente definidos, porque são incertos, precários e sujeitos a contínuas variações. A passagem da oralidade para

---

460 MORONCINI, B. *La Lingua Muta e Altri Saggi Benjaminiani*. Nápoles: Filema, 2000, pp. 11-26.
461 NEHER, A. *L'Esilio della Parola. Dal Silenzio Biblico al Silenzio di Auschwitz*, tradução italiana de G. Cestari. Casale Monferrato: Marietti, 1983.

a escrita e dessa para a elaboração eletrônica envolveu uma mudança nas estruturas sociais, econômicas, políticas e religiosas da sociedade. Reemerge do passado uma forma de cultura oral que, sobrepondo-se à cultura escrita predominante, dá à cultura do tempo outra imagem de si, bastante diferente, positiva e negativa ao mesmo tempo. As mudanças no mundo da comunicação se sucedem tão rapidamente e agem tão profundamente sobre os indivíduos que determinam em muitos um sentido de insegurança e de instabilidade. A palavra está no centro dessa virada e o homem agora está mais que consciente disso, decidido a se reapropriar da palavra como aquela dimensão originária de certeza e de verdade que, possuída, permite que o homem seja realmente ele mesmo. Se uma primeira reapropriação, por parte do homem, de si como palavra foi o resultado de uma cultura que, com a descoberta da imprensa permitira que o homem entrasse no mundo moderno, agora, no entanto, o homem, depois de ter atingido o auge da cultura escrita, vive uma condição de crise profunda. A transmissão da cultura conhece outros canais e novas modalidades; surgem novos valores e outros desaparecem; muda também a percepção da realidade, como mudam os processos de aprendizagem dos indivíduos. Para o *Homo sapiens* desse tempo se coloca o problema de uma nova identidade, mais madura e mais responsável, a alcançar junto com os outros na forma de diálogo, na qual a palavra representa o meio pelo qual se torna possível todo encontro. A solução não pode ser representada por uma rejeição das transformações que essas passagens envolvem. Tendo em vista essas transformações, "trata-se também de poder ver além do horizonte para poder recuperar elementos, como a tecnologia, que possam estender a nossa capacidade intelectiva, mas sem nos desumanizar",[462] lembrando que "a atual fase da aventura tecnológica poderia também revelar-se como o ponto de apoio de uma transição que abra os espaços da história para as possibilidades humanas ainda não expressas ou marginalizadas".[463]

A passagem – que se realizou na história – de uma cultura oral para uma escrita é o sentido do longo processo que levou à descoberta da imprensa. Essa descoberta marca um dos momentos mais decisivos da história da evolução do homem e pode ser considerada uma mudança significativa

---

462 THOMPSON, J. B. *Mezzi di Comunicazione e Modernità*, cit. p.168.
463 BALDUCCI, E. *La Terra del Tramonto. Saggio sulla Transizione*. Fiesole: Edizioni Cultura della Pace, 1992, p. 19.

ocorrida na nossa cultura, e que se reflete no modo de o homem se conceber e se compreender. Foi McLuhan quem primeiro falou dessa passagem, e seus termos foram repropostos depois por Ong, em um quadro teórico amplamente maior.[464]

De um mundo mágico e religioso – o mundo do pathos – e do envolvimento emotivo, próprio das culturas arcaicas, que vive no conto reposto na memória e reproposto por quem tem sobre ele poder e autoridade – se chega agora a um mundo racional e abstrato, à cultura alfabética, que encontrará mais tarde seu auge na descoberta da imprensa. Então a cultura se torna cada vez menos elitista e conhece uma difusão mais ampla. Sobretudo, depois de Gutenberg, o homem pode reprimir seus sentimentos e suas emoções, destacando-se deles e fixando-os com os caracteres de imprensa sobre um texto, que pode iniciar sua viagem no tempo e no espaço, para encontrar quem queira se aproximar dele. Não é tudo porque, no tempo da escrita e da imprensa, se assiste ao predomínio do olho sobre a orelha, da vista sobre o ouvido e, consequentemente, a oralidade – o contato pessoal que se cria entre falante e ouvinte – perde importância e não define mais uma das características mais importantes da realidade do homem, como era anteriormente nas culturas não escritas. As relações humanas, agora sempre mais exteriores e superficiais, tendem a perder significado e se tornam ficção. "Permanecendo no campo dos audiovisuais, pode-se afirmar que o zapear se tornou o novo estandarte do mundo moderno, e o próximo Aldous Huxley fará do telecomando o símbolo de um mundo em que os habitantes exclamarão 'em nome do *zap*' nos momentos raros".[465]

A crise da primeira oralidade se tornou evidente com a difusão imprevisível da imprensa, que assumiu as características da primeira revolução

---

464 ONG, W. J. *Oralità e Scrittura. Le Tecnologie della Parola*, tradução italiana de A. Calanchi. Bolonha: il Mulino, 1986. Sobre a passagem da cultura oral para a cultura escrita e sobre as consequências dessa passagem, ver: OLSON, D. R.; TORRANCE, N. *Alfabetizzazione e Oralità*, tradução italiana de M. L. Maggioni. Milão: Raffaello Cortina, 1995; HAVELOCK, E. A. *Cultura Orale e Civiltà della Scrittura*, tradução italiana de M. Carpitella. Roma-Bari: Laterza, 1999³; *Ibid.*, *La Musa Impara a Scrivere. Riflessioni sull'Oralità e l'Alfabetismo dall'Antichità al Giorno d'oggi*, tradução italiana de M. Carpitella, *ibid.*, 1987; GOODY, J. *La Logica della Scrittura e l'Organizzazione della Società*, tradução italiana de P. Arlorio. Turim: Einaudi, 1988.

465 COHEN, D. *I Nostri Tempi Moderni. Dal Capitale Finanziario al Capitale Umano*, tradução italiana de P. Ferrero. Turim: Einaudi, 2001, p. 25. Ver McLUHAN, M. *Dall'Occhio all'Orecchio*, tradução italiana de A. Lorenzini. Roma: Armando, 1986.

de massa. Entrementes, em seguida a outras transformações acontecidas, além dos limites da cultura escrita, mas convivendo com ela, toma corpo na cultura contemporânea uma segunda oralidade. De fato, agora não é mais o olho, e sim o ouvido, o protagonista da nova revolução cultural que está ocorrendo. O olho habituou o indivíduo através da experiência da escrita e, depois, da imprensa, a uma visão linear da realidade. O retorno a uma experiência predominantemente auditiva, que caracterizaria a cultura contemporânea, leva McLuhan a ver no horizonte os traços de uma nova oralidade, bastante diferente com respeito à do passado. Foi Ong quem deu maior espessura a essa intuição de McLuhan, ao afirmar que o advento dos meios eletrônicos envolveu progressivamente o primado da imagem sobre a palavra escrita e, posteriormente, o triunfo do audiovisual como meio de comunicação. Exatamente o primado da imagem e o triunfo do audiovisual estão na origem dessa "segunda oralidade", que desenha novos cenários de compreensão do homem e do mundo. Os resultados dessa virada não são, absolutamente, certos, porque dela pode nascer uma humanidade mais livre ou, ao contrário, menos livre. Em um sentido ou em outro, serão decisivos os valores de referência no agir comunicativo de cada um, os projetos e as linhas de ação e, sobretudo, uma escolha, clara e definitiva, a favor do homem, na esteira da reproposição daqueles ideais, próprios da tradição do humanismo judeu-cristão.

Esses ideais podem ser traduzidos em objetivos da ação do homem e se tornar realidade, se os processos culturais forem orientados na direção da construção de uma "oralidade" mais consciente das possibilidades de maior humanidade que ela apresenta. Com a chegada da "segunda oralidade", de fato, o futuro, que está diante do homem, se delineia já com os traços de uma nova forma de envolvimento comunitário, instantâneo e espontâneo, próprio das culturas pré-modernas, que restitui os homens no mundo da simultaneidade, da emotividade e da extroversão, onde a palavra adquire de novo sua primazia, como o específico do homem com respeito aos outros seres vivos. O homem se autocompreende como um eu narrador e a comunidade, na qual ele vive, se torna comunidade narrativa. A memória e a esperança dão ao eu e à comunidade uma abertura para o passado e o futuro. Os próprios meios, usados segundo certos critérios, poderiam e deveriam ajudar o homem a realizar os traços mais positivos da oralidade; mas não faltam as contraindicações, quando se pensa, sobretudo, no mau uso da televisão, que se tornou, contemporaneamente, "serva infiel" e "ladra de tempo", como foi definida por Condry.[466]

Ao falar, o homem se realiza em uma multiplicidade de relações, comunicativas ou não, com os outros. A história do homem é o contínuo suceder-se de palavras ditas e ouvidas, que se seguem no tempo e delimitam o espaço no qual nascem, vivem e morrem as culturas e a própria consciência do homem. Sem palavra não há cultura. Mais ainda, sem palavra não há sociedade, como sem palavra não há indivíduo. É através dessas relações de natureza linguística que se constitui o mundo humano: um mundo natural, escuro e inacessível, inexistente para o homem, se torna um mundo para o homem, claro e inteligível, lugar do seu agir e do seu sofrer, com e na palavra. Porque, afinal de contas, é a palavra do homem que dá um nome às coisas, fazendo-as sair do anonimato e chamando-as à existência. O para si das coisas, que se manifesta na linguagem, remete, por sua vez, ao em si das coisas. A palavra, em certo sentido, é anterior à própria coisa: porque, se não se pode falar de uma coisa é como se a coisa não existisse absolutamente, pelo menos para o falante. A existência do mundo é dada pela palavra. Compreende-se porque sem a palavra é preciso apenas calar, como queria o Wittgenstein no célebre aforismo 7 do *Tractatus*. "Sobre aquilo de que não se pode falar, se deve calar".[467]

Portanto, é verdadeira como nunca a afirmação segundo a qual a linguagem é o homem. É sobre essa afirmação, por outro lado, que se encontra o sentido último de tantos percursos aqui indicados, a resposta à pergunta inicial sobre o porquê da linguagem. Mas se a linguagem é o homem, é, afinal, de sua responsabilidade conhecer seus significados e conteúdos e, sobretudo, retomar o plano das expectativas e realizar as tarefas para as quais ela é dada ao indivíduo.

Mas como conhecer esses significados e esses conteúdos e, sobretudo, como fazer essas tarefas, antes que se realize aquela passagem necessária da língua para a palavra? Essa passagem, aqui explorada de maneira diferente é,

---

466 CONDRY, J. *Ladra di Tempo, Serva Infedele*, em: POPPER, K. R.; CONDRY, J. *Cattiva Maestra Televisione*. F. Erbani (org.). Milão: Reset, 1996, p. 57. Ver também o meu *La Comunicazione Difficile*, cit. sobretudo o capítulo VI: La Comunicazione nell'Epoca del Villaggio Globale, pp. 184-217.
467 WITTGENSTEIN, L. *Tractatus Logico-Philosophicus*, tradução italiana de A. Conte. Turim: Einaudi, 1974, p. 84.

de qualquer modo, decisiva: trata-se de ter acesso desde um mundo de significados estereotipados e impessoais a um mundo de significados intencionais, buscados e governados com consciência e com transparência pelos indivíduos. E é exatamente através dessa passagem que o homem descobre uma subjetividade mais consciente e madura, prelúdio de uma humanidade mais alta, sempre em devir. Por esse motivo, uma palavra qualquer não pode exprimir o sentido da responsabilidade do homem desse tempo, mas apenas aquela palavra que exprime aqueles significados que se referem à constituição de um mundo mais humano. Reconhecimento do outro como sujeito, respeito por todas as diferenças de qualquer gênero que seja, defesa dos direitos humanos e das liberdades de criação de relações de solidariedade com todos, construção da justiça, libertação da necessidade e da pobreza, afirmação da fraternidade e, ainda, espírito de tolerância, aceitação do diferente, busca de futuro, expectativa de esperança, são alguns desses conteúdos que a responsabilidade do falante deve poder e querer traduzir em tarefas para seu agir. Os conteúdos da palavra se tornam tarefas do agir do homem. A palavra em si nunca é neutra, porque se refere às intenções do indivíduo, é o lugar da consciência do homem.

Se a "nova oralidade", na qual vivemos hoje, permite descobrir as raízes do homem, exige também uma consciência diferente dos processos que agem na sociedade e a necessidade de uma orientação diferente, em termos de pesquisa de um percurso de maior humanidade, junto aos outros, na consciência de um destino do homem, ainda mais alto, que se realize exatamente no agir consciente do homem. O retorno à oralidade, que se invoca, não é, portanto, uma simples volta ao passado, uma fuga impossível a uma época mítica, mas é a busca de uma identidade mais madura e mais consciente, o desafio verdadeiro de uma mudança possível para o homem e pelo homem. O nascimento de um mundo mais humano se torna possível exatamente quando se afirmam principalmente tendências desagregadoras e o caos parece prevalecer. Trata-se, em outros termos, de desenvolver nos indivíduos aquelas capacidades que põem em realce o papel da linguagem na constituição do mundo e, ainda, de elaborar projetos que possam reunir as razões da razão e as razões do coração, a esfera racional do indivíduo com a esfera emotiva, uma aprendizagem analítica racional com procedimentos mais ligados à afetividade.

É na unidade do ser humano que todo homem vive, o *Homo agens* e o *Homo patiens*, que se manifesta como *Homo loquens*. Porque é a palavra, enfim, que faz do homem o ser que cada um de nós é.

5.2. A tradução: encontro de culturas e troca de memórias

A tradução, considerada como acontecimento-fenômeno literário, filosófico e cultural, impõe a quem se interroga sobre ela uma série de perguntas inevitáveis, das quais hoje fica sempre mais difícil subtrair-se.[468] São as mesmas perguntas que desde sempre se apresentam à reflexão do estudioso. Já Humboldt, no seu tempo, as fizera mais vezes e as retomara na forma de uma única pergunta. Ele colocou o problema perguntando-se: "Como poderia uma palavra, cujo significado não é dado diretamente pelos sentidos, ser completamente igual à palavra de outra língua?". Tendo feito essa pergunta em termos tão essenciais, Humboldt respondia afirmando que em toda tradução a passagem que ocorre da palavra de uma língua para a palavra de outra língua, "deve necessariamente apresentar diferenças".[469] Trata-se – pode-se acrescentar em complemento à afirmação humboldtiana – de diferenças que investem os diversos níveis do sistema linguístico cultural, envolvido na tradução, desde o fonético e articulatório até o gramatical, sintático e lexical, e o sistema mais amplo do mundo das significações das culturas singulares, convocadas e solicitadas na atividade de tradução e sempre em movimento.

Entre as duas palavras da tradução – a palavra inicial e seu prolongamento, um verdadeiro *alter ego*, na palavra traduzida – parece haver como que uma cesura, uma perda, uma condição próxima da "elaboração do luto", no sentido entendido por Ricoeur. A tradução e todos os seus problemas nascem, portanto, no espaço delimitado por esse desvio inicial, ou seja, a distância que separa a palavra da língua de partida da palavra da língua de chegada. É uma circunstância quase conatural, representada pelo desvio e pela distância, muitas vezes não considerada com a devida atenção em uma

---

468 Sobre as questões e os problemas levantados recentemente no debate sobre a tradução ver R. PITITTO; VENEZIA, S. (org.) *Tradurre e Comprendere. Pluralità dei Linguaggi e delle Culture,* Atti del XII Congresso Nazionale della Società di Filosofia del Linguaggio, Piano di Sorrento, 29-30 de setembro, 1 de outubro de 2005. Roma: Aracne, 2006. Ver também o ensaio de JERVOLINO, D. *Per una Filosofia della Traduzione.* Brescia: Morcelliana, 2008.
469 HUMBOLDT, W. Introduzione alla Traduzione dell'Agamennone di Eschilo, em: NERGAARD, S. (org.) *La Teoria della Traduzione nella Storia,* tradução italiana de G. B. Bocciol. Milão: Bompiani, 1993, pp. 135-136.

teoria moderna da tradução. E, ao contrário, são exatamente os problemas que derivam desse desvio e dessa distância, e as questões ligadas a eles que determinam as perguntas da tradução e condicionam as respostas.

De qualquer maneira, permanece no fundo – e não resolvido – o difícil problema se a tradução como tal, mesmo a mais fiel possível, tem em si a capacidade e a força de poder transportar de uma língua a outra, além das palavras e das construções gramaticais e sintáticas, as concepções de vida, valores, intenções, comportamentos, normas de ação, expectativas, sem nunca trair o texto do autor e suas intenções de sentido. Não se trata só de preservar o texto na sua materialidade, mas também e, sobretudo, a vida dos indivíduos e seus vividos que fluem dentro do texto. Os dois planos de discurso nunca podem estar separados. A tradução falha quando o texto da tradução está mutilado, porque privado, pelo menos em parte, de uma das suas partes mais características, como poderiam ser a fidelidade ao texto, a criatividade linguística ou a retomada do sentido nos cenários desenhados pela tradução, ou a vida dos indivíduos e seus vividos.

As perguntas feitas pela tradução não têm, por isso, nem podem ter respostas exaustivas e definitivas. As questões subjacentes a ela são muito mais complexas. Mais que uma passagem de uma língua para a outra, a tradução permanece uma operação de aproximação e de encontro – tecnicamente sempre possível, embora difícil de realizar de maneira completa – entre mundos diferentes e distantes. A tradução efetiva dos significados originais e das intenções de sentido, porém, nunca é totalmente garantida na nova morada linguística, que se alcança através dessa passagem necessária de um mundo ao outro. A tradução obriga, antes, a ajustar as contas com um mundo de significados múltiplos e, muitas vezes, heterogêneos, que exigem ser interpretados, também porque nem sempre são tão transparentes e tão compreensíveis. São significados recriados continuamente pelos sujeitos envolvidos na tradução e permutados nas relações interpessoais entre os falantes de línguas diferentes, em contato entre eles. Os significados, porém, não se dão imediatamente, mas apenas através de tentativas, por aproximação e, de qualquer modo, de maneira provisória, em uma espécie de relativismo cultural que, se reconhecido e aceito como tal, é prelúdio de verdade, não de escondimento ou de deturpação da realidade.

Cabe ao sujeito da tradução, à sua responsabilidade pelo "outro", recuperar os significados, também aqueles mais escondidos, do mundo em questão, transferindo-os de um mundo ao outro, e salvaguardando, ao mesmo tempo, os traços distintivos que caracterizaram os dois na sua posição original, privilegiando a lógica do encontro, do confronto e do diálogo. Trata-se de uma lógica que põe em primeiro plano o respeito recíproco das culturas e o reconhecimento do valor de verdade das diversas linguagens das culturas dos povos. De outro modo, a tradução poderia se tornar apenas um instrumento de homologação das culturas, uma espécie de colonização cultural, mais moderna e, talvez, mais perigosa, na forma de uma progressiva negação e destruição das "outras" culturas e de uma afirmação da sua contra toda lógica de atenção e de respeito ao "outro". É um risco possível, não novo e nem sempre dominante na história dos povos, que a Europa conhece muito bem pelas suas enormes responsabilidades no assunto, no passado e não só, com respeito a um "outro" mundo submetido e hegemonizado exatamente com a força da sua cultura e, muitas vezes, também, com a ferocidade de suas armas.

Retomar o sentido dessas perguntas e dar a elas uma resposta mais convincente, na linha também da lição dos grandes mestres da tradução do século XX, realiza a exigência de quem quer levar de novo a interrogação filosófica para o plano de uma compreensão maior das questões levantadas pela tradução e pela sua prática. A partir de uma interrogação sobre a tradução assim entendida se afirma e se reforça, sobretudo, a necessidade de fazer emergir em torno dessas mesmas questões o espaço semântico de um discurso, como o delimitado pela tradução, em que o homem faz, sobretudo, a experiência de si e do outro.[470] Ao mesmo tempo, sobretudo como resposta ao desvio contemporâneo dedicado ao fechamento para o outro, coloca-se, correlativamente, a questão do acolhimento do estranho. Ele vem de longe e pede para ser acolhido primeiramente na língua de chegada, para depois ser reconhecido como um ser, que faz parte da mesma comunidade humana do interrogante. O acolhimento do estranho na língua de chegada é preliminar a toda outra forma de acolhimento. A exclusão da língua significa exclusão da cidadania e marginalização, uma condição de vida, que favorece o nascimento e a radicalização de formas de estranheza, de intolerância e de conflituosidade, com resultados devastadores para a vida da comunidade.

---

470 Sobre a relação entre semiótica, tradução e multiculturalidade ver: BETTETINI, G. *Capirsi e Sentirsi Uguali. Sguardo Sociosemiotico al Multiculturalismo*. Milão: Bompiani, 2003.

Daí a necessidade de dar ao estrangeiro uma primeira forma de acolhimento, na língua da comunidade de acolhida. Trata-se de uma questão essencial, cuja solução passa necessariamente por uma resposta de tipo ético, como é o reconhecimento do direito da hospitalidade linguística do estrangeiro, no signo da raiz comum de humanidade dos indivíduos, que liga junto o eu e o outro, o singular e o plural, o mesmo e o diverso.[471] É, sobretudo, na forma da hospitalidade linguística do outro, de um dom, que se dá absolutamente gratuito, que se resume hoje a questão mais geral da tradução e dos seus problemas.[472] A tradução como dom representa o paradigma de uma atividade do homem, que não tem a si mesma como fim, mas está aberta à irrupção do outro, e onde a ética se torna predominante com respeito também aos mesmos aspectos da questão.

5.3. A tradução entre ética e hermenêutica

Uma discussão sobre a tradução, sobre as questões e os problemas que ela envolve, leva a reconhecer na tradução uma instância de tipo ético. Trata-se de uma instância presente em cada atividade de tradução e que só hoje é considerada com maior atenção em comparação com o passado. É uma instância que, no contexto de toda tradução, se põe sempre como busca do "mesmo" e, de "outro lugar", que significa, sobretudo, reconhecimento e aceitação do outro, tendo chegado de uma morada da linguagem a outra e, por isso, tomada de responsabilidade para com o recém-chegado.[473]

---

471   Hénaff se perguntava: "Como sair do círculo da identidade? Como dar esse salto tão difícil para fora do nosso nicho local? Para fora desse espaço 'próprio' que nos parece tão evidente, tão legítimo que o único modo para acolhermos o outro seria absorvê-lo em nós? Isso equivale a pedir que ele renuncie ao que nós mesmos consideramos a coisa mais preciosa: permanecer aquilo que somos. Como fazer para que diante de nós o outro permaneça aquilo que é, e nós, para responder à sua vinda, possamos nos tornar também aquilo que não somos?" (HÉNAFF, M. Lo Straniero è Nella Lingua, em: *Alternative*, 4 (2004), 2, pp. 134-135).
472   Sobre a contribuição de Paul Ricoeur ao tema da tradução ver os ensaios publicados em: JERVOLINO, D.; PITTITO, R. (org.) Il Dono Delle Lingue. La Traduzione e l'Esperienza dell'Alterità. Homenagem a Paul Ricoeur, em: *Studium*, 99 (2003), 5, pp. 657-837. ver também: JERVOLINO, D. (org.) *La Traduzione: Incontro tra le Culture*, em: ibid., 101 (2005), 1, pp. 59-136.
473   Segundo Antonio Prete, não só "traduzir já é interpretar", mas é também "a única

A própria tradução se torna um fato ético, porque nela e com ela se assume originalmente o problema do outro na sua individualidade singular, que nunca pode ser menosprezada, comprometida ou oprimida por razão nenhuma. A salvaguarda do outro e do diferente, a não invasão e a não assimilação do outro se tornam a tarefa última de uma tradução, chamada, antes de qualquer outra coisa, a resolver sua ambiguidade original.[474] Da tradução assim entendida nasce uma forma de humanidade diferente. Contra o preconceito, a desconfiança e o medo, que acompanham a chegada e a presença do estrangeiro entre nós, a tradução se coloca, sobretudo, como encontro, reconhecimento e diálogo entre as diversas culturas, como pesquisa das raízes comuns da humanidade e como troca das memórias entre os indivíduos e os povos. Exatamente na expressão de hospitalidade linguística podem ser resumidos todos esses significados, que constituem o "espaço" último que projeta a tradução em uma dimensão "outra", além daquela mais estritamente linguística.

Com relação a outros pensadores do século XX, foi, sobretudo, Ricoeur que se colocou nessa linha de reflexão, fazendo-se intérprete e porta-voz de uma ideia de hospitalidade linguística muito mais ampla, porque repensada em uma dupla vertente, ou seja, da parte dos dois sujeitos da tradução – o eu e o outro – ambos chamados a realizar de formas diferentes uma ideia e, sobretudo, uma prática de hospitalidade linguística mais claramente definida e mais avançada. O filósofo é plenamente consciente do caráter de reciprocidade que deve caracterizar toda hospitalidade linguística, porque "ao prazer de habitar a língua do outro corresponde o de receber, junto de si, na própria morada de acolhida, a palavra do estrangeiro".[475]

---

forma não ideológica, prevaricadora, de interpretação" (PRETE, A. *L'Ospitalità della Lingua. Baudelaire e Altri Poeti*. Lecce: Piero Manni Editore, 1995, p. 9).

474 "O problema é que a tradução – como afirma Berman – ocupa um lugar ambíguo. Por um lado, se dobra à injunção de apropriação e de conquista, se constitui antes como um dos seus agentes. [...] Mas, por outro lado, a finalidade ética do traduzir se opõe por natureza a essa injunção: a essência da tradução é ser abertura, diálogo, mestiçagem, descentramento. É um 'por em relação' ou não é nada" (BERMAN, A. *La Prova dell'Estraneo. Cultura e Traduzione nella Germania Romantica*, tradução de G. Giometti (org.) Macerata: Quodlibet, 1997, p. 15). Ver SOMMELLA, V. La Finalità Etica del Tradurre: Eticità e Letteralità nella Traductologie di Antoine Berman, em: PITTITO, R.; VENEZIA, S. (org.) *Tradurre e Comprendere*, cit. pp. 401-414.

475 RICOEUR, P. *La Traduzione. Una Sfida Etica*, tradução de D. Jervolino (org.). Brescia: Morcelliana, 2001, p. 50.

A hospitalidade linguística do estranho representa, sob esse aspecto, o reconhecimento de um direito iniludível e não mais deferível, sobretudo na época da globalização dos direitos e dos deveres dos indivíduos. Experiência de si e acolhida do outro representam juntas os pontos nodais para os quais convergem inevitavelmente as exigências do homem desse tempo e as expectativas das sociedades. A negação do outro não pode ser uma resposta ao pedido de acolhida do estranho, pode apenas levar ao fechamento das culturas e à sua deslegitimação, prelúdio do nascimento de uma conflituosidade maior e mais extensa na sociedade e entre os indivíduos. O encontro das culturas e o intercâmbio das memórias encontram, ao contrário, na "boa" tradução, o paradigma de uma época, insatisfeita e inquieta, que se interroga sobre si mesma e busca novas respostas ao pedido de justiça e de maior humanidade, sobretudo depois da queda do homem no demoníaco, vivida no século XX em Auschwitz, onde a negação do outro encontrou seu momento mais agudo e mais dramático no inferno dos campos de concentração.[476] A negação do outro representou também o fim de toda tradução. Porque, se o outro vier a faltar, porque é negado ou ignorado, não há necessidade de nenhuma tradução. Por outro lado, vem a faltar o próprio eu quando o outro é negado.

A atenção do filósofo se dirige agora, em particular, para o homem que, na e com a tradução, "alarga", de fato, a dimensão do seu ser e do seu agir e se descobre, sobretudo, um habitante do mundo, um ser entre e com outros seres, ligado por um mesmo destino. É na experiência da tradução que o indivíduo amadurece a consciência que todo encontro com o outro, o acontecimento mais significativo de toda tradução, mais do que o empobrecer, o enriquece, abrindo-o para irrupção do "novo" e do "imprevisto" do multíplice nas suas mais diversas formas. Na tradução, assim entendida, vivem a herança e o patrimônio das culturas "outras" que, encontrando-se e mesclando-se, ultrapassam toda expectativa do indivíduo e toda ordem de significados já constituídos e criam novas relações e novas formas de vida. Na tradução "verdadeira" se dá uma abertura real ao outro que vem.

O "espaço" de discurso, que se abre através da tradução, requer, portanto, uma interrogação mais ampla e mais aprofundada, que tende a explorar e a

---

476 Sobre Auschwitz "metáfora do mal", ver PITTITO, R. *Ad Auschwitz Dio c'era. I Credenti e la Sfida del Male*. Roma: Studium, 2005.

reconhecer os limites que definem os âmbitos e as perspectivas da própria tradução. Sem essa forma de interrogação, orientada para o outro, a questão da tradução corre o risco de ser mal entendida ou, pelo menos, de ser pouco considerada no seu valor de ser, além do seu aspecto puramente técnico, o lugar de encontro das culturas e do intercâmbio das memórias dos indivíduos e dos povos.

Por isso devemos perguntar desde o início como se colocar diante do "fato" da tradução e como compreender, se possível, seus diversos aspectos e os nós problemáticos que a caracterizam? Quais os modelos de tradução mais importantes aos quais fazer referência no âmbito de uma prática de tradução mais atenta e mais consciente? A literalidade do texto e a busca da tradução do sentido do texto, como modelos de tradução mais comuns, se excluem mutuamente na construção do texto ou podem, de alguma maneira, coexistir juntos integrando-se mutuamente? "Dizer quase a mesma coisa"[477] em outra língua ou com outras palavras exaure, por acaso, a tarefa da tradução? A tradução é a mesma no seu fazer-se apenas um "fato" puramente técnico, entendido como algo que tem a ver com um simples deslocamento de tipo linguístico, ligado a um texto, ou é algo diferente e mais complexo, e remete aos "objetos" do mundo e à existência dos indivíduos e das sociedades que, em virtude da tradução, recebem no contexto cultural de outra língua uma nova forma de existência, talvez ainda mais humana e mais alta?[478]

Nessa linha interrogativa é legítimo, além de necessário, levantar a questão e perguntar, na esteira de Gadamer[479], se a hermenêutica constitui o "espaço" último da tradução, considerando que "todo modelo de comunicação é, ao

---

477 ECO, U. *Dire Quasi la Stessa Cosa. Esperienze di Traduzione*. Milão: Bompiani, 2003.
478 Uma "filosofia da tradução" responde ao papel filosófico do ato de traduzir e às numerosas perguntas que ele levanta. Sobre a possibilidade de identificar um percurso histórico da filosofia da tradução ver: NERGAARD, S. (org.) *La Teoria della Traduzione nella Storia*, cit. Para uma visão panorâmica do estado atual dos estudos, ver: NERGAARD, S. (org.) Teorie Contemporanee della Traduzione. Milão: Bompiani, 1995 e PETRILL, S. (org.) *La Traduzione*, Athanor. Semiotica, Filosofia, Arte, Letteratura: Anno X, nuova serie, n. 2. Roma: Meltemi, 1999/2000. O texto de BASSNETT, S. *La Traduzione. Teoria e Pratica*. Milão: Bompiani, 1999 é dedicado aos aspectos interdisciplinares da tradução.
479 "Toda tradução – escreve Gadamer em *Verdade e método* – é [...] uma interpretação [...]. O caso da tradução põe à luz explícita a linguagem como meio da compreensão" (GADAMER, H. G. *Verità e Método*, tradução e organização de G. Vattimo. Milão: Bompiani, 1983, p. 442).

mesmo tempo, um modelo de tradução, de transferência vertical ou horizontal de significado".[480] A tradução, sob esse último aspecto, poderia ser considerada mais simplesmente e, sobretudo, como o encontro de culturas diferentes e o intercâmbio de memórias entre os indivíduos e os povos. Se isso for verdade, qual relação se pode estabelecer, portanto, entre os dois âmbitos da definição da tradução? Uma exclui a outra ou, vice-versa e de maneira mais verossímil, há como uma inclusão recíproca de uma na outra, um olhar comum sobre o objeto último da tradução?

Resta, enfim, perguntar se o filósofo tem um papel particular, e qual, no âmbito específico da tradução, como deixam prever algumas contribuições significativas da parte de pensadores como Benjamin, Berman, Steiner, Ricoeur, Derrida e, por último, Meschonnic, Ladmiral e Marty, para citar apenas alguns, que se sucederam durante o século XX e estiveram na origem de um debate sobre a tradução, rico de solicitações e ainda não concluído.[481]

A tradução é um paradigma ético da existência humana e como tal deve ser tomada. Ademais, o espaço do Mediterrâneo – como sublinha ainda o autor do ensaio – é, enquanto cruzamento e história de encontros de povos e de culturas, paradigma da traduzibilidade de toda experiência do homem. A própria tradução, como também a civilização da bacia do Mediterrâneo, se permanece fiel à sua tarefa, é, sobretudo, encontro de povos e de culturas e troca recíproca de memórias. O Mediterrâneo, por outro lado, como história também de encontros falhos e de choques sanguinolentos e perda de memória dos seus habitantes, representa a outra face de uma tradução, que renuncia, de fato, à sua função de mediação cultural, tornando-se quase incapaz de encontrar o outro em si a não ser sob a forma do domínio e da força, da opressão e da violência, da destruição e da morte.

Por isso, a tradução, na sua prática, permanece uma realidade ambivalente e sempre cheia de riscos. Ela pode ser lugar de encontro das culturas e troca de memórias, como pode ser também lugar de desencontros, de fechamento recíproco e de rupturas traumáticas. A melhor tradução é a vida

---

480 STEINER, G. *Dopo Babele. Aspetti del Linguaggio e della Traduzione,* tradução de R. Bianchi e C. Béguin. Milão: Garzanti, 2004, p. 74.
481 Aqui não podem ser deixadas de lembrar as contribuições de STEINER, G. (*Dopo Babele. Aspetti del Linguaggio e della Traduzione,* cit.), MESCHONNIC, H. (*Poétique du Traduire.* Paris: Verdier, 1999), MARTY, F. (*La Benediction de Babel.* Paris: Cerf, 1990), LADMIRAL, J. R. (*Della Traduzione: Dall'Estetica all'Epistemologia.* LAVIERI, A. (org.). Módena: Mucchi, 2009).

contada pelo indivíduo e pelos povos, que encontram na língua de partida os traços dos outros fundidos com seus traços e os encontram ainda como contraprova na língua de chegada. É daí, no terreno próprio da tradução, que pode nascer uma cultura da proximidade e da acolhida, a única forma de cultura que poderia realizar os valores mais autênticos da própria tradução.

5.4. Modelos de tradução

A tradução na sua extensão conceitual cobre uma série de domínios, de interesses e de problemáticas que, embora muito diferenciadas entre eles, se referem mutuamente. Na atividade de tradução se perseguem, de fato, questões, motivações e problemas, os quais chegam a constituir um quadro de referência. Vai-se da tradução interlinguística para a infralinguística, da tradução profissional ou especializada para a tradicional de tipo literário, em oposição à tradução de tipo técnico, da busca da fidelidade absoluta ao texto para a dificuldade de traduzir por inteiro o sentido do texto.

Acerca desses últimos aspectos, há uma primeira reflexão a fazer, porque:

> *Ao colocar o ato de traduzir como uma captação de sentido, alguma coisa vem negar a evidência e a legitimidade dessa operação: a aderência obstinada do sentido à sua letra. [...] Essa operação conquistadora e exaltante, essa demonstração da unidade das línguas e do espírito, é manchada por um sentimento de insuficiência, de impossibilidade, de traição.*[482]

Por outro lado, há – como afirma Ricoeur – uma intraduzibilidade de partida, que consiste na pluralidade das línguas, chamada por Humboldt de diferença, aquela diversidade que concerne a todos os níveis operativos da linguagem e que sugere "a ideia de uma heterogeneidade radical que deveria tornar, a priori, impossível a tradução".[483] No entanto, continua-se a traduzir;

---

482 BERMAN, A. L'Essence Platonicienne de la Traduction, em: *Revue d'Esthetique*, 12 (1986), pp. 63-73.
483 RICOEUR, P. L'intraducibile, em: JERVOLINO, D.; PITTITO, R. (org.) *Il Dono delle Lingue. La Traduzione e l'Esperienza dell'Alterità*, cit. p. 668.

a tradução sempre existiu: ela constitui uma resposta parcial à "prova do estrangeiro".[484] A tradução, entendida como encontro das culturas e intercâmbio das memórias, coloca outros problemas, que podem em parte ser atribuídos ao mesmo quadro de referência.

Seja como for, são dois os principais modelos de referência com os quais hoje é necessário confrontar-se a propósito da tradução. Na sua primeira acepção de "fato" puramente técnico, admitido que, depois de tudo, se possa considerar realmente tal, a tradução consiste em uma espécie de transposição linguística de um dado texto, de uma passagem, cujo texto é submetido, de uma língua a outra. Um texto desconhecido e ininteligível é despojado da sua língua de origem e revestido de outra e tornado aproveitável para os falantes dessa outra língua, sem que deva perder necessariamente sua identidade original, mas conservando seus caracteres específicos e sua dizibilidade, também na diversidade da nova língua de chegada. Entre a língua de partida e a de chegada há como uma continuidade de significados com respeito ao texto original, que oscila sempre entre uma fidelidade absoluta e uma relativa, entre uma abordagem que privilegia a "letra" do texto e outra que privilegia, em vez disso, o "espírito" do texto. São modalidades diferentes de aproximação do texto, cada uma fazendo referência a um modo diverso de entender a tradução, embora seja comum a ambas a ideia de fazer reviver um texto em uma língua diferente. A tradução, afinal, recria um texto em outra cultura, que se enriquece com nova vida nas palavras encontradas.

Como tal, a tradução é sempre um negócio em comum, um "ler escrevendo"[485] que vê sujeitos diferentes envolvidos na mesma atividade, a começar pelo autor do texto, muitas vezes inconsciente da nova aventura do seu produto, pelo tradutor, o operador que medeia entre o texto original e o leitor, que se constitui como o verdadeiro destinatário da tradução. A interligação entre os três atores da tradução manifesta mais o caráter plural de toda atividade de tradução.

Desde sempre o tradutor desempenha e leva adiante seu trabalho, que é o de tornar disponível para todos um texto barrado a quem fosse impedido, por pertencer a um universo linguístico diferente. A tradução não é apenas um fato puramente técnico, considerando, sobretudo, que

---

484   ibid., p. 670.
485   BONNEFOY, Y. *La Comunità dei Traduttori*. Pallermo: Sellerio, 2005.

no seu trabalho "uma tarefa do tradutor não vai da palavra para a frase, o texto, o conjunto cultural, mas, ao contrário, impregnando-se através de amplas leituras do espírito de uma cultura, o tradutor desce de novo do texto à frase e à palavra".[486]

A atividade da tradução, sob esse aspecto, é muito antiga, e sua reconstrução histórica poderia ser interessante como nunca. São tantas as motivações subjacentes a cada tradução, desde a homologação até o confronto, o diálogo e a assimilação. Na tradução há, sobretudo, o esforço de uma comunidade linguística de aprofundar as razões da sua identidade, de abrir-se à outra no encontro e no intercâmbio, compartilhando a cultura e a língua e entregando suas memórias, como se fosse um penhor pelo reconhecimento alheio. A tradução representa o início de um processo de integração entre culturas e povos diversos. Sem a atividade dos tradutores, os indivíduos e os povos estariam destinados a levantar muros diante deles, negando toda identidade que não fosse sua e subtraindo-se a todo confronto com os outros. As culturas estariam destinadas a entrincheirar-se nas suas identidades e a considerarem-se autossuficientes, excluindo toda relação com as outras, consideradas inferiores.[487]

A tradução, no entanto, considerada "fato" puramente técnico, é apenas um primeiro aspecto da questão e, talvez, não seja o mais importante ou, pelo menos, haja outro subjacente, que é, sem dúvida, muito mais importante e decisivo, porque determina seu campo semântico específico de referência e justifica, de certo modo, o aspecto puramente técnico, como primeiro momento de um processo que ainda deve chegar à sua realização. Além do mais, é exatamente esse segundo aspecto que justifica o primeiro, como se esse último se desse apenas junto com o outro como sua condição necessária. Já como "fato" puramente técnico, a tradução de um texto, mesmo na salvaguarda daquilo que se refere ao léxico e à gramática, exige sua superação na abertura ao outro, como procura de vizinhança e de proximidade. Na atividade da tradução não se dá nunca uma forma de estranheza, porque se fosse assim, não haveria nenhuma tradução. O texto traduzido vive, ao contrário, uma segunda vida e inumeráveis outras ainda, toda vez

---

486 RICOEUR, P. *L'Intraducibile*, cit. p. 670.
487 A tradução, ao contrário, encoraja "a ambição de levar à luz do dia o lado escondido da língua de partida da obra a traduzir e, reciprocamente, a ambição de a língua materna perder os hábitos provincianos, convidada a pensar-se como uma língua entre as outras e, quando muito, a perceber-se como sendo estrangeira" (RICOEUR, P. *La Traduzione*, cit. p. 48).

que sai de uma língua para entrar em outra e um novo leitor se propõe de novo a prolongar o sentido em um contexto linguístico e cultural diferente. O processo da tradução, como a própria vida dos seres vivos, está destinado, por isso, a se protelar no tempo, quase ao infinito.

Permanecendo nesse nível de definição da tradução, se compreendem melhor os termos da discussão sobre qual modelo de tradução privilegiar na prática tradutória, como se fosse a procura da tradução perfeita na época contemporânea.[488] A escolha é entre um modelo que quer exprimir na tradução o sentido literal da frase e, um modelo que se propõe a transferir na língua de chegada o sentido mais geral da língua de partida, seu espírito. A diferença entre os dois modelos não é trivial, mesmo se a resposta sobre qual modelo de tradução é necessário convergir nunca seja unívoca.

O problema comum a ambos os modelos é o de não perder nada na passagem da língua de partida para a de chegada. Na passagem de uma língua para a outra, a conservação daquilo que constitui o específico da mensagem, objeto da tradução, é comum, de fato, a ambos os modelos, embora os resultados sejam aparentemente muito diferentes. De qualquer modo, a escolha é difícil, porque o tradutor no seu trabalho se encontra diante de línguas, resultado de estratificações seculares e de contaminações diversas, de modo que ele não dispõe de pontos seguros de referência em termos culturais. Por trás das palavras de uma língua há o vasto mundo de significados, que se criam continuamente e fogem a todo tradutor não particularmente atento a essas dinâmicas. Pensar em traduzir palavras e frases sem fazer referência às vivências em que foram geradas é um grande perigo. Por isso, na passagem de uma língua para a outra há sempre uma perda de quadros conceituais e de significados, a serem, de qualquer modo, levados em conta porque não se dá nunca, nem poderia dar-se, uma transposição perfeita de um mundo cultural em outro. No máximo se poderia dar uma cópia mais ou menos fiel, mas outra coisa em relação ao original. Como dizia Benjamin, o tradutor é sempre um traidor, porque serve a dois senhores, e a própria tradução é vivida como uma traição.[489]

---

488 A ideia de uma tradução perfeita é uma hipótese puramente teórica, que ninguém leva seriamente em consideração. Permanece sempre um afastamento entre a língua de partida e a de chegada. "Zonas de intraduzibilidade – afirma Ricoeur – estão espalhadas no texto e fazem da tradução um drama e do desejo de uma boa tradução, uma aposta" (RICOEUR, P. *La Traduzione*, cit. p. 44).
489 "Traduzir significa servir a dois senhores, o estrangeiro na sua obra e o leitor, no seu desejo de entrar no texto" (ROSENZWEIG, F. *La Scrittura e Lutero,* em: *Ibid., La Scrittura.*

A discussão sobre qual desses dois modelos privilegiar em um trabalho de tradução pode ser, por isso, enganosa. A escolha de um modelo de tradução ou de outro não resolve o problema decisivo, que é o do encontro de culturas e do intercâmbio de memórias que se realiza em toda tradução. O sentido da atividade de tradução vai muito além da pura tradução linguística, porque se relaciona ao mundo da vida do texto. É desse mundo que a tradução recebe sua identidade.

Uma primeira hipótese sobre a qual trabalhar é a afirmação, dificilmente contestável, de que não existe uma tradução em sentido técnico que não deva fazer referência ao encontro de culturas como condição do bom êxito de toda tradução e da sua "felicidade". A tradução é possível apenas na ótica de um encontro de culturas que ocorre em toda tradução, que se proponha a ir além do "fato" puramente técnico da transposição linguística de uma língua para a outra.

Desse ponto de vista, como já foi observado, o Mediterrâneo, "o mar infinito que obrigou todos a viverem junto, mas como irmãos inimigos",[490] é um modelo de tradução, um paradigma. Esse mar – afirma Braudel – é "mil coisas juntas. Não uma paisagem, mas inumeráveis paisagens. Não um mar, mas uma sucessão de mares. Não uma civilização, mas uma série de civilizações empilhadas umas sobre as outras".[491] O Mediterrâneo, como lugar de encontro e de choque de civilizações e culturas, constitui o exemplo de um modelo de tradução viva, que se realizou no signo da hipótese anunciada. No Mediterrâneo se encontraram e se fundiram as culturas do mundo antigo. Como cruzamento de passagem de povos e de culturas diversas, a tradução no Mediterrâneo aconteceu no signo da integração entre todas as etnias, que no curso da história passaram por aí. A tradução poderia realizar hoje o mesmo modelo, que se realizou no Mediterrâneo: reconhecimento e aceitação do outro e encontro e fusão das culturas.

Saggi 1914-1929, G. Bonola (org.). Roma: Città Nuova, 1991, p. 115). Ver também BENJAMIN, W. *Il Compito del Traduttore*, em: *Ibid., Angelus Novus*. Turim: Einaudi, 1982, pp. 39-52.
490 BRAUDEL, F. *Memorie del Mediterraneo: Preistoria e Antichità*, tradução de E. Zaira Merlo. Milão: Bompiani, 1998, p. 33.
491 BRAUDEL, F. *Mediterraneo. Lo Spazio, la Storia, gli Nomini, le Tradizioni*, tradução de E. De Angeli. Milão: Bompiani, 2002, p. 7.

5.5. Tradução e comunidade linguística

A tradução é, sob certo aspecto, um ato hermenêutico "alargado" e sempre "no plural", porque se realiza, de qualquer modo, dentro de uma comunidade linguística que se põe na escuta de outra comunidade. Não há um setor determinado da experiência humana ou um tempo privilegiado ou um lugar exclusivo, porque a tradução como atividade humana não está absolutamente limitada a partes específicas da experiência do homem. Ela acontece em todo contexto, está sempre em ato e se estende a todo ato da existência humana. Realmente, não seria pensável qualquer existência humana que não estivesse em condição de traduzir, de realizar uma passagem de um mundo para o outro, do implícito para o explícito, de um sentido para o outro, da obscuridade para a clareza. São operações que constituem a própria vida do homem no seu devir e a enriquecem continuamente, abrindo-o ao novo. No homem, tanto no seu pensar como no seu falar, há sempre uma tradução em ato, embora, frequentemente, falte até a consciência dela. A própria existência humana, seu referir-se contínuo a uma atividade de compreensão, é uma forma de tradução viva. "Um ser humano – afirma Steiner – realiza, portanto, um ato de tradução, no sentido pleno do termo, quando recebe uma mensagem verbal de qualquer outro ser humano".[492] Traduzir significa aqui comunicar-se, sem dominar.

A experiência humana mais geral é, portanto, sempre uma experiência de tradução. Mundos distantes e diferentes que se encontram e se reconhecem, se falam e dialogam, criam relações e dão vida a outros mundos, mundos destinados, por sua vez, a se encontrarem ainda e criarem outros mundos, em um processo infinito. A tradução é, portanto, uma operação contínua, quase ininterrupta, que vê mais sujeitos (o autor, o tradutor e o leitor) envolvidos em uma mesma relação de compreensão, embora nem sempre ao mesmo tempo, e nessa relação, os protagonistas se colocam, de vez em quando, de maneira diferente com respeito aos seus domínios e mudam frequentemente de atuação, em relação também aos diversos "objetos" da tradução e os próprios modos como acontece a tradução. "Objeto" último da tradução é o próprio mundo na complexidade das suas relações, remodelado

---

[492] STEINER, G. *Dopo Babele*, cit. p. 75.

por ela como um mundo específico seu, lugar de toda experiência. O devir do mundo como mundo cultural maior, que cresce junto com a inclusão de outros mundos, é obra da tradução, da experiência de tornar inteligível aquilo que, imediatamente, não o é. Nesse ponto de vista, a tradução é parte integrante de todo processo de compreensão da experiência humana.

Na tradução "mais alargada" a relação de compreensão se constitui com modalidades diferentes em torno de um "objeto" particular da tradução, seja ele um texto escrito, um conto, um fato cultural, um monumento, uma obra de arte, um testemunho do passado, uma existência, ou o próprio homem como sujeito de relações. São todos "objetos" do mundo do homem, muitas vezes não compreensíveis imediatamente, que por isso pedem para serem compreendidos de novo pelos sujeitos em jogo na forma de uma compreensão mais geral, que é apenas em parte linguística e lexical e investe os próprios significados dos "objetos" e sua constituição íntima.

É, nos "objetos" do mundo, apenas traduzidos, como uma extensão e um prolongamento de significado, que se realiza em cada atividade de tradução: um "objeto" mudo de *per si* na e mediante a tradução se torna palavra, adquire de novo um significado e se transforma em "objeto" de encontro e de troca. O que antes era somente um "objeto" incompreensível e mudo, se torna palavra viva, um novo relato a decifrar, confiado à capacidade do leitor, nas suas peripécias da existência. O leitor participa da tarefa da tradução, porque ele mesmo é chamado a dar um sentido ao texto, ligado às suas vivências e, portanto, novo e original, mas conservando sempre uma dupla ancoragem no seu mundo, mas também no mundo do outro.

E é assim que o texto traduzido, ao ser um "objeto" de cultura, se torna disponível para uma política do encontro e da troca com outros "objetos" de cultura, que aspiram também a encontrar soluções possíveis em um contexto de troca. O encontro e a troca não apenas são conaturais à ideia da tradução, mas constituem também o espaço último da tradução, o significado mais original, a meta e a finalidade dentro das quais se gera e se desenvolve a própria tradução ao ser feita. Na empresa da tradução, os graus de compreensão podem ser diversos, ao passo que o suporte linguístico é absolutamente necessário e é sempre decisivo. Não existe tradução que não chegue ao plano linguístico, como não existe uma compreensão que não chegue ao plano linguístico. Antes, na realização de toda atividade de tradução, o plano linguístico está estreitamente ligado à própria possibilidade da compreensão, como seu correlato quase natural.

É daqui que nasce o ponto de mediação da tradução entre culturas diferentes, sob a forma de uma mediação cultural ainda não suficientemente explorada.

A tradução se torna uma atividade de mediação cultural, como capacidade de juntar e abrir uma comunicação entre mundos distantes e diferentes, sem que nenhum perca sua identidade. As identidades, porém, são reconhecidas e valorizadas, e a irrupção do outro no eu não indica domínio, preponderância ou negação. Mas na atividade da tradução é a alteridade do outro, do texto, que se transforma em vizinhança e em proximidade, sem perder sua identidade, para sair dessa experiência mais rica e mais fecunda. Identidade e alteridade convivem em uma dimensão diferente, onde se realiza uma compenetração entre elas sem nenhuma confusão das respectivas identidades.

O texto, qualquer que seja, renasce na tradução para uma vida nova: faz perguntas e dá respostas; interroga e é interrogado. Nasce um diálogo ininterrupto entre o autor e seu tradutor, entre o texto traduzido e seus leitores. Os sujeitos da relação são chamados a reescrever sua história por um texto dado, que na tradução se torna disponível para a leitura e para a compreensão deles. O texto em si é incompreensível, porque é objeto de outra cultura e, ademais, escrito em uma língua diferente da sua. Perde sua opacidade apenas na passagem que se realiza na tradução, mediante o trabalho do tradutor, de um mundo para o outro, da língua do autor para a do destinatário.

Na tradução de um texto se perde algo, mas ao mesmo tempo se adquire algo ainda mais importante. A perda da língua de partida do texto é compensada pela aquisição da língua de chegada do texto. São mundos e experiências diferentes que entram em contato mediante a tradução e dão vida a uma forma de contaminação, sem que seus caracteres originais sejam perdidos. Falta o próprio e exclusivo do texto, sua marginalidade, e se afirma sua extensão e um mundo diferente e maior. Na tradução, o estranho mora no Eu e o outro se torna propriedade do Eu, sem que o texto original deixe de ser tal, perdendo sua identidade. A tradução dá ao texto uma nova dimensão e adquire uma ressonância maior; não é mais propriedade de um, mas adquirido por todos os que se aproximam dele. O texto traduzido cresce junto com seus leitores, e o autor do texto cresce ainda mais mediante seu tradutor. "Na verdade, traduzir é a condição de todo pensar e de todo aprender; e não se traduz somente [...] de uma língua estrangeira para a nossa, mas se traduz igualmente da nossa, sempre".[493] Sob esse aspecto, a tradução é, sobretudo, um dom, que está à disposição do homem, que se abre ao outro e o acolhe na sua língua.

5.6. O dom da tradução

Considerar a tradução como um dom, que os homens trocam entre si na comunicação, representa um ganho tanto no plano ético-político como no teórico. A categoria de dom, vista na forma de uma gratuidade absoluta, que se dá sem pedir nada, se referida à tradução, seguindo a lição de Ricoeur, permite chegar a uma compreensão maior da própria tradição, que vai além do plano da simples tradução, porque investe as próprias razões do estar junto dos indivíduos na comunidade dos homens. Falar é um dom, como o é igualmente o estar junto dos indivíduos, o aceitar-se e o reconhecer-se como partes de uma comunidade plural, na qual há um intercâmbio contínuo entre todos os componentes, segundo formas e modalidades diversas. A troca investe as culturas de referência e as memórias de cada um.

É na tradução que se realiza, de fato, o caráter da hospitalidade linguística na forma de uma gratuidade, que é dada ao homem já originariamente na língua materna e na língua em geral, e se explicita também em outras formas e, de maneira particular, no ato da tradução. Porque, em cada caso, "é exatamente o dom das línguas que nos permite tornar-nos parte da sociedade humana na dupla forma do dom da língua materna e do dom recíproco das línguas, de uma para a outra estrangeira, que se realiza na tradução, graças à prática da hospitalidade linguística".[494] A tradução é, sobretudo, um dom que interessa e envolve as duas línguas envolvidas na aventura da tradução, a língua de partida e a de chegada. O dar e o receber circunscrevem o campo semântico da tradução. No dom não há submissão ou subalternidade; há uma riqueza que se desdobra e se dá ao outro gratuitamente.[495]

---

493 STEINER, G. *Dopo Babele,* cit. p. 304.
494 JERVOLINO, D. *Per una Filosofia della Traduzione,* cit. p. 133.
495 A partir da tradução, Ricoeur desenvolve, portanto, um conceito de reciprocidade alternativo à tese do "reconhecimento mútuo" (ver RICOEUR, P. *Percorsi del Riconoscimento,* tradução de F. Polidori. Milão: Raffaello Cortina Editore, 2005), no qual a troca das memórias compartilha o mesmo horizonte de sentido do esquecimento e do perdão (ver *Ibid.*, *La*

Portanto, refletir sobre a tradução significa interrogar-se, por um lado, sobre o que é a tradução como tal e, por outro, principalmente, sobre o que acontece na tradução quando ela se realiza entre os homens, cumprindo suas finalidades específicas mais amplas. A simples definição de tradução diz algo sobre o que é a tradução em um plano fenomenológico, mas não pode dizer outra coisa. Sobretudo, ela não pode representar e justificar as razões dos que veem na tradução como interpretação, como real possibilidade de extensão das razões do humano no mundo. Por intermédio da tradução se dá um prolongamento do espaço do humano, como se fosse um acontecimento, cultural e político, não simplesmente literário, que escreve de novo as regras do jogo do estar junto como seres humanos. Por um lado, o outro é acolhido na morada mais íntima, que é sua língua, por outro lado, o eu do texto abandona suas seguranças para passar a fazer parte de outro mundo, na morada de uma língua que não é a sua, correndo o risco de não ser reconhecido e aceito. O eu e o outro estão destinados a encontrar no acontecimento da tradução a sua morada comum, as raízes da sua identidade. Cria-se aqui uma contaminação entre línguas e mundos diferentes. Sob esse aspecto "traduzir significa fazer justiça à herança estrangeira, significa estabelecer a distância justa entre um conjunto linguístico e outro. Sua língua é tão importante quanto a minha. É essa a fórmula da equidade-igualdade, a fórmula do reconhecimento da diversidade".[496]

A hospitalidade linguística, na nova situação que se determina durante o século XX, se torna a prova de uma "tradução bem-sucedida" e, sobretudo, manifesta o que a tradução realiza no seu cumprimento, como criação de novas relações entre os homens. O autor do texto e seu leitor potencial são levados a se encontrar por intermédio do tradutor, que se torna, desse modo, um mediador cultural, aquele que aproxima mundos distantes e diferentes. A mediação cultural dá ao tradutor sua função social.

A pergunta sobre o que acontece na tradução é, portanto, ainda pouco importante, com respeito à definição da tradução, porque leva a compreensão da tradução ao seu momento mais alto, o momento do encontro das culturas, o específico de toda tradução autêntica, da qual se acompanha também o intercâmbio das memórias dos sujeitos envolvidos na atividade

---

Memoria, la Storia, l'Oblio, tradução de D. Iannotta. Milão: Raffaello Cortina Editore, 2003).
496   RICOEUR, P. *Il Giusto 2,* tradução de D. Iannotta. Turim: SEI, 2007, p. 40.

em questão. O encontro de culturas leva à troca das suas memórias: esse é o campo semântico de referência, dentro do qual a tradução encontra sua realização e sua compreensão. Sem a chamada a esse encontro de culturas diferentes e ao intercâmbio de memórias, a tradução perde significado, torna-se apenas uma prática de homologação cultural, senão de ocupação verdadeira, na qual o sujeito culturalmente mais forte entra com prepotência na cultura alheia, depredando-a e subjugando-a à sua, por ser mais fraca e mais marginal. Aqui se apresentariam de novo, sob outra forma, as mesmas relações de força, mais sutis e potencialmente muito mais perigosas, que determinam e caracterizam as relações entre os indivíduos e os povos. O inimigo em emboscada seria ainda mais invisível, mas não menos inquietante e destrutivo.

Como encontro de culturas diferentes e troca de memórias, a tradução é, sobretudo, um dom, algo absolutamente gratuito, que se dá a todos os que se aproximam dela para se compreenderem e para compreender. Não poderia ser de outro modo, porque a tradução, ao se realizar, aproxima as culturas e os indivíduos, encurta as distâncias entre eles e os torna mais abertos uns aos outros e mais solidários, criando um espaço de habitação, uma morada "bastante espaçosa" e "bastante elevada", "além" das diferenças e das barreiras da condição humana, além dos espaços de pertença de cada um dos sujeitos da tradução.

No ato de aceitação do dom da tradução, a comunidade humana se autocompreende como uma pluralidade de sujeitos, coesos entre si, e chamados, em razão da troca das memórias, a contar outra história, uma história diferente sob o signo do dom e da gratuidade. É a história, narrada sob a forma de metáfora, de uma humanidade que, partindo da confusão, experimentada na Torre de Babel, fez sua caminhada para chegar ao dia de Pentecostes, em Jerusalém, e compartilhar entre vários o reconhecimento recíproco, permanecendo cada um na morada da sua língua. Se em Babel os homens estão confusos e não se compreendem mais falando sua língua, em Jerusalém os homens, falando línguas diferentes, se entendem. Sob esse aspecto, a tradução representa a passagem que aconteceu de Babel a Jerusalém, o dom de se falar e de se entender, permanecendo cada um na sua diversidade.

O tradutor se torna alguém que dá sentido e, por sua vez, o leitor se torna destinatário do dom, enquanto o dom, objeto de troca, é o próprio texto traduzido, que é oferecido a todos os que aceitam a lógica do dom.

Não existe uma ocupação do mundo, já atribuída em razão de uma pretensa superioridade cultural de alguns contra outros, considerados inferiores. Na tradução verdadeira e autêntica, porém, acontece um encontro de culturas, como se fosse uma passagem de uma língua para outra. No encontro de sujeitos, sejam eles textos ou indivíduos, que se realiza na tradução, ocorre uma troca, conservando cada um aquilo que lhe é peculiar. A identidade de cada um, porém, não falta, porque sai enriquecida do confronto, que se gera a partir do encontro entre as diversidades em jogo, objeto da troca.

A tradução, na sua realização melhor, é um encontro de indivíduos que permutam reciprocamente suas memórias e se reconhecem fazendo parte de uma comunidade, constituída e mantida na existência pela tradução que se realiza. É a tradução no seu contínuo realizar-se que constitui, de fato, os indivíduos e a comunidade no seu conjunto.

O tradutor verdadeiro, desse ponto de vista, é o mediador cultural, aquele operador capaz de favorecer o encontro entre indivíduos, que pertencem a mundos culturais diferentes, chamados a interagir entre eles na lógica da troca recíproca e do dom. Nas sociedades complexas o perigo a evitar é o choque entre as culturas, como risco sempre iminente sobre os indivíduos que fazem parte de uma cultura particular de permanecer fechados dentro do seu mundo, considerando o mundo do outro como um inimigo ameaçador, algo hostil, que atenta contra a conservação da sua identidade. O tradutor, sendo um mediador cultural, tende a assumir, portanto, um papel mais político, mesmo se faltar ainda um perfil verdadeiramente científico, referível a um percurso formativo específico.

Daqui nasce a necessidade de uma reflexão comum, para a identificação de um percurso formativo do tradutor como mediador cultural e para uma redefinição do seu papel dentro dos processos de desenvolvimento da sociedade de mudança.

Referências bibliográficas

AA. VV. *La Svolta Linguistica in Filosofia* (1957), trad. it. de A. Pieretti. Roma: Città Nuova, 1975.

AA. VV. *Neuroscienze e Scienze Cognitive*. Nápoles: Cuen, 1994.

AA. VV. *Roman Jakobson*. Roma: Editori Riuniti, 1990.

AGOSTINO, A. *De Magistro*, M. Casotti. Bréscia: La Scuola, 1978.

_____ *De Musica*, G. Marzi. Florença: Sansoni, 1969.

AMACKER, R.; DE MAURO, T.; PRIETO, L. J. (ed.) *Studi Saussuriani per Robert Godel*. Bolonha: il Mulino, 1974.

ANOLLI, L. Sviluppo del Linguaggio e Interazione Sociale nella Prospettiva di Bruner, em: LIVERTA-SEMPIO, O. (ed.) *Vygotskij, Piaget, Bruner. Concezioni dello Sviluppo*. Milão: Raffaello Cortina, 1998, pp. 273-294.

_____ *La Mente Multiculturale*. Roma-Bari: Laterza, 2006.

ANTISERI, D. *Dal Neopositivismo alla Filosofia Analitica*. Roma: Abete, 1966.

ANTISERI, D.; BALDINI, M. *Lezioni di Filosofia del Linguaggio*. Florença: Nardini, 1989.

APEL, O. K. *Comunità e Comunicazione* (1973), trad. it. de G. Carchia. Turim: Rosenberg & Sellier, 1977.

ARENDT, H. *Vita Activa. La Condizione Umana* (1958), trad. it. de S. Finzi. Milão: Bompiani, 1991.

_____ *Il Futuro alle Spalle* (1980), trad. it. de V. Bazzicalupo e S. Muscas. Bolonha: il Mulino, 2000.

_____ *L'Umanità in Tempi Bui. Riflessioni su Lessing*, trad. it. de L. Boella. Milão: Raffaello Cortina, 2006.

ARNOULD, L. *Ames en Prison: L'école des Sourdes-Muettes-Aveugles*. Paris: Boivin, 1934.

AUROUX, S. *La Filosofia del Linguaggio* (1996), trad. it. de I. Tani. Roma: Editori Riuniti, 1998.

AUSTIN, J. L. *Saggi Filosofici* (1961), trad. it. de P. Leonardi. Milão: Guerini e Associati, 1990.

_____ *Come Fare Cose con le Parole* (1962), de. C. Penco e M. Sbisà. Gênova: Marietti, 1987.

BACONE, F. *Nuovo Organo* (1620), trad. it. de M. Marchetto. Milão: Bompiani, 2002.

BALDI, P. L. *Lo Sviluppo del Linguaggio nel Bambino*. Florença: La Nuova Italia, 1976.

BALDINI, M. *La Semantica Generale*. Roma: Città Nuova, 1976.

_____ *La Tirannia e il Potere delle Parole. Saggi sulla Semantica Generale*. Roma: Armando 1982.

_____ *Parlar Chiaro, Parlare Oscuro*. Roma-Bari: Laterza, 1989².

_____ *Filosofia e Linguaggio. Da Platone a Chomsky*, ibid., 1990.

_____ *Il Linguaggio della Pubblicità. Le Fantaparole*, ibid., 1996³.

_____ *Storia della Comunicazione*. Roma: Newton Compton, 2002.

_____ *Elogio del Silenzio e della Parola. I Filosofi, i Mistici e i Poeti*. Soveria Mannelli: Rubbettino, 2005.

BALDUCCI, E. *La Terra del Tramonto. Saggio Sulla Transizione*. S. Domenico di Fiesole (Fi): Edizioni cultura della pace, 1992.

BARTHES, R. *Miti d'Oggi* (1957), trad. it. de L. Lonzi. Turim: Einaudi, 1974.

_____ *Elementi di Semiologia* (1964), trad. it. de A. Bonomi. Turim: Einaudi, 1966.

BASSNETT, S. *La Traduzione. Teorie e Pratica* (1980), trad. it. de G. Bandini. Milão: Bompiani, 1999.

BEESON, D. *Maupertuis: an Intellectual Biography*. Oxford: Voltaire Foundation, 1992.

BELLINO, F. *Etica della Solidarietà e Società Complessa*. Bari: Levante Editori, 1988.

BENJAMIN, W. *Angelus Novus. Saggi e Frammenti* (1955), trad. it. de R. Solmi. Turim: Einaudi, 1995.

BENVENISTE, É. *Problemi di Linguistica Generale* (1966-1974), trad. it. de M. V. Giuliani. Milão: Il Saggiatore, 1971.

BERMAN, A. *La Prova dell'Estraneo. Cultura e Traduzione nella Germania Romantica*, ed. G. Giometti. Macerata: Quodlibet, 1997.

_____ L'Essence Platonicienne de la Traduction, em: *Revue d'Esthetique*, 12 (1986), pp. 63-73.

BERNSTEIN, B. Classi Sociali e Sviluppo Linguistico: una Teoria dell'Apprendimento Sociale (1961), em: CERQUETTI, E. (ed.) *Sociologia dell' Educazione*. Milão: F. Angeli, 1975, pp. 21-49.

_____ Struttura Sociale, Linguaggio e Apprendimento (1961), em: PASSOW, A. H.; GOLDBERG, M.; TANNENBAUM, A. *L'Educazione Degli Svantaggiati*, trad. it. de F. Scaparro, *ibid.*, Milão, 1971, pp. 90-117.

_____ *Class, Codes and Control*, I-III, Londres: Routledge and Kegan Paul, 1971-75.

_____ (ed.) *Theoretical Studies Towards a Sociology of Language*. Londres: Routledge & Kegan Paul, 1977.

_____ *Pedagogy, Symbolic Control and Identity: Theory, Research, Critique*. Londres: Taylor & Francis, 1996.

BERRUTO, G. *Sociolinguistica ed Educazione Linguistica*. Bolonha: Zanichelli, 1977.

BETTELHEIM, B. *La Vienna di Freud* (1956), trad. it. de A. Bottini. Milão: Feltrinelli, 1990.

_____ *La Fortezza Vuota* (1967), trad. it. de A. M. Pandolfi. Milão: Garzanti, 1976.

BETTETINI, G. *Capirsi e Sentirsi Uguali. Sguardo Sociosemiotico al Multiculturalismo*. Milão: Bompiani, 2003

BETTO, F.; FREIRE, P. *Una Scuola Chiamata Vita*, Bolonha, 1986.

BIANCO-FINACCHIARO, R. *L'Insegnante di Sostegno e l'Alunno Handicappato*. Bolonha: Zanichelli, 1976.

BLOOMFIELD, L. *Il Linguaggio* (1914), trad. it. de F. Antinucci e G. R. Cardona. Milão: Il Saggiatore, 1971.

BOAS, F. *Introduzione alle Lingue Indiane d'America* (1911), edição ital. de G. R. Cardona. Turim: Boringhieri, 1979.

BONCINELLI, E. *Come Nascono le Idee*. Roma-Bari: Laterza, 2008.

BONNEFOY, Y. *La Comunità dei Traduttori*, ed. F. Scotto. Palermo: Sellerio, 2005.

BOUDRILLAR, J. *Il Delitto Perfetto. La Televisione ha Ucciso la Realtà?* (1995), trad. it. de G. Piana. Milão: Raffaello Cortina Editore, 1996.

BOURDIEU, P. *La Parola e il Potere. L'Economia degli Scambi Linguistici* (1982), trad. it. de S. Massari. Nápoles: Guida editori, 1988.

BOYLE, D. G. *Guida a Piaget. Per le Scuole* (1969), trad. it. de S. Legnante Andreani. Florença: La Nuova Italia, 1977.

_____ *Mente e Linguaggio* (1971), trad. it. de R. Ruminati. Bolonha: il Mulino, 1977.

BRAUDEL, F. *Memorie del Mediterraneo: Preistoria e Antichità* (1998), trad. it. de E. Zaira Merlo. Milão: Bompiani, 1998.

_____ *Il Mediterraneo. Lo Spazio, la Storia, gli Uomini e la Tradizione* (1977-78), trad. it. de E. De Angeli. Milão: Bompiani, 2002.

BRAUNER, A.; BRAUNER, F. *Il Linguaggio Verbale e il Linguaggio non Verbale nel Bambino Psicotico* (1978), trad. it. de S. C. Sgroi. Roma: Armando, 1991.

BRAITENBERG, V. *L'Immagine del Mondo nella Testa* (2003), trad. it. de T. Codignola. Milão: Adelphi, 2008.

BRETON, P. (e altri) *L'informazione Tramite i Media*, trad. it. Milão: Jaka Book, 1993.

BRIGGS, A.; BURK, P. *Storia Sociale dei Media. Da Gutenberg a Internet* (2000), trad. it. de E. J. Mannucci. Bolonha: il Mulino, 2002.

BRUNER, J. S. *Dopo Dewey. Il Processo di Apprendimento nelle due Culture* (1960), trad. it. de A. Armando. Roma: Armando, 1978.

_____ *Verso una Teoria dell'Istruzione* (1966), trad. it. de G. B. Flores D'Arcais e P. Massimi, *ibid.*, 1967.

_____ *et al. Studi sullo Sviluppo Cognitivo* (1966), trad. it. de E. Riverso, *ibid.*, 1968.

_____ *Il Significato dell'Educazione* (1971), trad. it. de C. Scurati, *ibid.*, 1973.

_____ *Alla Ricerca della Mente. Autobiografia Intellettuale* (1983), trad. it. de S. Chiari, *ibid.*, 1984.

_____ *La Cultura dell'Educazione. Nuovi Percorsi per la Scuola* (1996), trad. it. de L. Cornalba. Milão: Feltrinelli, 1997.

BRUNER, J. S.; SHERWOOD, V. Pensiero, Linguaggio e Interazione nell'Infanzia (1981), trad. it. Em: UGAZIO, V. (ed.) *La Costruzione della Conoscenza*. Milão: Franco Angeli, 1988, pp. 72-100.

BÜHKER, K. *L'Assiomatica delle Scienze del Linguaggio* (1928), ed. S. Cattaruzza Derossi. Roma: Armando, 1979.

_____ *Teoria del Linguaggio: La Funzione Rappresentativa del Linguaggio* (1934), ed. S. Cattaruzza Derossi, *ibid.*, 1983.

BYRNE, R.; DAVIDSON, D. *et al. Mente Senza Linguaggio. Il Pensiero e gli Animali* (1991), ed. S. Gozzano. Roma: Editori Riuniti, 2001.

CAMAIONI, L. (ed.) *Sviluppo del Linguaggio e Interazione Sociale*. Bolonha: il Mulino, 1984.

CAMBOGIANI, M. *Hegel e il Linguaggio: Dialogo, Lingua, Proposizioni*. Nápoles: La Città del Sole, 2001.

CAMPBELL, L. *American Indian Languages. The Historical Linguistics of Native North America*. Nova Iorque-Oxford: Oxford University Press, 1997

CAPOGRASSI, G. *Incertezze sull'Individuo*. Milão: Giuffrè, 1969.

CAPPELLO, E. Dire e Poter dire: i Potenziali Linguistici. L'Influenza Teorica di M. A. K. Halliday su B. Bernstein: un Approccio Sociale e Funzionale al Linguaggio, em: *Sociologia della Comunicazione*, 2001, 31, pp. 115-150.

CARLI, E. (ed.) *Cervelli che Parlano. Il Dibattito su Mente, Coscienza e Intelligenza Artificiale*. Milão: Mondatori, 1997.

CARONIA, L. *La Socializzazione ai Media. Contesti, Interazioni e Pratiche Educative*. Milão: Guerini e Associati, 2002.

CARONIA, L.; CARON, A. H. *Crescere Senza Fili. I Nuovi Riti dell'Interazione Sociale* (2007), trad. it. de S. Balzarotti. Milão: Cortina, 2010.

CARROLL, J. B. *The Study of Language. A Survey of Linguistics and Related Disciplines in America*. Cambridge, Mass: MIT Press, 1953.

CASELLI, M. C.; MARAGNA, S.; RAMPELLI-PAGLIARI, L. *Linguaggio e Sordità. Parole e Segni per l'Educazione dei Sordi*. Milão: La Nuova Italia, 1996.

CASSIRER, E. *Saggio sull'Uomo. Introduzione ad una Filosofia della Cultura* (1944), trad. it. de C. D'Altavilla. Roma: Armando Editore, 1968.

CAVALLI-SFORZA, L. Genes, Peoples and Languages, em: *Scientific American*, 1991, 265, pp. 104-110.

_____ *et al. Geni, Popoli e Lingue* (1996), trad. it. de G. Matullo e altri. Milão: Adelphi, 1996.

_____ *et al. Storia e Geografia dei Geni Umani* (1994), trad. it. de C. Matullo *et. al., ibid.*, 1997.

CHASE, S. *Il Potere delle Parole* (1938), trad. it. de G. Civiletti. Milão: Bompiani, 1966.

CHOMSKY, N. *La Grammatica Generativa Trasformazionale. Saggi Linguistici* (1966), II, trad. it. de A. Di Palma, C. Ingrao, A. Wolff De Benedetti. Turim: Boringhieri, 1970.

_____ Linguistica Cartesiana: un Capitolo di Storia del Pensiero Razionalistico (1966), em: *ibid., Saggi linguistici*, III, trad. it. de E. Levi. Turim: Boringhieri, 1969, pp. 43-128.

_____ *Intervista su Linguaggio e Ideologia* (1977), trad. it. de P. Caracciolo. Bari: Laterza, 1977.

CHOMSKY, N.; HERMAN, E. S. *La Fabbrica del Consenso* (1998), trad. it. de S. Rini. Milão: Marco Tropea Editore, 2002.

COHEN, D. *I Nostri Tempi Moderni. Dal Capitale Finanziario al Capitale Umano* (1999), trad. it. de P. Ferrero. Turim: Einaudi, 2001.

_____ *Piaget al Rogo?* (1981), trad. it. de E. Coccia. Roma: Armando, 1987.

COHEN, M. *Matériaux pour une Sociologie du Langage*. I-II. Paris: Maspero, 1971.

CONDRY, J. Ladra di Tempo, Serva Infedele (1993), em: POPPER, K. R.; CONDRY, J. *Cattiva Maestra Televisione*, ed. F. Erbani. Milão: Reset, 1996.

CORBALLIS, M. C. *Dalla Mano alla Bocca: le Origini del Linguaggio* (2002), trad. it. de S. Romano. Milão: Raffaello Cortina, 2008.

CORTESÃO, L. Da un'Istruzione Depositaria ad una Educazione Critica e Problematizzante, em: SCHETTINI, B.; TORIELLO, F. (ed.) *Paulo Freire. Educazione Etica Politica. Per una Pedagogia del Mediterraneo*. Nápoles: Luciano Editore, 2008, pp. 77-82.

COSERIU, E. *Linguistica del Testo. Introduzione a una Ermeneutica del Testo* (1977-78), ed. it. de D. Di Cesare. Roma: La Nuova Italia Scientifica, 1997.

CRANE, T. *Elements of Mind: an Introduction to the Philosophy of Mind.* Oxford: Oxford University Press, 2001.

CROW, T. Schizophrenia as the Price that Homo Sapiens Pays for Language: as Resolution of the Central Paradox in the Origin of the Species, em: *Brain Research Reviews*, 31(2000), pp. 118-129.

_____ Auditory Hallucinations as Primary Disorders of Syntax: an Evolutionary Theory of the Origins of Language, em: FRIGERIO, A.; RAYNAUD, S. (ed.) *Significare e Comprendere. La Semantica del Linguaggio Verbale*. Milão: Aracne, 2005, pp. 247-272.

CUPPARI, G. *Jost Trier. Il Campo Semantico. Una Discussione*. Messina: SGB, 2009.

CURTISS, S. *Genie: A Psycholinguistics Study of a Modern Day "Wild Child"*. Nova Iorque: Academic Press, 1977.

DARCY DE OLIVEIRA, R.; DOMENICE, P. *Freire-Illicb*. Pistoia: Centro di Documentazione, 1976.

DARWIN, C. *L'Origine dell'Uomo* (1871), edição it. de F. Paparo. Roma: Editori Riuniti, 1966.

DE CAROLIS, F. La Questione dell'Origine del Linguaggio in Condillac, em: CASTAGNA, M. (ed.) Interdit. Essays on the Origin of Language(s), em: Sistemi Linguistici, 1(2012), Éditions du CIRRMI. România: Paris/Press Universitară Clujeană, Cluj-Napoca, pp. 35-50.

DE MAURO, T. *Storia Linguistica dell'Italia Unita*, I-II. Bari: Laterza, 1976.

_____ Notizie Biografiche e Critiche su F. De Saussure, em: DE SAUSSURE, F. *Corso di Linguistica Generale* (1916), edição italiana de T. De Mauro. Bari: Laterza, 1967.

DE WAELHENS, A. Situation de Merleau-Ponty, em: *Les Temps Moderns*, 1961, n. 184-185, pp. 349-436.

DEACON, T. W. *The Symbolic Species*. Nova Iorque-Londres: W. W. Norton & Co., 1997.

DELACROIX, H. *Le Language et la Pensée*. Paris: Alcan, 1930².

DENNETT, C. La Coscienza: un Eterno Enigma Filosofico, em: CARLI, E. (ed.) *Cervelli che Parlano. Il Dibattito su Mente, Coscienza e Intelligenza Artificiale*, cit.

_____ *Dove Nascono le Idee* (1997), trad. it. de F. Garofoli. Roma: Di Renzo Editore, 2006.

DEROSSI, G. *Semiologia della Conoscenza*. Roma: Armando, 1976.

DERRIDA, J. Des Tours de Babel, em: GRAHAM, J. F. (ed.) *Difference in Translation*. Ithaca-Londres: Cornell U.P., 1985, pp. 209-248.

_____ *Sull'Ospitalità* (1997), trad. it. de I. Landolfi. Milão: Baldini & Castoldi, 2000.

DEUTSCH, M. Il Ruolo della Classe Sociale nello Sviluppo del Linguaggio e nella Cognizione (1965), em: PASSOW, A. H.; GOLDBERG, M.; TANNENBAUM, A. *L'Educazione degli Svantaggiati*, cit. pp. 74-89.

DI CESARE, D. *Il Linguaggio nella Filosofia di Jaspers. Introduzione a Jaspers*, K., *Il Linguaggio*, cit. pp. 7-80.

_____ (ed.) *L'Essere, che Può Essere Compreso, è Linguaggio*. Omaggio a Hans-Georg Gadamer. Gênova: il Melangolo, 2001.

DI LORENZO AIELLO, F. *Mente, Azione e Linguaggio nel Pensiero di John R. Searle*. Milão: Franco Angeli, 1998.

DI DOMENICO, M. G. *L'Inquietudine della Ragione. Scienza e Metafisica in Maupertuis*. Nápoles: Morano, 1990.

DIAMOND, J. *Il Terzo Scimpanzé. Ascesa e Caduta del Primate Homo Sapiens* (1992), trad. it. de L. Sosio. Turim: Bollati-Boringhieri, 1994.

DINNEEN, F. *Introduzione alla Linguistica Generale* (1967), trad. it. de M. Grandi e T. Colloca. Bolonha: il Mulino, 1970.

DITTMAR, N. *Manuale di Sociolinguistica* (1973), trad. it. de G. Graffi. Bari: Laterza, 1978.

DIXON KRAUSS, L. (ed.) *Vygotskij nella Classe. Potenziale di Sviluppo e Mediazione Didattica* (1993), trad. it. de G. Loiacono. Trento: Centro Studi Erickson, 1998.

DOLLE, J. M. *Per Capire Jean Piaget* (1990), ed. M. Amann Gainotti e L. Picone. Pádua: CEDAM, 1995.

DUCKWORTH, E. Piaget Rediscovered, em: *Journal of Research in Science Teaching*, 2 (1964), 3, pp. 172-75.

DUCROT, O.; TODOROV, T. *Dizionario Enciclopedico delle Scienze del Linguaggio* (1972), edição italiana de G. Caravaggi. Milão: ISEDI, 1972.

EBNER, F. Notizen, Tagebücher, Lebeserinnerunggen, em: *ibid.*, *Schriften*, II, ed. E. Seyr. Munique: Kösel, 1962.

ECCLES, J. C. *Evoluzione del Cervello e Creazione dell'io* (1989), trad. it. de L. Lopiano e L. Roma: Moriondo, 1995².

ECO, U. *La Struttura Assente*. Milão: Bompiani, 1968.

_____ *Segni*. Milão: ISEDI, 1976.

_____ *Semiotica e Filosofia del Linguaggio*. Turim: Einaudi, 1984.

_____ *La Ricerca della Lingua Perfetta nella Cultura Europea*. Roma-Bari: Laterza, 1993².

_____ *Dire Quasi la Stessa Cosa. Esperienze di Traduzione*. Milão: Bompiani, 2003.

_____ *Dall'Albero al Labirinto. Studi Storici sul Segno e l'Interpretazione*. Milão: Bompiani, 2007.

EINSTEIN, A. *Pensieri degli Anni Difficili* (1950), trad. it. de L. Bianchi. Turim: Boringhieri, 1965.

_____ *Come io Vedo il Mondo* (1956), trad. it. de R. Valori. Roma: Newton Compton, 1988.

ELKIN, D. *Educazione e Diseducazione. I Rischi di un'Educazione Precoce* (1988), trad. it. de V. di Fiore. Bolonha: il Mulino, 1991.

ENARD, W.; PRZEWORSKI, M.; FISHER, S. E.; LAI, C. S. L.; WIEBE, V.; KITANO, T.; MONACO, A. P.; PÄÄBO, S. Molecular Evolution of FOXP2, a Gene Involved in Speech and Language, em: *Nature*, vol. 418, 22 de agosto de 2002, pp. 869-872.

ENGLER, R. *Théories et Critique d'un Principe Saussurien, l'Arbitraire du Signe*. Gênova: Cahiers Ferdinand De Saussure, 1962.

_____ *Lexique de la Terminologie Saussurienne*. Utrecht-Antuérpia: Spectrum, 1968.

FABBRI, P. *Elogio di Babele*. Roma: Meltemi, 2000.

FACCHINI, G. M. Il Bambino Sordo: Aspetti Sociali e Organizzativi, em: *Handicappati e Scuola*. Florença: La Nuova Italia, 1973.

FARAGO, F. *Le Langage*. Paris: Colin, 1999.

FEUERBACH, A. Von, *Caspar Hauser: An Account of an Individual Kept in a Dungeon, Separated from all Comunication with the World, from Early Chilhood to About the Age of Seventeen* (1832). Londres: Simpkin & Marshall, 1834.

FINCHER, J. *The Brain: Mystery of Matter and Mind*. Nova Iorque-Toronto: Torstar Book, 1984.

FIRTH, J. R. *Papers in Linguistics 1934-1951*. Londres: Oxford University Press, 1957.

_____ *Selected Papers of J. R. Firth 1952-1959*, por F. R. Palmer. Londres-Bloomington: Longman-Indiana University Press, 1968.

FLAVELL, J. H. *La Mente Dalla Nascita all'Adolescenza nel Pensiero di Jean Piaget* (1963), trad. it. de A. Pioli. Roma: Astrolabio, 1971.

FODOR, J. A. *La Mente Modulare: Saggio di Psicologia delle Facoltà* (1983), trad. it. de R. Luccio. Bolonha: il Mulino, 1988.

_____ *Mente e Linguaggio*, edição italiana de F. Ferretti. Roma-Bari: Laterza, 2001.

FOUCAULT, M. *L'ordine del Discorso* (1970), trad. it. de A. Fontana. Turim: Einaudi, 1972.

FRANCESCATO, F. *Il Linguaggio Infantile. Strutturazione e Apprendimento*. Turim: Einaudi, 1973.

FREEBERG, E. *The Education of Laura Bridgman. First Deaf and Blind Person to Learn Language*. Londres-Cambridge, MA: Harvard Universiry Press, 2001.

FREIRE, P. *La Pedagogia degli Oppressi* (1968), trad. it. de L. Bimbi. Milão: Mondadori, 1971.

_____ *Teoria e Pratica della Liberazione* (1972), trad. it. de F. Molina. Roma: Editrice Ave, 1974.

_____ *L'educazione Come Pratica della Libertà* (1967), trad. it. de L. Bimbi. Milão: Mondadori, 1973.

_____ *Pedagogy of Hope* (1992). Nova Iorque: Continuum, 1994.

_____ *Pedagogia in Cammino. Lettere alla Guinea Bissau* (1976), trad. it. de L. Bimbi. Milão: Mondadori, 1979.

_____ *Pedagogia dell'Autonomia. Saperi Necessari per la Pratica Educativa* (1996), trad. it. de G. Colleoni. Turim: EGA, 2004.

FRITH, C. *Inventare la Mente. Come il Cervello Crea la Nostra Vita Mentale* (2007), trad. it. de M. Berlingieri e L. Guzzardi. Milão: Raffaello Cortina, 2009.

FURTH, H. G. *Pensiero Senza Linguaggio: Implicazioni Psicologiche della Sordità* (1966), trad. it. de N. Greppi Collu. Roma: Armando, 1971.

FURTH, H. G.; WACHS, H. *Il Pensiero va a Scuola. Un'Applicazione della Teoria di Piaget* (1975), trad. it. de F. Tessari. Florença: Giunti, 1980².

GADAMER, H. G. *Verità e Metodo* (1960), trad. it. de G. Vattimo. Milão: Fratelli Fabbri, 1972.

_____ *La Ragione nell'Età della Scienza* (1976), trad. it. de A. Fabris. Gênova: il Melangolo, 1982.

_____ *Elogio della Teoria. Discorsi e Saggi* (1983), trad. it. de F. Volpi. Milão: Guerini e Associati, 1989.

_____ Istorica e Linguaggio. Una Risposta, em: KOSELLECK, R.; GADAMER, H. G. *Ermeneutica e Istorica* (1987), trad. it. de P. Biale. Gênova: il Melangolo, 1990.

_____ *L'Essere, che Può Essere Compreso, è Linguaggio. Omaggio a Hans-Georg Gadamer*, edição italiana de D. Di Cesare. Gênova: il Melangolo, 2001.

_____ *Linguaggio*, edição italiana de D. Di Cesare. Roma-Bari: Laterza, 2005.

GADOTTI, M. *Leggendo Paulo Freire. Vita e Opere*, edição it. de B. Bellanova e F. Telleri. Turim: SEI, 1995.

GALLESE, V. Neuroscienze delle Relazioni Sociali, em: FERRETTI, F. (ed.) *La Mente degli Altri. Prospettive Teoriche sull'Autismo*. Roma: Editori Riuniti, 2003.

GAMALERI, G. *La Galassia McLuhan. Il Mondo Plasmato dai Media?* Roma: Armando, 1991³.

GARDNER, H. *Aprire le Menti. La Creatività ed i Dilemmi dell'Educazione* (1974), trad. it. de N. Cherubino. Milão: Feltrinelli, 1991.

_____ *Formae Mentis Saggio sulla Pluralità dell'Intelligenza* (1983), trad. it. de L. Sosio, ivi 1987.

_____ *Educare al Comprendere. Stereotipi Infantili e Apprendimento Scolastico* (1994), trad. it. de R. Rini. Milão: Feltrinelli, 1999.

GEHLEN, A. *L'Uomo. La sua Natura e il Suo Posto nel Mondo* (1940), trad. it. de C. Mainoldi. Milão: Feltrinelli, 1983.

GENTHEN, D.; GOLDIN-MEADOW, S. J. (ed.) *Language in Mind. Advances in the Study of Language and Thought.* Cambridge, Mass: The MIT Press, 2003.

GESELL, A. *Kamala: la Storia della Ragazza Lupo, Basata sul Diario di una Bambina che fu Allevata da una Lupa e che in Seguito Visse pere Nove anni nell' Orfanotrofio di Midnapore nella Provincia del Bengala* (1941), trad. it. de D. Deridono. Roma: Bulzoni, 1982.

GIGLIOLI, P. P. (ed.) *Linguaggio e Società.* Bolonha: il Mulino, 1973.

GODART, L. *L'Invenzione della Scrittura. Dal Nilo alla Grecia.* Turim: Einaudi, 2002.

GODEL, R. *Les Sources Manuscrites du Cours de Linguistique Générale de Ferdinand De Saussure.* Paris-Gênova: Librairie de E. Droz et Librairie Minard, 1957.

GOLDIN-MEADOW, S. J. *The Resilience of Language. What Gesture Creation in Deaf Children Can Tell us About how Children Learn Language.* Nova Iorque: Psychology Press, 2003.

GOODY, J. *La Logica della Scrittura e l'Organizzazione della Società* (1986), trad. it. de P. Arlorio. Turim: Einaudi, 1988.

GORDON, P. Numerical Cognition Without Words: Evidence from Amazonia, em: *Science,* 22 de julho de 2004, vol. 305, ed. 5687, pp. 1131-1133.

GOZZI, G. *Linguaggio Stato Lavoro. Jürgen Habermas: Teoria e Ideologia.* Florença: La Nuova Italia Editrice, 1980.

GREENBERG, J. H. *Universali del Linguaggio* (1966), trad. it. de A. Nocentini. Florença: La Nuova Italia, 1975.

GRIMM, J. Ueber den Ursprung der Sprache. Gelesen in der Akademie am 9 jan. 1851, Druckerei der Königlichen Akademie der Wissenschaften. Berlin, 1851; trad. it.: Sull'Origine del Linguaggio, em: GRIMM, J.; SCHELLING, W. J. *Sull'Origine del Linguaggio,* trad. it. de T. Weddigen. Milão: Marinotti Edizioni, 2004.

_____ Ueber Etimologie und Sprachvergleichung, em: Kleinere Schriften, I. F. Duemmler, Berlim, 1864, p. 299 e sgg; trad. it. de F. Campanile: *Sull'Etimologia e la Comparazione delle Lingue,* em: BOLELLI, T. *Per una Storia della Ricerca Linguistica.* Nápoles: Morano, 1965.

GRODDECK, G. *Il Linguaggio dell'Es: Saggi di Psicosomatica e di Psicoanalisi dell'Arte e della Letteratura* (1912), trad. it. de M. Gregorio. Milão: Adelphi, 1969.

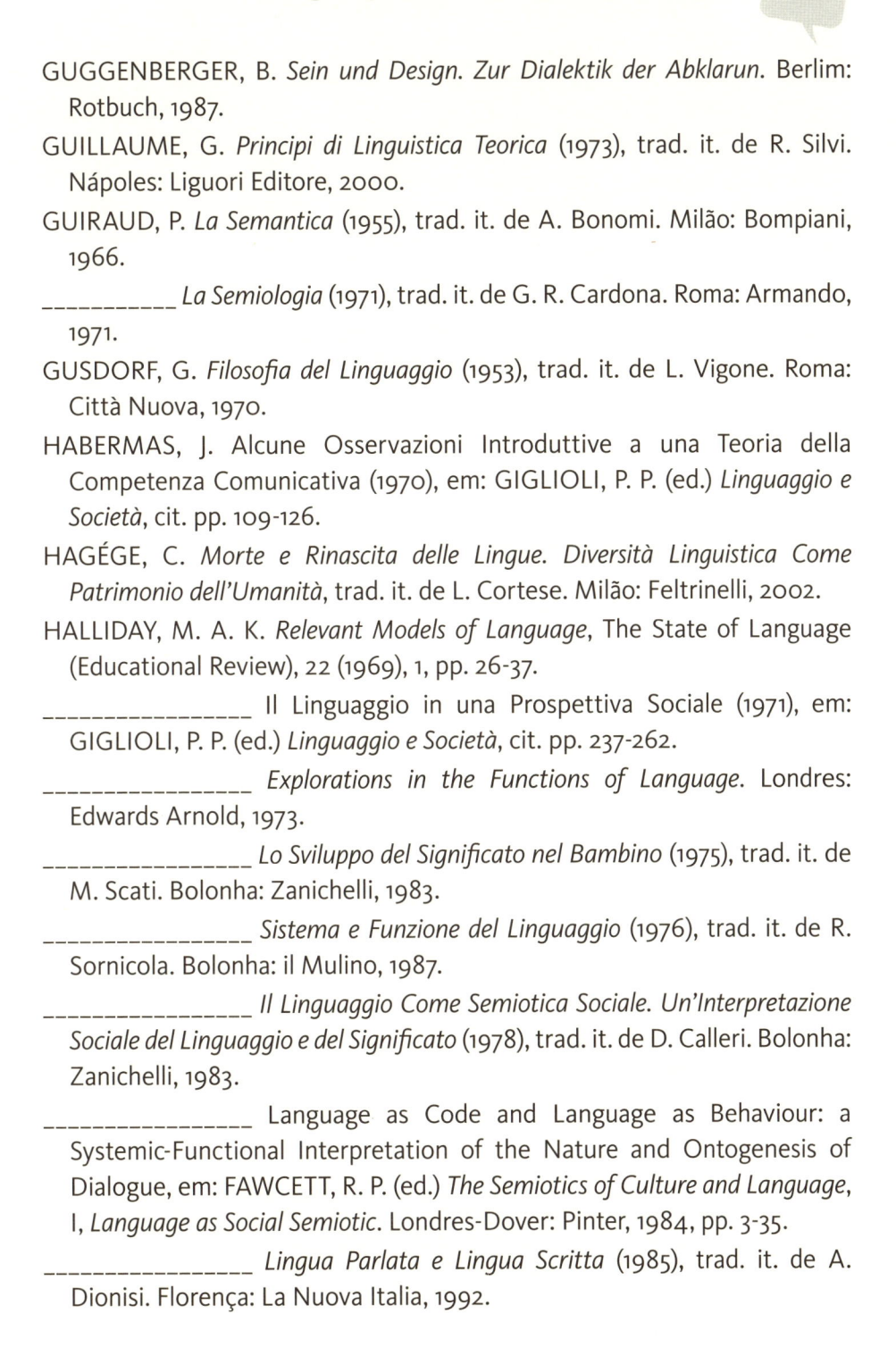

GUGGENBERGER, B. *Sein und Design. Zur Dialektik der Abklarun*. Berlim: Rotbuch, 1987.

GUILLAUME, G. *Principi di Linguistica Teorica* (1973), trad. it. de R. Silvi. Nápoles: Liguori Editore, 2000.

GUIRAUD, P. *La Semantica* (1955), trad. it. de A. Bonomi. Milão: Bompiani, 1966.

_____ *La Semiologia* (1971), trad. it. de G. R. Cardona. Roma: Armando, 1971.

GUSDORF, G. *Filosofia del Linguaggio* (1953), trad. it. de L. Vigone. Roma: Città Nuova, 1970.

HABERMAS, J. Alcune Osservazioni Introduttive a una Teoria della Competenza Comunicativa (1970), em: GIGLIOLI, P. P. (ed.) *Linguaggio e Società*, cit. pp. 109-126.

HAGÉGE, C. *Morte e Rinascita delle Lingue. Diversità Linguistica Come Patrimonio dell'Umanità*, trad. it. de L. Cortese. Milão: Feltrinelli, 2002.

HALLIDAY, M. A. K. *Relevant Models of Language*, The State of Language (Educational Review), 22 (1969), 1, pp. 26-37.

_____ Il Linguaggio in una Prospettiva Sociale (1971), em: GIGLIOLI, P. P. (ed.) *Linguaggio e Società*, cit. pp. 237-262.

_____ *Explorations in the Functions of Language*. Londres: Edwards Arnold, 1973.

_____ *Lo Sviluppo del Significato nel Bambino* (1975), trad. it. de M. Scati. Bolonha: Zanichelli, 1983.

_____ *Sistema e Funzione del Linguaggio* (1976), trad. it. de R. Sornicola. Bolonha: il Mulino, 1987.

_____ *Il Linguaggio Come Semiotica Sociale. Un'Interpretazione Sociale del Linguaggio e del Significato* (1978), trad. it. de D. Calleri. Bolonha: Zanichelli, 1983.

_____ Language as Code and Language as Behaviour: a Systemic-Functional Interpretation of the Nature and Ontogenesis of Dialogue, em: FAWCETT, R. P. (ed.) *The Semiotics of Culture and Language*, I, *Language as Social Semiotic*. Londres-Dover: Pinter, 1984, pp. 3-35.

_____ *Lingua Parlata e Lingua Scritta* (1985), trad. it. de A. Dionisi. Florença: La Nuova Italia, 1992.

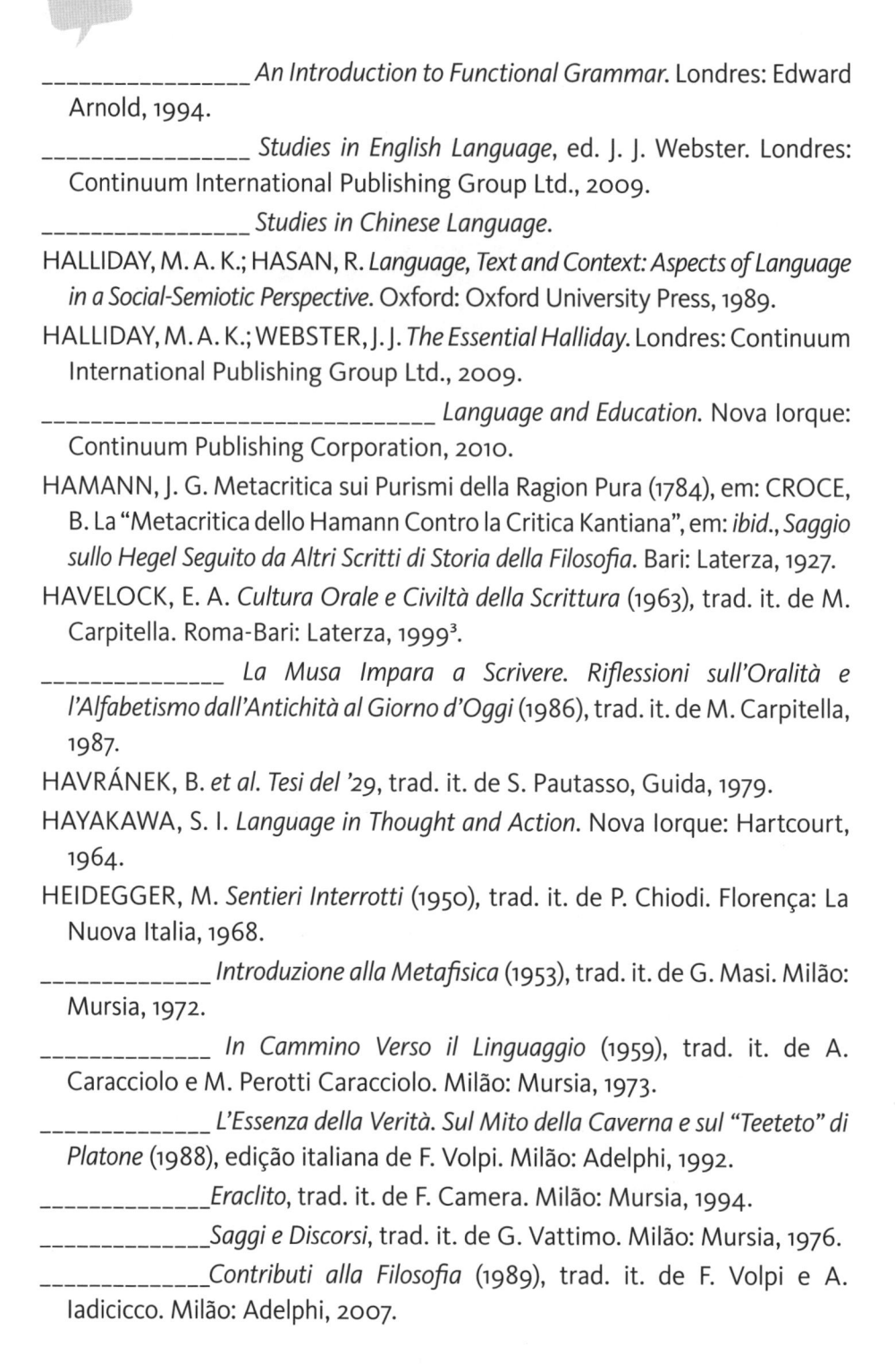

_____ *An Introduction to Functional Grammar*. Londres: Edward Arnold, 1994.

_____ *Studies in English Language*, ed. J. J. Webster. Londres: Continuum International Publishing Group Ltd., 2009.

_____ *Studies in Chinese Language*.

HALLIDAY, M. A. K.; HASAN, R. *Language, Text and Context: Aspects of Language in a Social-Semiotic Perspective*. Oxford: Oxford University Press, 1989.

HALLIDAY, M. A. K.; WEBSTER, J. J. *The Essential Halliday*. Londres: Continuum International Publishing Group Ltd., 2009.

_____ *Language and Education*. Nova Iorque: Continuum Publishing Corporation, 2010.

HAMANN, J. G. Metacritica sui Purismi della Ragion Pura (1784), em: CROCE, B. La "Metacritica dello Hamann Contro la Critica Kantiana", em: *ibid.*, *Saggio sullo Hegel Seguito da Altri Scritti di Storia della Filosofia*. Bari: Laterza, 1927.

HAVELOCK, E. A. *Cultura Orale e Civiltà della Scrittura* (1963), trad. it. de M. Carpitella. Roma-Bari: Laterza, 1999³.

_____ *La Musa Impara a Scrivere. Riflessioni sull'Oralità e l'Alfabetismo dall'Antichità al Giorno d'Oggi* (1986), trad. it. de M. Carpitella, 1987.

HAVRÁNEK, B. et al. *Tesi del '29*, trad. it. de S. Pautasso, Guida, 1979.

HAYAKAWA, S. I. *Language in Thought and Action*. Nova Iorque: Hartcourt, 1964.

HEIDEGGER, M. *Sentieri Interrotti* (1950), trad. it. de P. Chiodi. Florença: La Nuova Italia, 1968.

_____ *Introduzione alla Metafisica* (1953), trad. it. de G. Masi. Milão: Mursia, 1972.

_____ *In Cammino Verso il Linguaggio* (1959), trad. it. de A. Caracciolo e M. Perotti Caracciolo. Milão: Mursia, 1973.

_____ *L'Essenza della Verità. Sul Mito della Caverna e sul "Teeteto" di Platone* (1988), edição italiana de F. Volpi. Milão: Adelphi, 1992.

_____ *Eraclito*, trad. it. de F. Camera. Milão: Mursia, 1994.

_____ *Saggi e Discorsi*, trad. it. de G. Vattimo. Milão: Mursia, 1976.

_____ *Contributi alla Filosofia* (1989), trad. it. de F. Volpi e A. Iadicicco. Milão: Adelphi, 2007.

HEILMANN, L. *Natura e Linguaggio*, Civiltà delle Macchine, 22(1974), 5-6.
HÉNAFF, M. Lo Straniero è nella Lingua, em: *Alternative*, 4(2004), 2.
HERDER, J. G. *Sprachphilosophische Schriften*. Hamburgo: Meiner, 1960.
HERSLUND, M. L'Origine du Langage – qu'en Savons-Nous? em: CASTAGNA, M. Interdit. Essays on the Origin of Language(s), em: *Sistemi linguistici*, cit.
HERZOG, C. *À Propos de la Théorie des Champs Sémantiques de Jost Trier*. Munique: GRIN Publishing, 2010.
HJELMSLEV, L. *Linguaggio e Pensiero* (1936), trad. it. de H. Giglioni Möller, *Appendice* a RAGGIUNTI, R. *Problemi Filosofici nelle Teorie Linguistiche di Ferdinand De Saussure*. Roma: Armando, 1982, pp. 241-250.

_____ *I Fondamenti della Teoria del Linguaggio*, trad. it. de G. C. Lepsky. Turim: Einaudi, 1968.

_____ *Il Linguaggio* (1963), trad. it. de A. Debenedetti Woolf. Turim: Einaudi, 1970.

HOCKETT, C. F. *La Linguistica Americana Contemporanea* (1968), trad. it. de G. R. Cardona. Bari: Laterza, 1970.
HOWE, M.; HOWE HALL, F. *Laura Bridgman*. Londres, 1903.
HUMBOLD, W. VON. *La Diversità delle Lingue* (1836), edição ital. de D. Di Cesare. Roma-Bari: Laterza, 2000³.

_____ *Scritti sul Linguaggio* (1903 e sgg.), edição ital. de A. Carrano. Nápoles: Guida, 1989.

_____ *Introduzione alla Traduzione dell'Agamennone di Eschilo*, em: NERGAARD, S. (ed.) *La Teoria della Traduzione nella Storia*, trad. it. de G. B. Bocciol. Milão: Bompiani, 1993, pp. 135-136.

HURFORD, J. R.; STUDDERT-KENNEDY, M.; KIGHT, C. (ed.) *Approaches to the Evolution of Language: Social and Cognitive Bases*. Cambridge: Cambridge University Press, 1998.
HUSÉN, T. *Crisi della Scuola. Scuola e Società in Prospettiva 2000* (1972), trad. it. de G. Eutizi. Roma: Armando, 1974.
HYMES, D. *Fondamenti di Sociolinguistica. Un Approccio Etnografico* (1974), trad. it. de F. Beghelli. Bolonha: Zanichelli, 1980.
IACOBONI, M. *I Neuroni Specchio. Come Capiamo ciò che Fanno gli Altri*, trad. it. de G. Olivero. Turim: Bollati Boringhieri, 2008.

INHELDER, B. *I Disturbi dell'Intelligenza. Metodi e Criteri Diagnostici Piagetiano* (1970), trad. it. de D. Spinelli. Milão: Franco Angeli, 1985².

INNIS, H. A. *Impero e Comunicazioni* (1950), trad. it. de V. Lovaglio. Roma: Meltemi, 2001.

_____ *Le Tendenze della Comunicazione* (1951), trad. it. A. Lorenzini. Milão: Sugarco, 1982.

ITARD, J. M. *The Wild Boy of Aveyron*. Nova Iorque: Century, 1932.

JACKSON, J. H. John Hughlings Jackson on Aplasia and Kindred Affections of Speech, Together a Complete Bibliography of his Pubblications on Speech and a Reprint of Some of the More Important Papers, em: *Brain*, 38 (1915), pp. 1-190.

JAKOBSON, R. *Il Farsi e il Disfarsi del Linguaggio* (1944), trad. it. de L. Lonzi. Turim: Einaudi, 1971.

_____ *Saggi di Linguistica Generale* (1949-61), trad. it. de L. Heilmann e L. Grassi. Milão: Feltrinelli, 1966.

_____ *Lo Sviluppo della Semiotica* (1959), trad. it. de A. La Porta, E. Picco e U. Volli. Milão: Bompiani, 1978.

JAMESON, F. *La Prigione del Linguaggio. Interpretazione Critica dello Strutturalismo e delf Formalismo Russo* (1972), trad. it. de G. Frangi. Bolonha: Cappelli, 1982.

JASPERS, K. *Il Linguaggio. Sul Tragico* (1990), trad. it. de D. Di Cesare. Nápoles: Guida, 1993.

JERSPERSEN, O. *Umanità, Nazione e Individuo dal Punto di Vista Linguistico* (1946), trad. it. de P. Bernardini. Milão: Feltrinelli, 1965.

JERUSALEM, W. *Laura Bridgman. Erziehung einer Taubstumm-blinden: eine Psychologische Studie*, A. Viena: Pichler's Witwe & Son, 1891.

JERVOLINO, D. Ermeneutica e Traduzione. L'altro, lo Straniero, l'Ospite, em: CACCIATORE, G.; JERVOLINO, D.; COLONNELO, P. (ed.) *Ermeneutica, Fenomenologia, Storia*. Nápoles: Linguore 2001, pp. 291-306.

_____ *Per una Filosofia della Traduzione*. Brescia: Morcelliana, 2008.

JERVOLINO, D.; PITTITO, R. (ed.) Il Dono delle Lingue. La Traduzione e l'Esperienza dell'Alterità. Omaggio a Paul Ricoeur, em: *Studium*, 99 (2003), 5, pp. 657-837

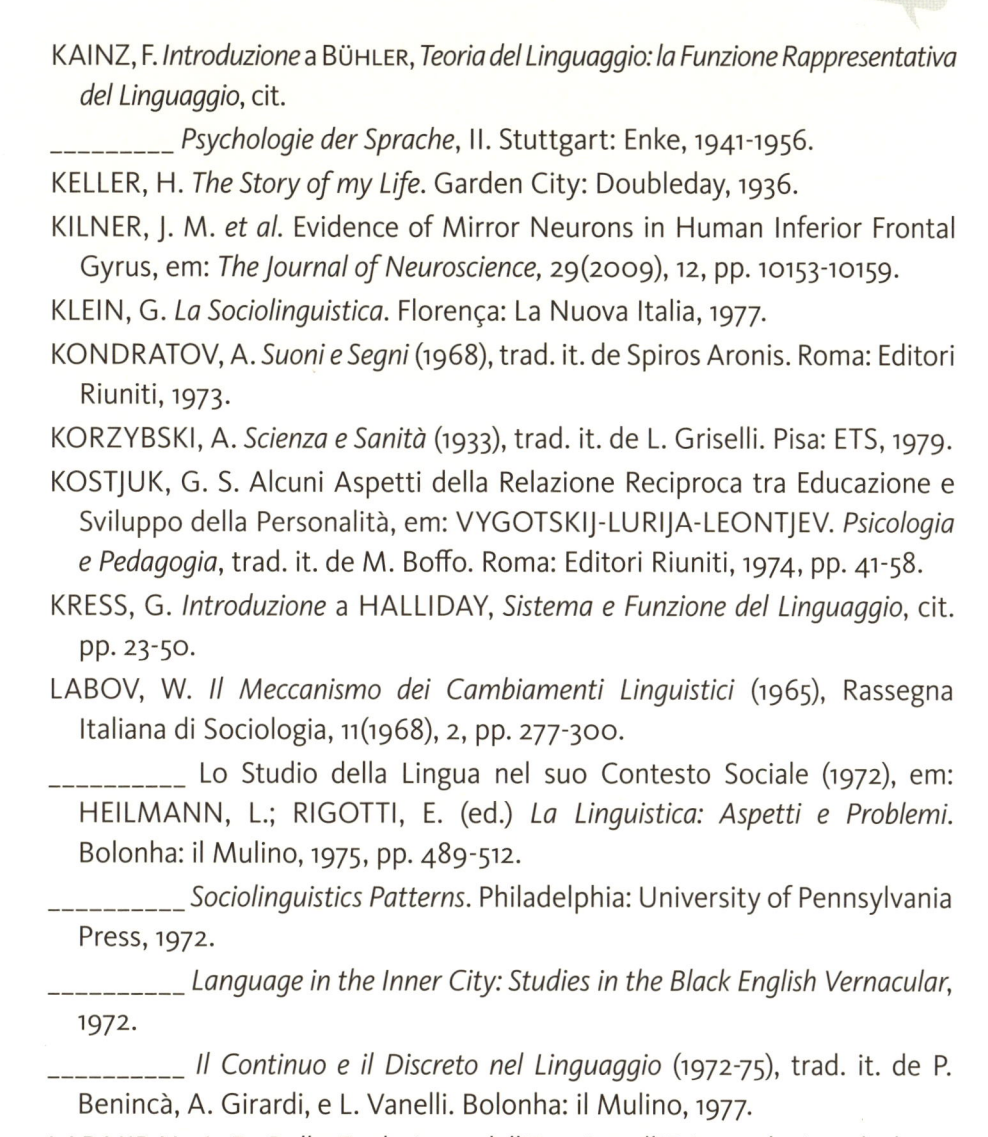

KAINZ, F. *Introduzione* a BÜHLER, *Teoria del Linguaggio: la Funzione Rappresentativa del Linguaggio*, cit.

_____ *Psychologie der Sprache*, II. Stuttgart: Enke, 1941-1956.

KELLER, H. *The Story of my Life*. Garden City: Doubleday, 1936.

KILNER, J. M. et al. Evidence of Mirror Neurons in Human Inferior Frontal Gyrus, em: *The Journal of Neuroscience,* 29(2009), 12, pp. 10153-10159.

KLEIN, G. *La Sociolinguistica*. Florença: La Nuova Italia, 1977.

KONDRATOV, A. *Suoni e Segni* (1968), trad. it. de Spiros Aronis. Roma: Editori Riuniti, 1973.

KORZYBSKI, A. *Scienza e Sanità* (1933), trad. it. de L. Griselli. Pisa: ETS, 1979.

KOSTJUK, G. S. Alcuni Aspetti della Relazione Reciproca tra Educazione e Sviluppo della Personalità, em: VYGOTSKIJ-LURIJA-LEONTJEV. *Psicologia e Pedagogia*, trad. it. de M. Boffo. Roma: Editori Riuniti, 1974, pp. 41-58.

KRESS, G. *Introduzione* a HALLIDAY, *Sistema e Funzione del Linguaggio*, cit. pp. 23-50.

LABOV, W. *Il Meccanismo dei Cambiamenti Linguistici* (1965), Rassegna Italiana di Sociologia, 11(1968), 2, pp. 277-300.

_____ Lo Studio della Lingua nel suo Contesto Sociale (1972), em: HEILMANN, L.; RIGOTTI, E. (ed.) *La Linguistica: Aspetti e Problemi*. Bolonha: il Mulino, 1975, pp. 489-512.

_____ *Sociolinguistics Patterns*. Philadelphia: University of Pennsylvania Press, 1972.

_____ *Language in the Inner City: Studies in the Black English Vernacular,* 1972.

_____ *Il Continuo e il Discreto nel Linguaggio* (1972-75), trad. it. de P. Benincà, A. Girardi, e L. Vanelli. Bolonha: il Mulino, 1977.

LADMIRAL, J. R. *Della Traduzione: dall'Estetica all'Epistemologia*, ed. de A. Lavieri. Módena: Mucchi, 2009.

LAI, C. S. L.; FISHER, S. E.; HURST, J. A.; VARGHAKHADEM, F.; MONACO, A. P. A Forkhead Domain Gene is Mutated in a Severe Speech and Language Disorder, em: *Nature*, vol. 413, 4 oct. 2001, pp. 519-523.

LAMSON SWIFT, M. *Life and Education of Laura Dewey Bridgman: The Deaf, Dumb and Blind Girl*. Statford: Ayer Co., 1975.

LANE, H. *The Wild Boy of Aveyron*. Cambridge, MA: Harvard University Press, 1976.

_____ (ed.) *The Deaf Experience: Classics in Language and Education*. Cambridge, MA-Londres: Harvard University Press, 1984.

LASH, J. B. *Helen and Teacher.The Story of Helen Keller and Anne Sullivan Macy*. Londres: Allen Lane, 1980.

LAVELLE, L. *La Parole e l'Écriture*. Paris: P.U.F., 1942.

LEFEBVRE, H. *Linguaggio e Società* (1966), trad. it. de M. Ferrara Paunich. Florença: Valmartina, 1972.

LENNENBERG, E. H. Linguaggio, Evoluzione e Comportamento Diretto a Uno Scopo (1964), em: PANCALDI, G. (ed.) *Evoluzione: Biologia e Scienze Umane*. Bolonha: il Mulino, 1976, pp. 271-297.

_____*Fondamenti Biologici del Linguaggio* (1967), trad. it. de G. Gabella. Turim: Boringhieri, 1971.

LEONARDI, P. La Filosofia del Linguaggio Ordinario, em: SANTAMBROGIO, M. (ed.) *Introduzione alla Filosofia Analitica del Linguaggio*. Roma-Bari: Laterza, 1992, pp. 136-178.

LEONTJEV, A. N. I Principi dello Sviluppo Mentale e il Problema del Ritardo Mentale (1959), em: VYGOTSKIJ-LURIJA-LEONTJEV. *Psicologia e Pedagogia*, cit., pp. 79-96.

LEPSCHY, G. C. *La Linguistica Strutturale*. Turim: Einaudi, 1966.

LEROI-GOURHAN, A. *Le Geste et la Parole*, I: *Technique et Langage*. Paris: Albin Michel, 1964.

LEVINSON, S. Language and Space, em: *Annual Review of Anthropology*, 25(1996), pp. 353-382.

_____ Covariation Between Spatial Language and Cognition, and its Implications for Language Learning, em: BOWERMAN, M.; LEVINSON, S. C. (ed.) *Language Acquisition and Conceptual Development*. Cambridge, MA: Cambridge University Press, 2001, pp. 566-588.

_____ *Space in Language and Cognition: Explorations in Cognitive Diversity*. Cambridge, MA: Cambridge University Press, 2003.

LEVI MONTALCINI, R. *La Galassia Mente*. Milão: Baldini & Castaldi, 1999.

LIEBERMAN, Ph. *L'Origine delle Parole* (1975), trad. it. de G. Banti. Turim: Boringhieri, 1980.

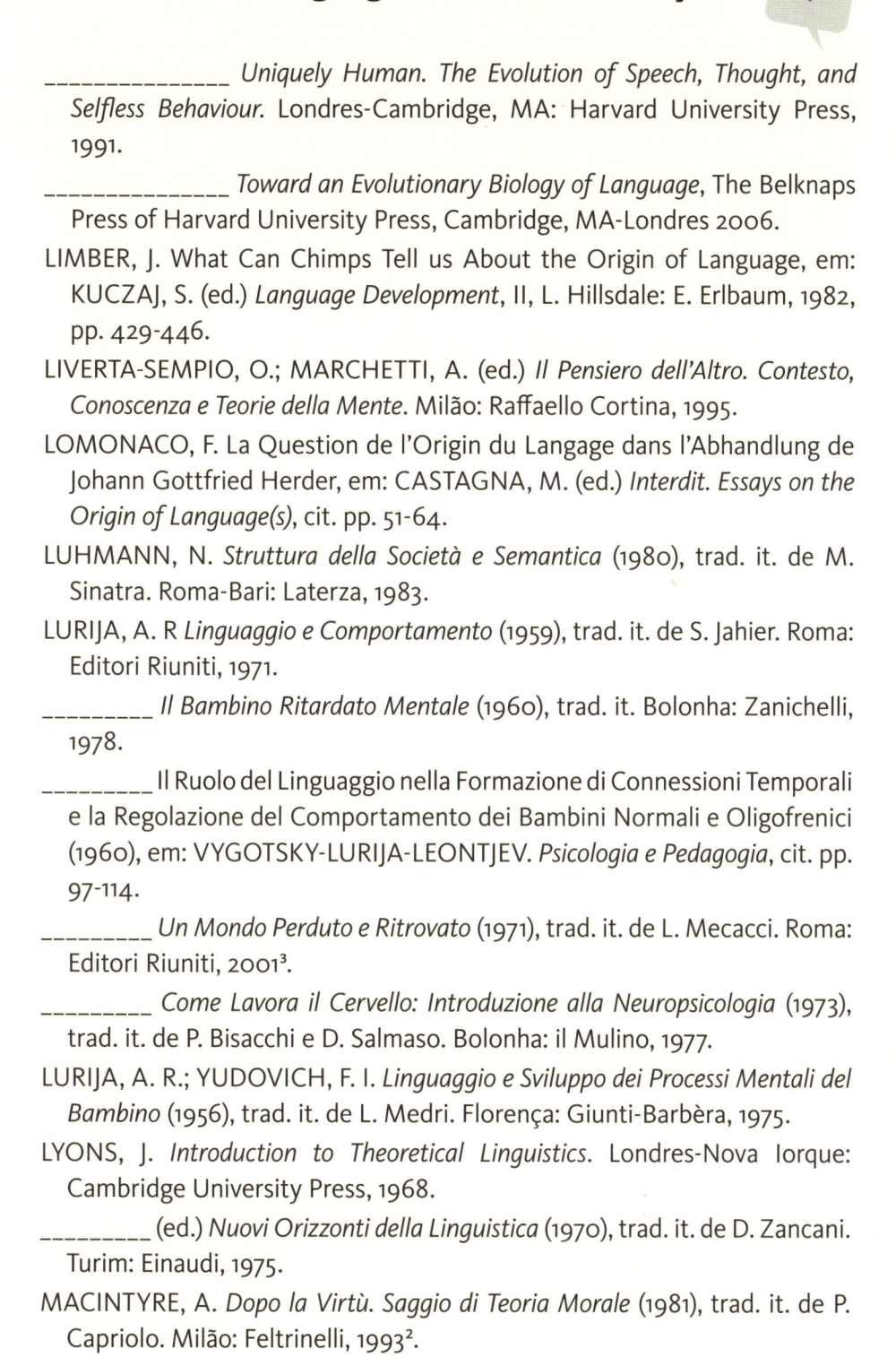

_____ *Uniquely Human. The Evolution of Speech, Thought, and Selfless Behaviour*. Londres-Cambridge, MA: Harvard University Press, 1991.

_____ *Toward an Evolutionary Biology of Language*, The Belknaps Press of Harvard University Press, Cambridge, MA-Londres 2006.

LIMBER, J. What Can Chimps Tell us About the Origin of Language, em: KUCZAJ, S. (ed.) *Language Development*, II, L. Hillsdale: E. Erlbaum, 1982, pp. 429-446.

LIVERTA-SEMPIO, O.; MARCHETTI, A. (ed.) *Il Pensiero dell'Altro. Contesto, Conoscenza e Teorie della Mente*. Milão: Raffaello Cortina, 1995.

LOMONACO, F. La Question de l'Origin du Langage dans l'Abhandlung de Johann Gottfried Herder, em: CASTAGNA, M. (ed.) *Interdit. Essays on the Origin of Language(s)*, cit. pp. 51-64.

LUHMANN, N. *Struttura della Società e Semantica* (1980), trad. it. de M. Sinatra. Roma-Bari: Laterza, 1983.

LURIJA, A. R *Linguaggio e Comportamento* (1959), trad. it. de S. Jahier. Roma: Editori Riuniti, 1971.

_____ *Il Bambino Ritardato Mentale* (1960), trad. it. Bolonha: Zanichelli, 1978.

_____ Il Ruolo del Linguaggio nella Formazione di Connessioni Temporali e la Regolazione del Comportamento dei Bambini Normali e Oligofrenici (1960), em: VYGOTSKY-LURIJA-LEONTJEV. *Psicologia e Pedagogia*, cit. pp. 97-114.

_____ *Un Mondo Perduto e Ritrovato* (1971), trad. it. de L. Mecacci. Roma: Editori Riuniti, 2001³.

_____ *Come Lavora il Cervello: Introduzione alla Neuropsicologia* (1973), trad. it. de P. Bisacchi e D. Salmaso. Bolonha: il Mulino, 1977.

LURIJA, A. R.; YUDOVICH, F. I. *Linguaggio e Sviluppo dei Processi Mentali del Bambino* (1956), trad. it. de L. Medri. Florença: Giunti-Barbèra, 1975.

LYONS, J. *Introduction to Theoretical Linguistics*. Londres-Nova Iorque: Cambridge University Press, 1968.

_____ (ed.) *Nuovi Orizzonti della Linguistica* (1970), trad. it. de D. Zancani. Turim: Einaudi, 1975.

MACINTYRE, A. *Dopo la Virtù. Saggio di Teoria Morale* (1981), trad. it. de P. Capriolo. Milão: Feltrinelli, 1993².

MALATESTA, M. Classical Logic as a Formal Transcultural System. The Case of Tonal Languages: Chinese, em: LASKER, G. E. (ed.) *Advances in Systems Research and Cybernetics, III, The International Institute for Advanced Studies in Systems Research and Cybernetcs*, Windsor (Canada) 1999, pp. 81-85.

_____ *Classical Logic as a Formal Transcultural System. The Case of Agglutinant Languages: Japanese*, IV, 2000, pp. 31-36.

_____ *Logic Space of Temporality in Natural Languages*, 13 Congres International de Cybernétique, Namur (Belgique), 24-28 de agosto de 1992, pp. 136-141.

MALBERG, B. *La Linguistica Contemporanea* (1962), trad. it. de F. Brioschi. Bolonha: il Mulino, 1972.

MALINOWSKI, B. *Il Problema del Significato nei Linguaggi Primitivi, Appendice* a OGDEN, C. K.; RICHARDS, I. A. *Il Significato del Significato* (1923), ed. L. Pavolini. Milão: Il Saggiatore, 1966, pp. 333-383.

MALOTKI, E. *Hopi Time: A Linguistic Analysis of the Temporal Concepts in the Hopi Language*. Nova Iorque-Berlim: Mouton de Gruyter, 1983.

MANETTI, G. *Le Teorie del Segno nell'Antichità Classica*. Milão: Bompiani, 1987.

MANFREDI, S. M.; REGGIO, P. Educazione e Coscienza Critica. Note Sul Concetto di "Coscientizzazione" in Paulo Freire, em: SCHETTINI, B.; TORIELLO, F. (ed.) *Paulo Freire. Educazione Etica Politica. Per una pedagogia del Mediterraneo*, cit. pp. 55-68.

MARSHALL, J. C. La Biologia della Comunicazione nell'Uomo e Negli Animali, em: LYONS (ed.) *Nuovi Orizzonti della Linguistica*, cit. pp. 281-298.

MARTINET, A. *La Linguistica. Guida Alfabetica* (1969), trad. it. de G. Bogliolo. Milão: Rizzoli, 1972.

_____ *Elementi di Linguistica Generale*, edição italiana de G. C. Lepschy. Roma-Bari: Laterza, 1974.

MARTINET, J. *Introduzione alla Semiologia* (1973), ed. it. de A. M. Scaiola. Roma: Newton Compton Editori, 1976.

MARTY, F. *La Bénédiction de Babel*. Paris: Beauchesne, 1990.

MCLUHAN, M. *La Galassia Gutenberg. Nascita dell'uomo Tipografico* (1962), trad. it. de S. Rizzo. Roma: Armando, 1976.

_____ *Gli Strumenti del Comunicare* (1964), trad. it. de E. Capriolo. Milão: Il Saggiatore, 1967.

_____ *Dall'Occhio all'Orecchio* (1970), trad. it. de A. Lorenzini. Roma: Armando, 1986.

MCLUHAN, M.; MCLUHAN, E.; HUTCHON, K. *Città Come Aula. Per Capire il Linguaggio e i Media* (1977), trad. it. de A. Lorenzini, 1984.

MCLUHAN, M.; FIORE, Q. *Il Medium è il Massaggio* (1967), trad. it. de R. Petrillo. Milão: Feltrinelli, 1968.

MCNEIL, D. *L'Acquisizione del Linguaggio. Studi Sullo Sviluppo della Lingua Materna*, trad. it. de L. D'Odorico. Milão: Raffaello Cortina, 1991.

_____ *L'acquisizione del Linguaggio. Introduzione alla Psicolinguistica Evolutiva* (1970), trad. it. de G. R. Cardona. Roma: Armando, 1973.

MEAD, M. *Generazioni in Conflitto* (1970), trad. it. de S. Stratta. Milão: Rizzoli, 1972.

MEHLER, J. *Panoramica delle Scienze Cognitive*, em: AA. VV. *Neuroscienze e Scienze Cognitive*. Nápoles: Cuen, 1994.

MELTZER, D.; HARRIS, M. *Il Ruolo Educativo della Famiglia. Un Modello Psicanalitico dei Processi di Apprendimento* (1983), trad. it. de M. Noziglia. Turim: Centro Scientifico Editore, 1990.

MERLEAU-PONTY, M. *Fenomenologia della Percezione* (1945), trad. it. de A. Bonomi. Milão: Il Saggiatore, 1967.

_____ *Segni* (1960), trad. it. de G. Alfieri. Milão: Il Saggiatore, 1967.

MESCHONNIC, M. *Poétique du Traduire*. Paris: Verdier, 1999.

MILANI, C. (ed.) *Origini del Linguaggio: Frammenti di Pensiero*. Colognola ai Colli: Demetra, 1999.

MINGYU ZHENG; GOLDIN-MEADOW, S. J. Thought Before Language: How Deaf and Hearing Children Express Motion Events Across Cultures, em: *Cognition*, 85(2002), pp. 145-175.

MINKOWSKI, E. Il Linguaggio e il Vissuto (1954), em: *ibid.*, *Filosofia Semantica Psicopatologia*, trad. it. de M. Francioni. Milão: Mursia, 1969.

MITHUN, M. *The Language of Native North America*. Cambridge: Cambridge University Press, 1999.

MIZZAU, M. *Eco e Narciso. Parole e Silenzi nel Conflitto Uomo-donna*. Turim: Boringhieri, 1979.

_____ *E Tu Allora? Il Conflitto nella Comunicazione Quotidiana*. Bolonha: il Mulino, 2002.

MORAVIA, S. Dal Monologo alla Conversazione. Immagini della Comunicazione Umana nel Pensiero Contemporaneo, em: CURI, U. (ed.) *La Comunicazione Umana*. Milão: Franco Angeli, 1985.

MORONCINI, B. *La Lingua Muta e Altri Saggi Benjaminiani*. Nápoles: Filema, 2000.

MORRIS, C. *Lineamenti di una Teoria dei Segni* (1938), edição it. de F. Rossi-Landi. Turim: Paravia, 1954.

_____ *Segni, Linguaggio e Comportamento* (1946), trad. it. de S. Ceccato. Milão: Longanesi, 1949.

MOULOUD, N. *Linguaggio e Strutture* (1969), trad. it. de G. Mininni. Bari: Dedalo libri, 1976.

MOUNIN, G. *Saussure*. Paris: Ed. Seghers, 1968.

_____ *Introduzione alla Semiologia* (1970), trad. it. de N. Colecchia. Roma: Ubaldini, 1972.

_____ *Storia della Linguistica del XX Secolo* (1972), trad. it. de B. Bellotto. Milão: Feltrinelli, 1974.

MÜLLER, M. M. *Sprache und Evolution: Grundlagen der Evolution und Ansätze einer evolutionstheoretischen Sprachwissenschaft*. Berlim: de Gruyter, 1990.

NANCY, J. L. *Essere Singolare Plurale* (1996), trad. it. de D. Tarizzo. Turim: Einaudi, 2001.

NEHER, A. *L'Esilio della Parola. Dal Silenzio Biblico al Silenzio di Auschwitz* (1970), trad. it. de G. Cestari. Casale Monferrato: Marietti, 1983.

NEIS, C. *Antropologie im Sprachdenken des 18. Jahrhunderts: die Berliner Preisfrage nach dem Ursprung der Sprache* (1771). Berlim: de Gruyter, 2003.

_____ Francesco Soave e la sua Posizione sull'Origine del Linguaggio: dal Dibattito all'Accademia di Berlino (1771), em: GENSIN, S. (ed.) *D'Uomini Liberamente Parlanti. La Cultura Linguistica Italiana nell'Età dei Lumi e il Contesto Intellettuale Europeo*. Roma: Editori Riuniti, 2002.

NERGAARD, S. (ed.) La Teoria della Traduzione nella Storia, em: *ibid.*,(ed.) *Teorie Contemporanee della Traduzione*. Milão: Bompiani, 1995.

O'CONNOR, N.; HERMELIN, B. *Linguaggio e Pensiero nel Subnormale Grave* (1967), trad. it. de A. Bencini Baratti. Roma: Armando, 1981.

O'CONNOR, O. Ritardo e Grave Debilità Mentale, em: FOSS, B. M. (ed.) *I Nuovi Orizzonti della Psicologia* (1966), trad. it. de G. L. Schwarz E. A. Panaitescu. Turim: Boringhieri, 1968, pp. 325-37.

OLSON, D. R.; TORRANCE, N. *Alfabetizzazione e Oralità* (1991), trad. it. de M. L. Maggioni. Milão: Raffaello Cortina, 1995.

ONG, W. J. *La Presenza della Parola* (1967), trad. it. de R. Zelocchi. Bolonha: il Mulino, 1970.

_____ *Conversazione sul Linguaggio* (1973), trad. it. de G. De Veris. Roma: Armando, 1993.

_____ *Interfacce della Parola* (1977), trad. it. de G. Scatasta. Bolonha: il Mulino, 1989.

_____ *Oralità e Scrittura. Le Tecnologie della Parola* (1982), trad. it. de A. Calanchi. Bolonha: il Mulino, 1986.

ORSOLINI, M. (ed.) *Il Suono delle Parole. Percezione e Conoscenza del Linguaggio nei Bambini*. Milão: La Nuova Italia, 2000.

OTT, W. P. *Locke's Philosophy of Language*. Cambridge: Cambridge University Press, 2003.

PACKARD, V. *I Persuasori Occulti* (1956), trad. it. de C. Fruttero. Turim: Einaudi, 1958.

PAIVA, V. P. Existencialismo cristão e culturalismo: sua presença na obra de Freire, em: *Síntese*, 16(1979), 616, maio-agosto, pp. 47-110.

PALMER, F. R. *Introduzione alla Semantica* (1976), trad. it. de A. Pessina. Milão: Mondadori, 1982.

PARISI, D. *Il Linguaggio Come Processo Cognitivo*. Turim: Boringhieri, 1975.

_____ *Sviluppo del Linguaggio e Ambiente Sociale*. Florença: La Nuova Italia, 1976.

PARSONS, T. *Sistemi di Società*, I. *Le Società Tradizionali* (1966), trad. it. de D. Pianciola. Bolonha: il Mulino, 1971.

PATTERSON, F.; LINDEN, E. *L'Educazione di Koko*, trad. it. de G. Eresti. Milão: Mondadori, 1984.

PECCEI, A. *Cento Pagine per l'Avvenire*, trad. it. de C. Sborgi. Milão: Mondatori, 1982.

PELLEREY, R. *Le Lingue Perfette nel Secolo dell'Utopia*. Roma-Bari: Laterza, 1992.

PENATI, G. *Verità Libertà Linguaggio*. Brescia: Morcelliana, 1987.

PENNISI, A. *Le Lingue Mutole. Le Patologie del Linguaggio fra Teoria e Storia*. Roma: La Nuova Italia Scientifica, 1994.

_____ *Psicopatologie del Linguaggio*. Roma: Carocci, 1998.

PENNISI, A.; FALZONE, A. Le 'Sterminate Antichità'. Evoluzionismo Linguistico e Scienze Cognitive, em: JERVOLINO, D.; PITITTO, R. (ed.) *Linguaggio, Fenomenologia, Ricerche Cognitive*. Número monográfico di Semiótica, 3/04, pp. 21-58.

PETIT, J. L. La Relazione tra i Recenti Dati Neurobiologici Sulla Percezione (e sull'azione) e la Teoria Husserliana della Costituzione, em: JERVOLINO, D.; PITITTO, R. (ed.) Linguaggio, Fenomenologia, Ricerche Cognitive, em: *Semiotiche*, cit. pp. 59-72.

PETRILLI, S. (ed.) *La Traduzione*, Athanor. Semiotica, Filosofia, Arte, Letteratura: Anno X, nuova serie, n. 2. Roma: Meltemi, 1999/2000.

PETTER, G. *Lo Sviluppo Mentale Nelle Ricerche di Jean Piaget*. Florença: Giunti, 1972.

PIAGET, J. *Il Linguaggio e il Pensiero del Fanciullo* (1923), trad. it. de C. Musatti Rapuzzi. Florença: Giunti-Barbera, 1962.

_____ *La Nascita dell'Intelligenza nel Bambino* (1936), trad. it. de A. Mennillo. Florença: La Nuova Italia, 1973.

_____ *La Costruzione del Reale nel Bambino* (1937), trad. it. de G. Gorla. Florença: La Nuova Italia, 1973.

_____ *La Formazione del Simbolo nel Bambino* (1945), trad. it. de E. Piazza. Florença: La Nuova Italia, 1972.

PIERCE, J. R. *La Teoria dell'Informazione: Simboli, Codici, Messaggi* (1959), trad. it. de F. Caposio. Milão: ISEDI, 1963.

PIERETTI, A. *Il Linguaggio Come Comunicazione*. Roma: Città Nuova, 1978.

PIGLIACAMPO, R. *Lingua e Linguaggio nel Bambino Sordo*. Roma: Armando, 1998.

PINKER, S. *L'Ístinto del Linguaggio. Come la Mente Crea il Linguaggio* (1994), trad. it. de G. Origgi. Milão: Mondadori, 1997.

PINTO, M. A. *Svantaggio Linguistico, Ambiente Sociale, Educazione. Critica a Bernstein*. Roma: Bulzoni, 1980.

PIRO, S. *Il Linguaggio Schizofrenico*. Milão: Feltrinelli, 1967.

PIROMALLO-GAMBARDELLA, A. *Le Sfide della Comunicazione*. Roma- Bari: Laterza, 2001.

PITITTO, R. *Paulo Freire: la Liberazione Possibile*. S. Prospero (Mo): CPE, 1977.

_____ *Comunità Comunicazione ed Emancipazione*. Nápoles: Edizioni Athena, 1988.

_____ *La Comunicazione Difficile. Psicopatologie del Linguaggio e della Comunicazione*. Brescia: La Scuola, 2000.

_____ Wittgenstein, em: TANZELLA-NITTI, G.; STRUMIA, A. (ed.) *Dizionario Interdisciplinare di Scienza e Fede*, vol. II, Urbaniana University Press. Roma: Città Nuova, 2002, pp. 2151-2163.

_____ *Ad Auschwitz Dio c'era. I Credenti e la Sfida del Male*. Roma: Studium, 2005.

_____ Dalla Teoria degli Atti Linguistici alla Filosofia della Mente. John Roger Searle Critico di Russell, em: *Metalogicon. Rivista internazionale di logica pura e applicata, di linguistica e di filosofia*, 18(2005), 2, pp. 113-130.

_____ *La Ragione Linguistica. Origine del Linguaggio e Pluralità delle Lingue*. Roma: Aracne, 2008.

_____ Dal Gesto al Linguaggio Verbale. Attività Motoria, Produzione Linguistica e Neuroni Specchio, em: CASTAGNA, M.; DE CARLO, S. (ed.) *Lo Spazio della Parola*. Nápoles: EDI, 2010, pp. 105-124.

_____ Language and Schizophrenia: a Common Origin? Em: CASTAGNA, M. (ed.), *Interdit. Essays on the Origin of Language(s)*, cit. pp. 125-144.

PITITTO, R.; VENEZIA, S. (ed.) *Tradurre e Comprendere. Pluralità dei Linguaggi e delle Culture*, Atti del XII Congresso Nazionale della Società di Filosofia del Linguaggio, Piano di Sorrento, 29-30 de setembro – 1 de outubro de 2005. Roma: Aracne, 2006.

PIZZAMIGLIO, L. (ed.) *I Disturbi del Linguaggio*. Milão: Etas Kompass, 1968.

PONZIO, A. *Produzione Linguistica e Ideologia Sociale. Per una Teoria Marxista del Linguaggio e della Comunicazione*. Bari: De Donato, 1973.

POSTMAN, N. *Ecologia dei Media. La Scuola Come Contropotere* (1978), trad. it. de F. Bigatti. Roma: Armando, 1983².

_____ *Technopoly. La Resa della Cultura alla Tecnologia* (1992), trad. it. de M. Lombardi. Turim: Bollati Boringhieri, 1993.

POSTMAN, N.; WEINGARTNER, CH. *La Linguistica. Una Rivoluzione nell'Insegnamento* (1966), trad. it. de G. R. Cardona. Roma: Armando, 1968.

PRETE, A. *L'Ospitalità della Lingua. Baudelaire e Altri Poeti*. Lecce: Piero Manni Editore, 1995.

PRIDE, J. B. Sociolinguistica, em: LYOJS, J. (ed.) *Nuovi Orizzonti di Linguistica*, cit. pp. 359-378.

PUCCI, R. *Linguaggio e Interpretazione*. Nápoles: Libreria Scientifica Italiana, 1966.

_____ *Materiali per una Semantica Sociale*. Nápoles: Arte Tipografica, 1974.

RAGGIUNTI, R. *Problemi Filosofici nelle Teorie Linguistiche di Ferdinand De Saussure*.

_____ *Problemi della Conoscenza e Problemi del Linguaggio*. Soveria Mannelli: Rubbettino, 2001.

REBOUL, O. *Lo Slogan* (1975), edição ital. de C. Bascetta. Roma: Armando, 1977.

RICOEUR, P. *Dell'Interpretazione. Saggio su Freud* (1965), trad. it. de E. Renzi. Milão: Il Saggiatore, 1967.

_____ *Il Conflitto delle Interpretazioni* (1969), trad. it. de R. Balzarotti, F. Botturi, C. Colombo. Milão: Jaka Book, 1977.

_____ *Dal Testo all'Azione. Saggi di Ermeneutica* (1986), trad. it. de G. Grampa, 1989.

_____ *Filosofia e Linguaggio*, por D. Jervolino. Milão: Guerini e Associati, 1994.

_____ *La Traduzione. Una Sfida Etica* (1999), por D. Jervolino. Brescia: Morcelliana, 2001.

_____ *La Memoria, la Storia, l'Oblio* (2000), trad. de D. Iannotta. Milão: Raffaello Cortina Editore, 2003.

_____ *Il Giusto 2* (2001), trad. de D. Iannotta. Cantalupa (Turim): Effatà Editrice, 2007.

RIEDEL, M. *Comprendere o Spiegare* (1978), edição italiana de G. Di Costanzo. Nápoles: Guida, 1989.

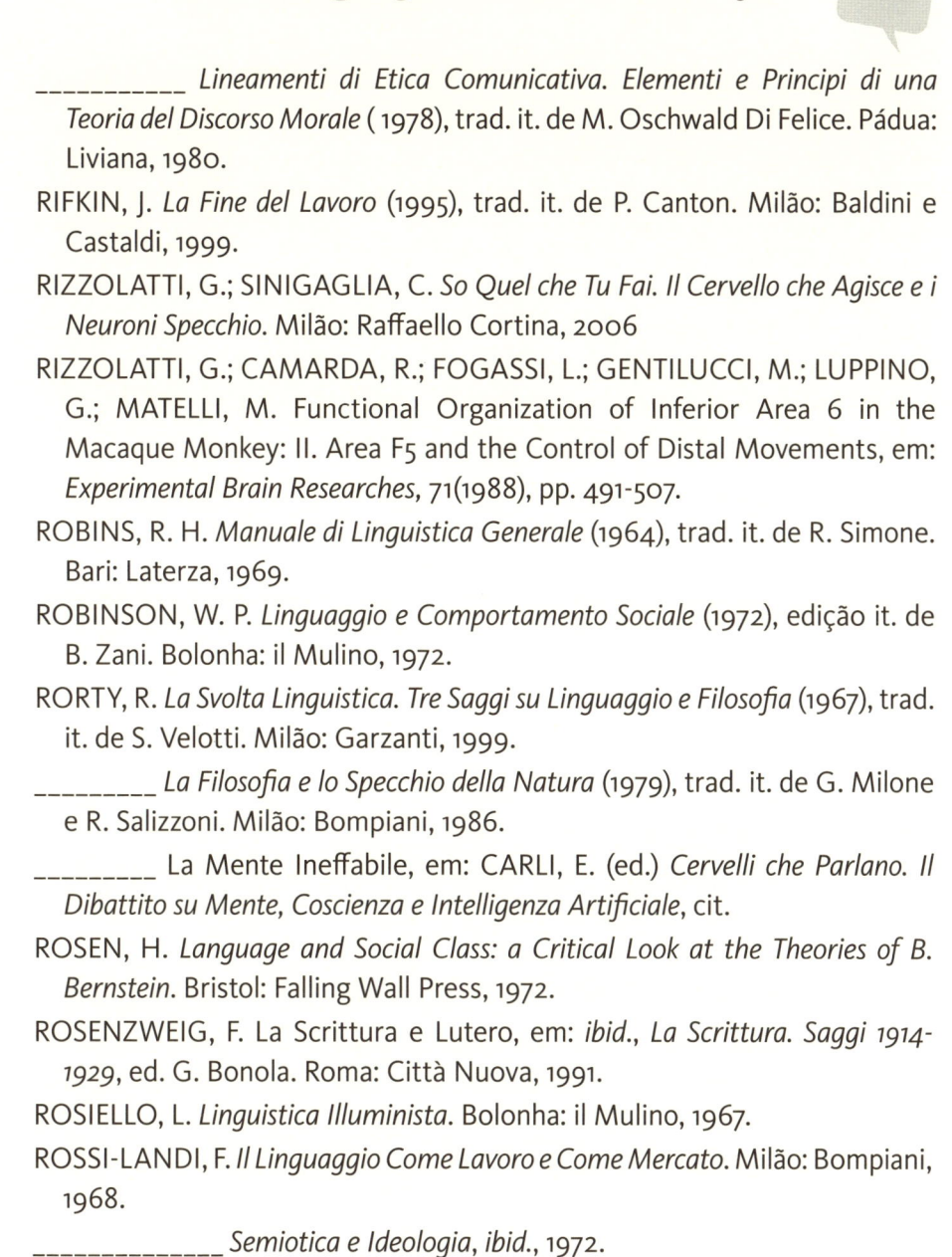

_____ *Lineamenti di Etica Comunicativa. Elementi e Principi di una Teoria del Discorso Morale* (1978), trad. it. de M. Oschwald Di Felice. Pádua: Liviana, 1980.

RIFKIN, J. *La Fine del Lavoro* (1995), trad. it. de P. Canton. Milão: Baldini e Castaldi, 1999.

RIZZOLATTI, G.; SINIGAGLIA, C. *So Quel che Tu Fai. Il Cervello che Agisce e i Neuroni Specchio.* Milão: Raffaello Cortina, 2006

RIZZOLATTI, G.; CAMARDA, R.; FOGASSI, L.; GENTILUCCI, M.; LUPPINO, G.; MATELLI, M. Functional Organization of Inferior Area 6 in the Macaque Monkey: II. Area F5 and the Control of Distal Movements, em: *Experimental Brain Researches,* 71(1988), pp. 491-507.

ROBINS, R. H. *Manuale di Linguistica Generale* (1964), trad. it. de R. Simone. Bari: Laterza, 1969.

ROBINSON, W. P. *Linguaggio e Comportamento Sociale* (1972), edição it. de B. Zani. Bolonha: il Mulino, 1972.

RORTY, R. *La Svolta Linguistica. Tre Saggi su Linguaggio e Filosofia* (1967), trad. it. de S. Velotti. Milão: Garzanti, 1999.

_____ *La Filosofia e lo Specchio della Natura* (1979), trad. it. de G. Milone e R. Salizzoni. Milão: Bompiani, 1986.

_____ La Mente Ineffabile, em: CARLI, E. (ed.) *Cervelli che Parlano. Il Dibattito su Mente, Coscienza e Intelligenza Artificiale*, cit.

ROSEN, H. *Language and Social Class: a Critical Look at the Theories of B. Bernstein.* Bristol: Falling Wall Press, 1972.

ROSENZWEIG, F. La Scrittura e Lutero, em: *ibid., La Scrittura. Saggi 1914-1929,* ed. G. Bonola. Roma: Città Nuova, 1991.

ROSIELLO, L. *Linguistica Illuminista.* Bolonha: il Mulino, 1967.

ROSSI-LANDI, F. *Il Linguaggio Come Lavoro e Come Mercato.* Milão: Bompiani, 1968.

_____ *Semiotica e Ideologia, ibid.,* 1972.

_____ *Metodica Filosofica e Scienza dei Segni. Nuovi Saggi sul Linguaggio e l'Ideologia, ibid.,* 1985.

ROUSSEAU, J. J. *Emilio o dell'Educazione* (1762), ed. E. Nardi. Milão: La Nuova Italia, 1997.

RUHLEN, M. *L'Origine delle Lingue* (1994), trad. it. de S. Ravaioli. Milão: Adelphi, 2001.

RYKE, G. *Lo Spirito Come Comportamento* (1949), ed. it. de F. Rossi-Landi. Turim: Einaudi, 1955.

_____ *Dilemmi* (1954), trad. it. de E. Mistratta. Roma: Astrolabio, 1968.

SACKS, O. *Vedere Voci. Un Viaggio nel Mondo dei Sordi* (1989), trad. it. de C. Sborgi. Milão: Adelphi, 1990.

SANTAMBROGIO, M. (ed.) *Introduzione alla Filosofia Analitica del Linguaggio*, cit.

SAPIR, E. *Il Linguaggio. Introduzione alla Linguistica* (1921), trad. it. de P. Valesio. Turim: Einaudi, 1969.

_____ *Cultura, Linguaggio e Personalità* (1949), trad. it. de G. Perocco. Turim: Einaudi, 1972.

SARTORI, G. *Homo Videns. Televisione e Post-pensiero*. Roma-Bari: Laterza, 1997.

SARTRE, J. P. *Situations, II*. Paris: Gallimard, 1963.

SAUSSURE, F. DE. *Corso di Linguistica Generale* (1916).

SBISÀ, M. (ed.) *Gli atti Linguistici. Aspetti e Problemi di Filosofia del Linguaggio*. Milão: Feltrinelli, 1978.

_____ *Linguaggio, Ragione, Interazione. Per una Teoria Pragmatica degli atti Linguistici*. Bolonha: il Mulino, 1989.

_____ *Per una Pragmatica degli atti Linguistici: Quasi un Bilancio*, em: ORLETTI, F. (ed.) *Fra Conversazione e Discorso: l'Analisi dell'Interazione Verbale*. Roma: Carocci, 1998, pp. 29-47.

SCHAFF, A. *Introduzione alla Semantica* (1960), trad. it. de L. Pavolini. Roma: Editori Riuniti, 1972.

_____ *Filosofia del Linguaggio* (1967), trad. it. de A. Scarponi. Roma: Editori Riuniti, 1975.

_____ *Linguaggio e Conoscenza* (1973), trad. it. de D. Angeli e A. Marchi. Roma: Editori Riuniti, 1973.

_____ *Il Prossimo Duemila. Rapporto al Club di Roma sulle Conseguenze Sociali della Seconda Rivoluzione Industriale*, trad. it. de M. Armeni. Roma: Editori Riuniti, 1985.

SCHETTINI, B. Leggere le Parole per Leggere il Mondo. Attualità del Pensiero e dell'Azione di Paulo Freire *(1921- 1997)*, em: *Studium*, 103 (2007), 2, pp. 295-312.

SCHULTZ, A. *La Fenomenologia del Mondo Sociale* (1960), trad. it. de F. Bassani. Bolonha: il Mulino, 1974.

SCHWEBEL, M.; RAPH, J. *Piaget in Classe* (1973), trad. it. de A. Sciaky. Turim: Loescher, 1977.

SEARLE, J. R. *Atti Linguistici. Saggio di Filosofia del Linguaggio* (1969), trad. it. de P. Leonardi. Turim: Boringhieri, 1976.

_____ *Menti, Cervelli e Programmi. Un Dibattito sull'Intelligenza Artificiale* (1980), edição it. de G. Tonfoni. Milão: Clup-Clued, 1984.

_____ *Dell'Intenzionalità. Un Saggio di Filosofia della Conoscenza* (1983), trad. it. de D. Barbieri. Milão: Bompiani, 1985.

_____ *La Riscoperta della Mente* (1992), edição italiana de S. Ravaioli. Turim: Boringhieri, 1994.

_____ *La Costruzione della Realtà Sociale* (1995), trad. it. de A. Bosco. Milão: Edizioni di Comunità, 1996.

_____ Mente, Coscienza, Cervello: un Problema Ontologico (1995), em: CARLI, E. (ed.) *Cervelli che Parlano. Il Dibattito su Mente, Coscienza e Intelligenza Artificiale*, cit.

_____ *Il Mistero della Coscienza* (1997), trad. it. de E. Carli. Milão: Raffaello Cortina, 1998.

_____ *Mente, Linguaggio, Società. La Filosofia nel Mondo Reale* (1998), trad. it. de E. Carli e M. V. Bramè. Milão: Raffaello Cortina, 2000.

_____ *Rationality in Action*. Cambridge, Mass.: The Mit press, 2001.

SHANNON, CL. E.; WEAVER, W. *La Teoria Matematica della Comunicazione* (1949), trad. it. de P. Cappelli. Milão: Etas Kompass, 1971.

SHENGOLD, L. *Halo in the Sky: Observations on Anality and Defense*. Nova Iorque: Guilford, 1988.

SIIRALA, M. *Parola, Presenza, Integrazione: Medicina in Metamorfosi*. Milão: Feltrinelli, 1972.

SILVESTRI, D. *La Forbice e il Ventaglio. Descrivere, Interpretare, Operare da un Punto di Vista Linguistico*. Nápoles: Arte Tipografica, 1994.

SIME, M. *Leggiamo i Pensieri del Bambino. Lo Sviluppo Intellettuale dalla Nascita a Sei Anni Secondo le Tappe di J. Piaget* (1980), trad. it. de N. Ponzanelli e E. Di Girolamo. Brescia: La Scuola, 1985.

SIMONE, R. *L'Educazione Linguistica Dalla Lingua al Linguaggio*, Scuola e Città, 1976, 27, pp. 59-82.

SOLMS, M.; TURNBULL, O. *Il Cervello e il Mondo Interno. Introduzione alle Neuro-Scienze dell'Esperienza Soggettiva* (2002), trad. it. de A. Clarici. Milão: Raffaello Cortina, 2004.

SOMMELLA, V. La Finalità Etica del Tradurre: Eticità e Letteralità nella Traductologie di Antoine Berman, em: PITITTO, R.; VENEZIA, S. (ed.) *Tradurre e Comprendere*, cit. pp. 401-414.

STEINER, G. *Dopo Babele. Aspetti del Linguaggio e della Traduzione* (1975), trad. it. de R. Bianchi e C. Bèguin. Milão: Garzanti,1994.

_____ *Linguaggio e Silenzio* (1967), trad. it. de R. Bianchi. Milão: Garzanti, 2001.

_____ *Grammatiche della Creazione* (2001), trad. it. de F. Restine. Milão: Garzanti, 2003.

TABOSSI, P. *Il Linguaggio*. Bolonha: il Mulino, 1999.

TAYLOR, C. *Human Agency and Language. Philosophical Papers I*. Cambridge: Cambridge University Press, 1985.

TELLERI, F. (ed.) *Il Metodo Paulo Freire. Nuove Tecnologie e Sviluppo Sostenibile*. Bolonha: Clueb, 2002.

THÉVENAZ, P. *L'Homme et sa Raison*, II. Neuchâtel: La Baconnière, 1956.

THIEL, C. *Sinn und Bedeutung in der Logik Gottolob Frege*, Anton Hain, Meisenheim am Glan, 1965.

THOMPSON, J. B. *Mezzi di Comunicazione e Modernità. Una Teoria Sociale dei Media* (1995), trad. it. de M. Palminiello. Bolonha: il Mulino, 1998.

THOMPSON, G.; COLLINS, G. H. Entrevista con M. A. K. Halliday, Cardiff, julho de 1998, em: *Revista de Documentação de Estudos em Lingüística Teórica e aplicada*, 17(2001), 1, pp. 131-153.

TONELLI, G. *La Pensée Philosophiques de Maupertuis: Son Milieu et Ses Sources*. Hildesheim: Olms, 1987.

TOPISCH, E. *A Che Serve l'Ideologia* (1971), trad. it. de G. Backhaus. Bari: Laterza, 1975.

TRIER, J. *Der Deutsche Wortschatz im Sinnbezirik des Verstandes, die Geschichte eines Sprachlichen Feldes*.Heidelberg: Winter, 1931.

TRYFON, A.; VONÈCHE, J. *Piaget-Vygotskij. La Genesi Sociale del Pensiero* (1996), trad. it. de M. P. Viggiano. Florença: Giunti, 1998.

ULLMANN, S. *La Semantica. Introduzione alla Scienza del Significato* (1962), trad. it. de A. Baccarani e L. Rosiello. Bolonha: il Mulino, 1970³.

URMSON, J. O. *L'Analisi Filosofica. Origini e Sviluppi della Filosofia Analitica* (1956), trad. it. de L. M. Leone. Milão: Mursia, 1966.

VACHEK, J. *The Linguistic School of Prague*. Bloomington: Indiana University Press, 1966.

VALENTIN, M. *Maupertuis, un Savant Oublié*. Rennes: La Découvrance Editions, 1998.

VALERI, V. *La Scrittura: Storia e Modelli*. Roma: Carocci, 2001.

VALÉRY, P. Bilancio dell'Intelligenza em: *ibid., La Crisi del Pensiero e altri Saggi Quasi Politici* (1988), trad. it. de N. Agosti. Bolonha: il Mulino, 1994.

VATTIMO, G. *La Società Trasparente*. Milão: Garzanti, 1989.

VELLUZ, L. *Maupertuis*. Paris: Hachette, 1969.

VILA, I. Intenzionalità, Comunicazione e Linguaggio, em: TRYFON, A.; VONÈCHE, J. *Piaget-Vygotskij. La Genesi Sociale del Pensiero*, cit. pp. 202-214.

VYGOTSKY, L. S. *Pensiero e Linguaggio. Ricerche Psicologiche* (1934), trad. it. de L. Mecacci. Roma-Bari: Laterza, 1992.

_____ Apprendimento e Sviluppo Intellettuale nell'età Scolastica (1956), em: VYGOTSKYJ-LURIJA-LEONTJEV. *Psicologia e Pedagogia*, cit. pp. 25-40.

_____ *Lo Sviluppo Psichico del Bambino* (1973), trad. it. de A. Villa. Roma: Editori Riuniti, 1973.

_____ *Il Processo Cognitivo* (1978), trad. it. de C. Ranchetti. Turim: Bollati Boringhieri, 1987.

_____ The Genesis of Higher Mental Functions, em: WERTSCH, J. V. *The Concept of Activity in Soviet Psichology*. Armonk: Sharpe, 1981.

VYGOTSKY, L; LURIJA, A. R. *La Scimmia, l'Uomo Primitivo, il Bambino. Studi sulla Storia del Comportamento* (1930), trad. it. de R. Grieco. Florença: Giunti, 1987.

VYGOTSKY-LURIJA-LEONTJEV. *Psicologia e Pedagogia*, trad. it. de M. Boffo. Roma: Editori Riuniti, 1974.

WATZLAWICK, P. *Il Linguaggio del Cambiamento. Elementi di Comunicazione Terapeutica* (1980), trad. it. de L. Cornalba. Milão: Feltrinelli, 2004.

WATZLAWICK, P.; BEAVIN, J. H.; JACKSON, D. D. *Pragmatica della Comunicazione Umana. Studio dei Modelli Interattivi, delle Patologie e dei Paradossi* (1967), trad. it. de M. Ferretti. Roma: Astrolabio, 1971.

WEFFORT, F. *Introduzione a Freire, P. L'Educazione Come Pratica della Libertà*, cit., pp. 19-20.

WERTSCH, J. V. (ed.) *Culture, Communication and Cognition: Vygoskian Perspectives*. Nova Iorque: Cambridge University Press, 1985.

_____ *Vygotskij and the Social Formation of Mind*. Cambridge, MA: Harvard University Press, 1985.

WHORF, B. L. *Linguaggio, Pensiero e Realtà* (1956), trad. it. de F. Ciafaloni. Turim: Boringhieri, 1970.

WITTGENSTEIN, L. *Tractatus Logico-Philosophicus* (1922), trad. it. de A. Conte. Turim: Einaudi, 1974.

WYNN, K. Addiction and Subtration in Human Infants, em: *Nature*, 1992, 358, pp. 749-750.

ZAMBRANO, M. *Chiari del Bosco* (1977), trad. it. de C. Ferrucci, Bruno. Milão: Mondadori, 2004.

Obs.:

[1] todos os volumes mencionados;

[2] volumes citados na tradução italiana após o título do ano de publicação na língua original;

[3] Tradutores indicados;

[4] A abreviatura trad. it. significa uma tradução em italiano.